LETTRES INÉDITES

DE

PHILIPPE LE BEL

PUBLIÉES

AUX FRAIS DU MINISTÈRE DE L'INSTRUCTION PUBLIQUE

PAR

L'ACADÉMIE DES SCIENCES, INSCRIPTIONS ET BELLES-LETTRES

DE TOULOUSE

AVEC UNE INTRODUCTION

Par Ad. BAUDOUIN

PARIS

H. CHAMPION, LIBRAIRE

15, QUAI MALAQUAIS, 15

—

1887

LETTRES INÉDITES

DE

PHILIPPE LE BEL

INTRODUCTION

Après la restauration du comté de Toulouse, les hérétiques, abattus par la croisade, avaient repris courage : ils se cachaient encore pour pratiquer leur culte, mais ils ne retenaient plus leur doctrine, et, comme malgré eux, se laissaient aller à la répandre. Quoiqu'ils ne fussent plus redoutables, le clergé, qu'ils avaient failli anéantir, affectait d'en avoir toujours peur. En réalité, sous prétexte de se défendre, il étendait hardiment sa juridiction. On le laissait faire. Ce n'était pas Raymond VII, suspect et opprimé, qui l'en eût empêché. Louis IX, qui, chez lui, contenait ses évêques, ne trouvait rien à redire à la puissance envahissante de ceux de son grand fief du Midi. Au contraire, il inclinait à les favoriser. Son premier acte de législateur avait été de leur subordonner le bras séculier. Qu'on lise sa Constitution *Cupientes*[1] de 1228, où il a tracé d'un cœur si allègre, avec une foi si impitoyable, le plan de l'Inquisition. Quand cette terrible police fut créée, en 1233, elle n'eut pas besoin d'autre

---

[1]. *Recueil des Ordonnances*, t. Iᵉʳ, p. 50. Il y en a une copie aux archives de la Haute-Garonne, cartul. G 347, f⁰ 46 v⁰. Elle est datée du mois d'avril 1233 et adressée « universis civibus in Nemausensi, Biterrensi, Carcassonensi diocesibus constitutis ».

loi organique; bien loin même d'avoir à y ajouter des dispositions, on dût plutôt en ôter.

Si le comté de Toulouse n'eût pas fait retour à la Couronne, il est probable qu'il fût devenu à la longue, à raison des circonstances, une confédération de petits états théocratiques. Dans les villes épiscopales même du bas Languedoc, dont la réunion était faite, le privilège clérical avait été rendu accessible à tout le peuple[1]. Il équivalait, on le sait, en matière de charges publiques, à l'exemption de tout impôt qui n'était pas d'Église, et à une quasi impunité en matière de crimes et de délits. Comme, malgré les canons, mais avec l'agrément des décrétistes[2], la simple tonsure et le port de la soutane suffisaient à le conférer, des gens de tous métiers, depuis le petit marchand jusqu'au garçon d'abattoir ne se faisaient pas faute de l'acquérir[3]. Devaient-ils être célibataires pour devenir clercs? — peut-être; en tout cas, une fois marqués du signe sacré, ils étaient libres de se marier. Avec leurs femmes et leurs enfants, voués naturellement à la cléricature, ces étranges chefs de famille formaient aux évêques une clientèle de contribuables, et, à l'occasion, de défenseurs. Ils étaient si absolument les hommes de l'Église qu'ils ne faisaient plus partie de la communauté civile[4]. Non seulement ils ne comptaient plus comme citoyens, mais ils cessaient encore d'être soumis à la justice ordinaire. Toutes leurs causes, qu'ils eussent procès entre eux ou avec les habitants restés séculiers, se plaidaient

---

1. *Histoire de Languedoc*, 1re édit., t. IV, p. 80.
2. Voir l'*Apparatus de Decretalibus* du pape Innocent IV.
3. Parmi les canons du concile provincial tenu à Béziers en octobre 1299, il y en a un contre les clercs « qui exerçoient des arts méchaniques trop bas. » *Hist. de Lang.*, t. IV, p. 96.)
4. *Histoire de Languedoc*, 1re édition, t. IV, p. 80.

comme celles des vrais clercs, *clerici viventes clericaliter*, devant l'official. Ils avaient même le droit de refuser de comparaître comme témoins dans une cour laïque.

Avec le temps, on s'était fait autour d'eux à cette confusion en leurs personnes de deux *états* que les lois divine et humaine distinguaient si formellement. Mais elle excitait la réprobation de ceux à qui l'habitude n'en palliait pas le scandale, de ceux qui connaissaient un autre ordre social et pratiquaient une autre justice, et qui, dès lors, n'auraient pas demandé mieux que de passer sur toutes les têtes le niveau du droit commun. On voit bien que je veux parler des officiers du Roi qui voyageaient en Languedoc ou qui y résidaient par occasion. Même du vivant d'Alphonse de Poitiers, ils protestaient déjà contre de telles mœurs. Quelque temps après le départ de ce prince pour la croisade de Tunis, plusieurs d'entr'eux annoncèrent que des réformes étaient proches, et que si le comte mourait durant l'expédition, tout changerait dans le pays. Ceux qui parlaient ainsi étaient clercs et devaient être des personnages d'importance, car le clergé s'émut de leurs propos. L'évêque de Toulouse, un dominicain, qu'ils intéressaient davantage, en prit l'alarme. Il se hâta d'excommunier par provision, tant le danger lui parut réel, ces clercs qui songeaient à porter atteinte aux libertés de leur ordre, clercs indignes, « qui attaquaient l'Église, au lieu de la défendre de tout leur talent » [1].

Ainsi, sans pouvoir même encore se heurter, évêques et gens du Roi en venaient déjà aux menaces. Qu'on juge de leur animosité lorsqu'ils furent aux prises !

---

1. Voir annexe n° 2. Sentence de Raymond du Falga.

Dans les temps antérieurs, l'Église avait toujours eu l'avantage. Pourquoi ? Parce qu'elle seule faisait l'opinion, et que cent mille voix proclamaient sa doctrine. Les esprits n'avaient pas été libres de ne pas marcher avec elle, elle seule portant un fanal dans la nuit où l'on se trouvait. Mais alors ils apercevaient une autre lumière. A l'opposite de ce couchant sombre, le salut par le renoncement, ils voyaient se lever un nouvel idéal, le bonheur dans la société par le droit et la justice. Leur évolution de ce côté s'opérait rapide, continue, malgré les mécomptes. Il y avait dès lors une foi civile, une foi dans le Roi et sa providence, aussi profonde, aussi opiniâtre que la foi en Dieu. Dans le langage du temps, les ministres de cette nouvelle religion s'appelaient « les royaux » *regales*. Ils formaient un corps moins un, moins bien organisé que le clergé, mais surabondant d'énergie constituante. D'ailleurs, ils ne le cédaient à leurs rivaux ni en dévotion[1], ni en intolérance, ni en esprit de maîtrise, ni même en rapacité. Quant à leur zèle, on va le voir à l'œuvre.

Le 15 septembre 1270, on apprend à Paris la mort simultanée d'Alphonse de Poitiers et de sa femme. On mande aussitôt au sénéchal de Carcassonne d'avoir à

---

1. On peut prendre cette dévotion sur le fait dans un acte de 1379, conservé aux archives de l'Aude, série E, Famille de la Jugie. « Et dictus dominus Johannes Chanaut, commissarius, receptis litteris tam domini senescalli quam domini nostri Regis cum magna reverentia, baretam quam supra suum capud tunc deferebat amovendo, et personam suam circa hoc inclinando, obtulit se paratum reverenter mandatis in qualibet litterarum pretensarum hobedire ». ..... « Exequendo mandata... manum regiam in... loco de Levineria et ejus jurisdictione appositam, etiam, flores lilii regios depictos, positos et affixos in quodam acuo..... lapideo, in platea dicti loci existenti, dictam suam baretam a suo capite iterato amovendo in **signum humilitatis et reverentie, amovit** ».

se saisir du comté de Toulouse. L'exprès chargé du message fait diligence autant que le permettent les mauvais chemins. Hâte bien superflue. Dès l'instant de son départ et quinze jours avant son arrivée, l'ordre qu'il se dépêchait d'apporter était déjà exécuté. Averti plus tôt que le conseil de régence et sachant qu'on l'était aussi par tout le pays, le sénéchal avait craint les dangers d'un interrègne trop prolongé. Sans perdre de temps, il avait couru à Toulouse, dont la noblesse, encore très nombreuse et toujours très patriote, aurait pu tenter de constituer un gouvernement national. Il avait résolument appelé devant lui les consuls de cette grande ville où nul encore n'était tenu de lui obéir, mais où personne ne s'était mis en état de lui résister, et, quoiqu'il leur avouât qu'il était sans pouvoirs, — grâce à son ascendant, grâce aussi à l'attrait qu'exerçait déjà la personne royale sur des imaginations dès longtemps préparées à un changement de régime, il avait obtenu tout de suite qu'ils reconnussent le Roi pour leur seigneur[1].

Cet homme d'initiative se nommait Guillaume de Cohardon. Il mérite d'ailleurs d'être célèbre pour sa manière d'entendre les libertés méridionales quand elles faisaient ombre à l'autorité qu'il représentait. En décembre 1275, il avait convoqué à Carcassonne les trois États de sa sénéchaussée pour avoir leur avis sur les moyens de parer à une disette. Ainsi le voulait la coutume, qui, pour le dire en passant, même en pays de droit écrit, donnait alors force à la loi. Prélats, barons et consuls opinèrent unanimement qu'il fallait prohiber l'exportation des grains par eau

---

[1]. Lafaille, *Annales de la ville de Toulouse*, t. 1ᵉʳ. Preuves, « Saisimentum comitatus Tolose ».

et par terre, et nommer des gardes qui s'obligeassent par serment à faire observer cette interdiction jusqu'à la Saint-Jean. Le sénéchal les reprit avec hauteur du ton assez peu impératif pourtant de leur délibération. Sans doute il serait défendu d'exporter les grains par eau et par terre, et jusqu'à la Saint-Jean, mais seulement parce que le Roi avait le droit général de le défendre, nullement parce que leur assemblée avait prétendu en décider. Quant à des gardes, c'était à lui, sénéchal, et non pas à eux, de voir s'il convenait d'en nommer [1].

Tous les gens du Roi pouvaient bien ne pas ressembler à Guillaume de Cohardon. Mais s'ils n'avaient pas sa force de caractère, ils avaient tous la même conception que lui de la souveraineté. Par sa fin, son essence et son origine, elle était pour eux toute morale et toute divine. Ils la dégageaient de la terre, à laquelle le système féodal l'avait intimement associée. La chose n'allait pas de soi dans le Midi, où une logique excessive avait poussé ce système jusqu'à l'absurde. Un fief s'y divisait ordinairement presqu'à l'infini. La puissance, qui est un fait, s'évanouissait au cours des partages; mais la seigneurie, considérée comme indivisible, restait incorporée à chaque démembrement. L'acquéreur d'un arpent de bruyère détaché d'une baronnie, se trouvait avoir tous les droits du baron, y compris ceux de justice et d'amende [2]. Mais à cause de l'obligation de l'hommage, qui ten-

---

1. *Histoire de Languedoc*, 1re édit., t. IV. Preuves, IX, col. 60-64.
2. Dans le Midi, les terres qui retenaient ainsi tous les droits de souveraineté s'appelaient des *honneurs*. Voici un bail à fief d'une seigneurie qui avait six brasses de long sur trois de large, soit de 29 à 30 mètres carrés :

« Noverint universi... quod dominus frater Petrus Florentii, preceptor domus sancti Johannis Jherosolomitani Tholose... dedit ad

dait à rendre au baron la quantité de puissance dont il s'était dessaisi, la condition de ce singulier souverain tombait le plus souvent au-dessous de celle de sa terre. S'il était tout-à-fait libre avant d'acquérir, il ne l'était plus, après, que relativement, puisqu'il devenait, dans la mesure de son fief, l'homme et le sujet d'autrui. Cet abaissement était surtout sensible en cas de disparité entre le suzerain et le feudataire. Le hasard des mutations pouvait faire, faisait souvent qu'un menu fief relevant d'un simple vassal, échût aux plus grands seigneurs, au Roi même. La subordination qui s'établissait alors paraissait aux « royaux » une anomalie criante, quoiqu'avant eux tout le monde l'eût admise comme strictement légitime. Partout où elle se rencontrait, ils s'efforçaient de la supprimer.

Le cas se présenta à Toulouse, avec cette aggravation que le seigneur dominant du Roi se trouvait être l'évêque. C'était en 1279. Le temps était bien loin où

feodum seu in emphyteosim Guillelmo Arruffato, sutori... tres brachiatas orti, amplitudinis, et sex longitudinis... Tali pacto dedit ei hoc feodum ut idem feodatarius... reddat inde... annuatim unum denarium tolosanum oblias, et duos denarios tolosanos retroacapte, quando evenerit per mortem prioris sancti Egidii et per mortem feodatarii. Et de clamore hujus feodi, fidem inde habeat dominus, et quatuor denarios justiciam, si juste fuerit inculpatus feodatarius. Et quod predictus feodatarius non possit hunc predictum honorem dare ad superfeodum, nec dare, vendere, impignorare militi nec ejus filiis, nec clerico, nec domui religionis, nec leprosis, nec aliter a se alienare cur dominus posset perdere suos pax nec aliquid suarum dominationum; sed si dictum honorem vendere vel impignorare voluerit, faciat hoc consilio dicti domini preceptoris... qui habeat inde de quoquo solido vende unum denarium, et de quoquo solido pignoris unum obolum. — Hoc fuit factum quinta die exitus mensis januarii, regnante Philippo Francorum Rege, et Gailhardo Tholosano episcopo, anno M° CCC° sexto (27 janvier 1307, n. s.). » (*Archives de la Haute-Garonne,* Fonds de Saint-Jean de Jérus., layettes de Toulouse, IV, n° 255.) — Il y a dans les archives des départements du Midi des centaines d'actes semblables.

Foulques de Marseille, arrivant dans son diocèse et faisant argent de tout ce qu'il pouvait vendre, n'en retirait même pas cent sous vaillants [1]. Des sources de richesse un moment perdues pour l'Église, avaient été reconquises. Les dîmes n'étaient plus usurpées par des seigneurs incrédules, ni les prémices mal payées par de trop rusés paysans. Réduits avant la croisade à l'état de simples bourgeois [2], les évêques s'étaient enrichis depuis des dépouilles des hérétiques. Ils vivaient en princes, sans que le train et la magnificence de leur maison épuisassent jamais leur trésor. L'un d'eux, Bertrand de L'Isle-Jourdain, contemporain de Philippe le Hardi, put donner par testament un calice d'argent doré à mille paroisses de la province de Narbonne, et ce n'était pas le plus considérable de ses legs [3]. — Ils occupaient à la ville le palais d'un proscrit, ils avaient à la campagne un château de plaisance de même origine. Leur temporel, reconstitué par Simon de Montfort avec des biens confisqués, comprenait plusieurs baronnies et la suzeraineté des forts de Fanjaux et de Montgiscard, qui avaient appartenu au dernier Raymond [4]. Alphonse de Poitiers, vassal de l'évêque de Toulouse de ce chef, n'avait même pas imaginé qu'il pût refuser de lui rendre hommage. Il avait prié l'évêque de le dispenser personnellement de ce devoir, mais il avait chargé son sénéchal de s'en acquitter pour lui [5]. Les agents de l'héritier d'Alphonse estimèrent qu'un pareil acte

---

1. Chronique de Guillaume de Puylaurens, chap. 7.
2. *Ibidem*.
3. Catel. *Mémoires de l'Histoire de Languedoc*. p. 900.
4. Lafaille. *Annales de la ville de Toulouse*, tom. 2, supplément aux Preuves, p. III « *la Philippine* ».
5. Archives de la Haute-Garonne, G 699. Voir Annexes n° 4 et n° 8.

était incompatible avec la majesté souveraine. Ils offrirent de transiger.

Dans leur pensée le droit de confisquer était un droit tout royal : Montfort qui l'avait exercé au profit de l'église de Toulouse avait en quelque sorte imprimé la marque du Roi sur les biens qu'il avait donnés. A la rigueur donc, le Roi pourrait reprendre ce qui avait été un moment à lui par définition. Mais au lieu de revendiquer le tout, il voulait bien se contenter d'en racheter une partie qui n'aurait pas dû être aliénée. Qu'on lui cédât le *dominium* sur Fanjaux et Montgiscard, il accorderait en échange une belle baronnie et confirmerait par surcroît, sans y regarder de très près, la donation de Montfort. Bertrand de L'Isle-Jourdain aurait pu répondre que Montfort avait été surtout le soldat de l'Église, et que le bienfaiteur des évêques de Toulouse, c'était le Pape pour qui il avait combattu, et non pas lui. Mais c'était un homme de haute race qui sans doute ne prenait parti dans la question des deux pouvoirs que selon les convenances de son état; la transaction lui parut avantageuse, il l'accepta, et l'on en fit à Corbeil une charte qui s'appelait à Toulouse la *Philippine* du nom de Philippe le Hardi dont elle porte le monogramme [1].

Cette Philippine qui fut plus tard le titre capital de l'archevêché et le plus souvent invoqué, subit bientôt une éclipse qu'on voit très bien dans les écrits du temps, mais qu'on ne s'explique guère d'abord. On pourrait croire qu'elle n'a pas existé. Il semble que Hugues Mascaron, qui succéda à Bertrand de L'Isle, en 1285, n'en avait jamais entendu parler. Il est clair

---

1. L'original de la Philippine est aux archives de la Haute-Garonne, fonds de l'archevêché, G. 700.

qu'on ne la connaissait pas à Paris. Dans une pétition qu'il adresse au Parlement, l'évêque rappelle que le Roi, comme héritier des comtes de Toulouse, tient en fief de son siège le château de Fanjaux, puis, à mots couverts et qui craignent d'être impertinents, il demande qu'on veuille bien lui rendre hommage. Que répond le maître des requêtes? Il pose une question évasive, mais pour nous pleine d'histoire, qui ne laisse d'ailleurs aucun doute sur le fond de sa pensée: Est-ce que les comtes de Toulouse rendaient hommage à l'évêque lorsqu'ils étaient les vrais seigneurs du pays [1]? La demande, ainsi écartée, n'en avait pas moins un sens que le Parlement eût découvert tôt ou tard si l'affaire avait été poursuivie. Elle voulait dire que pour Hugues Mascaron la convention de 1279 était comme non avenue.

Ce prélat avait été élu par les chanoines de la cathédrale, ses confrères, dans un esprit de réaction contre l'apathie de son noble prédécesseur. Il était savant en droit [2], prêtre jusqu'à l'âme; on avait pensé qu'ainsi habile et passionné, mieux que personne il pourrait tenir tête à ceux qui dès la mort d'Alphonse avaient travaillé à ruiner, avec un succès trop visible, la juridiction ecclésiastique. Autrefois, l'official de Toulouse n'avait qu'à le vouloir pour attirer à soi presque toutes les causes qui étaient de la compétence du viguier et du juge ordinaire. Depuis le changement de régime, il n'en était plus ainsi. Il lui

---

1. Archives de la Haute-Garonne, cartulaire blanc de l'archevêché, G. 347, f° 57, verso. Voir annexe n° 8. — En 1288, l'éclipse avait cessé: la Philippine est visée dans un arrêt du Parlement de Toulouse. *Ibidem*, f° 60, recto.

2. « Jurisperitus dominus Hugo Mascaroni, canonicus ecclesie Sancti Stephani Tolose », Cartulaire Blanc, G. 347, f° 56, verso. Voir Annexe n° 6, à la fin.

fallait compter avec de nouveaux tribunaux plus autorisés que les anciens, plus jaloux de leurs attributions, plus capables aussi de les faire respecter : la cour du sénéchal où se jugeaient la plupart des procès civils; celle des consuls à qui Philippe le Hardi avait permis d'exercer en son nom, de concert avec le viguier, la police et la juridiction criminelle; enfin, le Parlement, composé en partie de clercs du Conseil, qui se tenait à Toulouse deux fois par an, à Pâques et à la Toussaint. Mais cette dernière juridiction ne l'embarrassa pas longtemps; elle n'eut qu'une existence éphémère parce qu'elle était sans prestige, et que ses arrêts, qui auraient dû être sans appel, n'empêchaient pas les plaideurs de recourir à la seule Cour qui fût suprême à leurs yeux, à celle qui siégeait à Paris et où le Roi présidait [1].

Bertrand de L'Isle avait reconnu implicitement ces divers tribunaux : il avait laissé mettre dans la Philippine que, du sénéchal de l'évêque, pour le temporel, on appellerait à l'évêque lui-même, et de celui-ci, sans intermédiaires, au Roi. Cette clause eût gêné Hugues Mascaron; on vient de voir comment il s'en délivra. Pour se mettre encore plus à l'aise, il prit un parti autrement décisif. A l'avénement de Philippe le Bel, qui suivit de très près le sien, il protesta que comme seigneur et comme évêque, il n'était ni son homme ni son fidèle, et refusa de prêter serment. Cela revenait

---

1. M. Boutaric a mal interprété l'article 62 de l'ordonnance du 18 mars 1303 (n. s.) « Et quod Parlamentum apud Tholosam tenebitur, si gentes terre predicte consentiant quod non appelletur à Presidentibus in Parlamento predicto ». — En 1289, le 13 décembre, les confrèries d'Albi appellent du viguier d'Albi indifféremment au sénéchal de Carcassonne, au Parlement de Toulouse et au Roi. (*Histoire de Languedoc*. in-f°, tom. IV, p. 63). — Voir aussi les amendes infligées aux plaideurs qui ne suivaient pas la voie hiérarchique et recouraient directement au Roi. (Annexe n° 5).

à déclarer, et telle était aussi sa prétention, qu'il n'avait de supérieur que le Pape.

Au commencement d'un règne, et dans une province, à tout prendre, soumise et dévouée, mais où les fanfarons de révolte n'étaient pas rares, la prudence conseillait de ménager un prélat qui se sentait assez fort pour affecter d'être le suzerain du Roi et de n'être pas son sujet. On ne s'obstina pas à le contredire ; on fit avec lui un accommodement qu'il put prendre pour un traité de puissance à puissance, où les droits des successeurs étaient réservés des deux parts, mais où l'avantage lui restait, car il y était dispensé du serment pour toute sa vie, sans avoir à donner de compensation [1]. Mais dans la suite et bientôt après, on le fit apercevoir qu'il n'était pas aussi indépendant qu'il croyait l'être. On ne lui passa rien. On l'enferma avec son clergé dans un cercle tranché à travers ses libertés prétendues, et chaque fois qu'il fit mine d'en sortir, sénéchal, viguier, consuls, lâchèrent sur lui, pour l'y refouler, la troupe pullulante et rapace de leurs sergents. Au moindre manquement, ils saisissaient, ressaisissaient son temporel, et y mettaient comme garnisaires « des mangeurs » *comestores*, qui avaient vite fait de tout dévorer. Alors Hugues Mascaron se plaignait au Roi — c'était sa manière de le reconnaître — ou il portait ses griefs devant les Parlements de Toulouse et de Paris. Toujours, des deux côtés, on lui donnait raison. Soit que la bienveillance

---

[1]. C'est ce qui résulte de la lettre n° 2 de ce Recueil. L'*Histoire de Languedoc* (t. IV, p. 87), assure pourtant qu'il fut obligé du payer 4,000 livres tournois. On s'était peut-être bien proposé de tirer de lui cette grosse somme, mais il faut qu'on n'en soit pas venu à bout. La pièce du Trésor des chartes (Toulouse, sac 7, n° 55), que D. Vaissète allègue, sans en rapporter les termes, ne doit être qu'un simple projet.

quand même fût chez lui préméditée, soit qu'il eût égard à des nécessités d'occasion, Philippe le Bel ne manquait jamais d'admonester ses officiers et de leur défendre de recommencer; mais dominés par la logique de leurs fonctions, ils recommençaient toujours. Quant aux deux hautes Cours, les clercs y étaient en nombre, les uns qui s'étaient faits légistes sans dépouiller le vieil homme, les autres qui se savaient destinés à devenir évêques, car Philippe récompensait habituellement ses conseillers de cet ordre en les élevant aux dignités. Elles refusaient donc aux sénéchaux le droit de connaître, comme ils le faisaient tous les jours, des actions personnelles des clercs, des testaments qui contenaient des fondations pieuses, et quel testament n'en contenait pas? des contrats passés sous serment et qui obligeaient l'âme. Elles admettaient, bien plus, cette procédure, qui aurait détruit la sainteté de la justice civile, à savoir que les témoins ecclésiastiques, avant de déposer devant le juge séculier, iraient d'abord jurer devant l'official qui se ferait leur caution. Mais quand la société se meut dans un sens, c'est en vain que la doctrine tire de l'autre : les Parlements n'étaient pas écoutés; la jurisprudence des juges inférieurs, des agents d'exécution finit par prévaloir sans peine contre leurs arrêts.

En matière criminelle, le clergé luttait avec moins d'avantage encore contre l'esprit nouveau. Ailleurs, il pouvait toujours se réclamer du consentement presque universel des esprits au principe d'inégalité. Quand le sénéchal prétendait qu'un membre de l'Église pouvait être jugé par d'autres que par ses pairs, le sénéchal soutenait un paradoxe, une proposition choquante et d'apparence dangereuse. Il niait, à proprement parler, la légitimité de l'un des trois ordres : il s'en prenait à la constitution de la société même. Hugues Mascaron ne faisait que son devoir en protestant contre ses entreprises. Les sages de ce temps-là n'auraient plus été des sages du moment qu'ils lui auraient donné tort. Mais s'il y a une raison pratique, il n'y a pas de notion pratique du bien et du mal. Le privilége clérical, qui s'imposait comme institution sociale aux politiques avisés, était en quelque sorte réprouvé par la conscience publique. Elle le tolérait à un corps qui, pour s'être décrété lui-même moralement infaillible, n'avait pas de loi pénale, mais qui aussi, pour demeurer toujours inflétri, rejetait de ses rangs avec une rigueur extrême ceux de ses membres que la justice aurait atteints. Mais elle répugnait à l'admettre chez des gens de condition basse, dont aucune culture n'avait corrigé les passions natives, dont la robe même qu'ils portaient excitait plutôt qu'elle ne modérait les mauvais instincts. Encore moins pouvait-elle approuver qu'elle s'étendît, cette immunité, à de pures choses, à des églises, jusqu'à des cloîtres, qu'on ne proclamait jamais plus inviolables que lorsqu'ils avaient donné asile aux pires scélérats.

Le viguier et les consuls de Toulouse, à qui la sûreté publique était commise, ne voulurent pas souffrir que l'évêque se mêlât d'y pourvoir avec eux. Il avait eu jusque-là une sorte de main forte, moitié clercs, moitié laïques, qui allait et venait avec autorité dans la ville et le diocèse, poursuivant, traquant les malfaiteurs sujets de l'Église ou supposés tels, les arrêtant partout, même dans les maisons honnêtes, où elle pénétrait à l'occasion avec violence. On trouva que c'était là usurper les attributions de la puissance publique. Que disaient les ordonnances du royaume ?

— Que le port d'armes, réservé en temps de paix aux

seuls officiers du Roi et aux nobles, était interdit à tous autres. Permis donc à l'évêque d'exercer l'espèce de police qu'impliquait sa juridiction ; mais défense à lui de connaître des attentats contre la vie ou les biens des personnes, fussent-ils commis par des clercs ; ou, s'il lui plaisait d'en rechercher les auteurs, ce ne pouvait être que par des sergents sans armes qui laisseraient à la justice civile le soin de saisir les voleurs et les meurtriers.

Cette thèse absolue fut approuvée et réduite en ordonnance, mais avec quelques tempéraments, par le connétable Raoul de Nesle et par Pierre Flotte, lorsqu'ils vinrent à Toulouse en 1294 demander aux consuls d'envoyer leur milice en Guyenne contre les Anglais. Hugues Mascaron n'était pas homme à leur obéir ; mais de même qu'il dédaignait leurs règlements, ses adversaires affectaient de ne tenir aucun compte de ses prétentions, toutes consacrées qu'elles fussent par le long usage. Aussitôt qu'un clerc-marchand ou artisan leur était dénoncé comme coupable, les consuls le jetaient en prison. Là, pour lui arracher l'aveu de son crime, ils le mettaient à la torture, sans aucun égard à son caractère sacré. Croyaient-ils l'avoir convaincu ? ils le faisaient noyer dans la Garonne, mais avec un certain mystère : l'exécution avait lieu la nuit. Qu'on ne s'imagine pas que ce fût pour sauver l'honneur de la tonsure ; il s'agissait d'éviter que le spectacle de ces hautes œuvres en plein jour ameutât la tourbe des artisans tonsurés ou les suppôts de l'évêque, qui sans doute, en d'autres circonstances, avaient réussi à délivrer quelque condamné.

Dans le principe, Hugues Mascaron avait crié bien haut qu'on violait sa juridiction. On lui avait répondu que sa juridiction n'était pas en cause, et que les gens d'état ambigu qu'il réclamait comme ses justiciables ne l'étaient en aucune façon, d'abord, parce qu'ils étaient accusés de crimes que ne couvrait pas le privilège clérical, et ensuite, parce que leur condition était incompatible avec la cléricature. Qu'ils fussent mis en demeure de choisir entre la tonsure et l'exercice de leur métier, toute équivoque cesserait, et par conséquent toute contestation, puisque d'ailleurs il n'y avait pas à se méprendre sur les ressorts si naturellement distincts des cours ecclésiastiques et séculières. L'évêque feignait de ne pas entendre. Malgré l'irrévérence du temps présent à l'égard du clergé, il s'obstinait à maintenir un état de choses qui, dans le passé, n'avait eu d'autre fondement que le respect. A la fin, il se résigna a s'accommoder aux circonstances, quand il vit qu'il s'efforcerait en vain d'y rien changer. Dès qu'il apprenait qu'un clerc de métier allait être poursuivi, il se hâtait de le faire enfermer dans les prisons de l'évêché. Mais il n'y gagnait rien. Les consuls faisaient citer le prévenu à son de trompe dans les carrefours, comme s'ils ignoraient qu'il n'était plus en liberté, et mettaient ses biens sous séquestre, avec l'arrière-pensée de ne pas les lui rendre, lors même que le juge d'église l'acquitterait; c'est-à-dire qu'ils commençaient par le déshonorer et par le ruiner. Si quelque criminel s'était réfugié dans un lieu d'asile, ils allaient l'en arracher. On ne les laissait pas toujours l'emmener tranquillement. Il advint plus d'une fois que des chanoines et des moines se jetèrent sur eux et les dessaisirent de leur proie.

Ces violences donnaient lieu à des récriminations réciproques. Souvent réitérées, elles développaient dans les deux partis, et particulièrement, comme il arrive toujours, chez les subalternes, une haine, une ardeur de nuire et de se venger qui ne s'embarrassait pas de la justice, ou plutôt qui se complaisait à l'enfreindre. Les plus forts n'étaient pas toujours les moins injustes. Ils défendaient aux autres de faire ce qu'ils faisaient eux-mêmes sans aucun scrupule. Par exemple, si un prêtre avait encouru quelque peine canonique, il n'avait pour se soustraire à la correction qu'à laisser pousser ses cheveux et à prendre un habit rayé. Ce simple changement de costume l'investissait d'une sorte d'immunité, faisait de lui à l'encontre de son supérieur, de son supérieur seulement, un vrai privilégié. Les officiers du Roi lui savaient gré d'avoir déserté la juridiction adverse, lui promettaient leur protection, et en effet prenaient sa défense. Le sénéchal, qui arrêtait tous les jours de faux clercs, empêchait l'évêque de mettre la main sur ce faux laïque. Un ordre d'en haut lui venait-il de livrer à son juge naturel ce clerc déguisé, sa passion l'emportait sur sa déférence, et plutôt que d'obéir, il aimait mieux mettre son prisonnier en liberté.

Irrité des perpétuels conflits qui entravaient l'action de la justice, il avait fait proclamer qu'il punirait de peines sévères tout clerc qui citerait un laïque devant l'official, tout laïque qui répondrait à pareille citation. Une conséquence peut-être prévue de cette interdiction était de rendre plus difficile la perception, déjà assez contentieuse, de la dîme, qui n'était plus depuis fort longtemps un don volontaire. Afin de ne pas perdre le meilleur de leurs revenus, les curés et les fermiers des monastères et des chapitres contrevenaient ordinairement à l'ordonnance du sénéchal, et usaient des voies de droit à leur usage pour vaincre les résistances qu'ils rencontraient. On les emprisonnait. Leurs parents, leurs amis se mettaient alors en mouvement et faisaient excommunier les agents responsables de ces arrestations. Les « royaux » n'étaient pas aussi insensibles à ce coup qu'on serait tenté de le supposer. Ils croyaient comme tout le monde qu'il n'y avait pas de salut hors de l'Église; ils désiraient sincèrement rentrer, mais sans rien concéder, dans la société des fidèles, et ils s'arrangeaient pour y rentrer de force. Leur moyen, assez subtil, consistait à molester ceux qui les avaient dénoncés, et à confisquer leurs biens, jusqu'à ce que le même crédit qui les avait fait excommunier eût réussi à les faire absoudre.

L'autorité spirituelle de l'évêque était elle-même attaquée. Sous Bertrand de L'Isle, de simples clercs avaient obtenu par faveur d'être pourvus de bénéfices à charge d'âmes. Instruit de leur incapacité, Hugues Mascaron, qui était logique quand il le voulait, les avait sommés de se faire prêtres ou de se démettre de leurs cures. On pense bien que l'alternative leur avait déplu. Ils avaient refusé d'opter; mais, craignant d'être expulsés, l'idée leur était venue de se faire un rempart contre leur évêque de l'inimitié patente des officiers du Roi. Ils avaient réclamé pour eux et pour leurs choses — on s'était empressé de leur accorder — la sauvegarde des panonceaux et des perches fleurdelisés. Et dès lors ils avaient joui sans inquiétude de leurs dîmes et de leurs récoltes, car l'évêque n'aurait pu procéder contre eux que par un acte formel de rébellion.

A considérer les choses avec attention, on s'aperçoit que l'apposition des panonceaux n'était rien autre que le droit d'asile rendu laïque et en quelque sorte mobilisé. Aux yeux des « royaux », ces insignes étaient plus sacrés et plus inviolables que les cloîtres et les églises. Ne pas les respecter, c'était commettre le plus grand des crimes, se rendre coupable de lèse-majesté. Mais on conçoit que le clergé regardât comme purement fictif le caractère quasi divin qu'on prétendait leur attribuer. On s'explique qu'au souvenir de ses asiles envahis au nom de la justice, le désir lui soit venu d'user de représailles. On ne s'étonne pas qu'en janvier 1297, pendant que le sénéchal avec le viguier et les consuls de Toulouse faisaient la guerre en Guyenne, Hugues Mascaron ait cédé à la tentation de montrer que sa juridiction dédaignait de s'arrêter et de s'incliner devant les fleurs de lis. Le curé d'Escalquens avait réclamé contre lui la sauvegarde royale. Il le fit prendre néanmoins et mener aux prisons de l'évêché. A la nouvelle de cet attentat, le sous-viguier, Jean de La Tour, ne contint pas sa colère. Il sévit sur l'heure, et d'autant plus rudement, qu'il se voyait seul dans la ville à défendre les droits du Roi. Tout d'abord, il courut aux prisons de l'évêque, en brisa les portes qu'on refusait de lui ouvrir, s'empara du curé et le délivra. Bientôt après et coup sur coup, le peuple vit, chose inouïe, des sergents porter la main en pleine rue sur l'official, sur le procureur général de la temporalité, et les traîner pour les y enfermer au Château-Narbonnais. Pendant ce temps, le viguier se portait de sa personne au palais épiscopal. Il s'attendait à y trouver Hugues Mascaron : il n'y rencontra que le vicaire général, qui était en train de dîner avec les familiers de l'évêché. Il le prit lui-même au corps, le poussa hors du palais. Comme il le conduisait aussi au Château-Narbonnais, le vicaire se prit à dire qu'il était bien dur et bien outrageux pour l'évêque que ses gens fussent ainsi arrêtés injustement. A quoi le sous-viguier répondit « que ce n'était pas à lui, vicaire, qu'il en voulait; qu'il prétendait seulement montrer en sa personne le peu de cas qu'il faisait de l'évêque, et qu'il l'aurait traité de même cet évêque, s'il avait pu l'appréhender ». Il revint ensuite à l'évêché dont il se fit remettre la clé, et il y établit une garnison de quatre sergents, quoiqu'il fût défendu à tous autres que le sénéchal ou son lieutenant de mettre la main sur le temporel de l'Église de Toulouse, et que la résidence actuelle de l'évêque ne dût jamais être saisie.

Dans une supplique enflée des grands mots de colère de la rhétorique ecclésiastique, « audace sacrilège, scandale de la multitude, mépris des saints canons, dérision de la discipline, ruine des libertés de l'Église », le procureur d'Hugues Mascaron à Paris demanda justice au Roi de tous ces excès. Philippe le Bel chargea Pierre de la Chapelle-Taillefert, évêque de Carcassonne, de faire une enquête, et entre temps d'enjoindre au sous-viguier de se présenter devant le prochain Parlement à Paris, au jour de la sénéchaussée de Toulouse, pour y être jugé.

Ce commissaire était un cadet d'une noble famille limousine[1], ancien chanoine de Paris, ancien clerc du Roi dont il restait le conseiller. Il avait été employé aux plus grandes affaires, envoyé en mission auprès du pape Nicolas IV, chargé de régler les questions relatives à la réunion au domaine royal de la ville de Montpellier. En tant que juge, son nom est de ceux

---

1. Dom Vaissète a vu son sceau au bas d'un arrêt du Parlement de Toulouse du 10 décembre 1289. « Il n'y reste, dit-il, que la moitié d'un lion rampant ». (*Hist. de Lang.*, t. IV. Preuves, col. 89.) Son tombeau, chef-d'œuvre de l'émaillerie limousine « elegantissi-« mum... opere encaustico... », « se voyait naguère dans l'église paroissiale » de la Chapelle-Taillefert (Creuse). Girault de Saint-Fargeau, *Dictionnaire de la France*, 1851. La *Gallia christiana* nous a conservé son épitaphe.

qui figurent le plus souvent en tête des arrêts rendus par le Parlement de Toulouse de 1285 à 1290. Il jouissait à bon droit de toute la faveur de son maître. Il est probable qu'en lui donnant le siège de Carcassonne le Roi avait voulu sans doute récompenser ses services, mais aussi avoir dans le Midi un homme de confiance qui sût observer les événements et qui veillât sur ses intérêts.

Nous retrouverons bientôt Pierre de la Chapelle évêque de Toulouse, et plus maltraité encore par le viguier que ne l'avait été, par Jean de La Tour, Hugues Mascaron lui-même. Quant à ce dernier, l'histoire des mécomptes et des revers de son épiscopat n'est pas encore finie. On a vu ce qu'avait gagné l'Église de Toulouse à l'élire pour son champion contre les gens du Roi. On va voir qu'elle eut encore moins à se louer de la partialité de son chef pour le Saint-Siège.

II.

En 1284, le pape français Martin IV avait fait prêcher la guerre sainte contre Pierre III, roi d'Aragon. Il ne s'agissait pas de sauver la foi, comme au temps d'Innocent III et de Raymond VI. Il fallait punir un prince qui avait osé enlever le royaume des Deux-Siciles, vassal du Saint-Siège, à l'oncle du roi de France, Charles d'Anjou. L'appât des indulgences promises réunit bientôt autour de Philippe le Hardi, chef désigné de la nouvelle croisade, une nombreuse et brillante armée. Au mois de mai 1285, l'émule de Simon de Montfort, accompagné du roi de Navarre, son fils aîné, envahit le Roussillon, passa les Pyrénées et alla assiéger Gérone. Il avait juré de la prendre, mais avant qu'il eût accompli son vœu, il devint incertain s'il pourrait sortir de la Catalogne. Les chaleurs avec les fièvres détruisaient chaque jour ses croisés. Les Aragonais, qui ne s'étaient pas montrés d'abord, s'étaient mis en mesure d'attaquer ; de son côté le peuple envahi, levé d'un même élan contre l'envahisseur, avait intercepté les passages des montagnes, ne craignant pas d'enfermer dans le pays un ennemi qu'il voyait déjà anéanti. Gérone ne capitula que le 7 septembre. L'armée si tristement victorieuse se mit aussitôt en retraite. Quand elle arriva à Villanueva d'Ampurias, plus démoralisée encore qu'épuisée, le Roi était déjà atteint de la fièvre dont il mourut. Pourquoi promit-il alors à Roger Bernard, comte de Foix, par quatre diverses chartes écrites « ès herberges » le 21 septembre, de lui céder tous ses droits dans Pamiers, à l'expiration des sept ans que devait durer un pacte qu'il avait fait, en 1280, avec l'abbé et les consuls de la ville? Pourquoi s'obligea-t-il à lui payer dans l'intervalle une pension de 200 livres? Pourquoi, enfin, manda-t-il aux consuls et à l'abbé que s'ils s'accordaient avec le comte au cours des sept ans, il les tiendrait quittes aussitôt et du serment qu'ils avaient prêté et des engagements qu'ils avaient pris? Il n'y a d'une telle libéralité, accomplie et si soigneusement garantie en plein désastre, qu'une raison plausible : c'est que le comte avait été ou allait être le sauveur de l'armée, soit pour avoir abrégé la durée du siège où elle périssait, soit plutôt pour s'être avisé de quelque moyen sûr de lui faire regagner le Roussillon. Elle franchit en effet la frontière sans encombre et arriva à Perpignan, où, le 5 octobre, le Roi mourait. — Moins d'un mois après, l'héritier du trône, qui s'en retournait à Paris, confirmait à Nimes la charte de Villanueva, cause future des plus graves évènements de son règne.

Roger Bernard avait toujours ambitionné la seigneurie de Pamiers, que Simon de Montfort avait arrachée à son aïeul. Dès qu'elle lui fut bien assurée, il se hâta de présenter ses lettres aux consuls ; le peuple, convoqué sur la place publique, consentit par acclamation à composer avec lui ; mais cette bonne volonté fut sans effet, parce que l'autre partie, l'abbé de Saint-Antonin, Bernard Saisset, qui souffrait le paréage du Roi, mais redoutait celui du Comte, ne voulut se prêter à aucun accommodement. Il n'y avait donc qu'à attendre la fin des sept ans. — Quand vint cette échéance, le chevalier du Roi qui occupait le château de Pamiers aurait dû se retirer, mais à Paris on avait perdu de vue cette affaire : il ne reçut pas d'ordre, il resta, et Saisset, qui répugnait à se soumettre, put espérer, à la tournure que prirent les choses, qu'il resterait toujours. Le souvenir de la retraite de Catalogne était déjà bien affaibli ; le droit du comte de Foix ne paraissait pas incontestable ; il fallut plusieurs années de procédure administrative pour le mettre hors de question. Enfin, au commencement de février 1295, le Parlement ordonna que « la main du Roi serait ôtée de la ville et du château de Pamiers ». Mais le sénéchal de Carcassonne, qui devait exécuter cet arrêt, était en Guyenne ; son lieutenant voulut absolument avoir son aveu pour agir en si grave affaire, et ce fut seulement le 26 mars que Roger Bernard fut laissé maître de Pamiers, avec recommandation pourtant « de ne pas opprimer l'abbé de Saint-Antonin ».

Il y avait alors trois mois que le vieux légiste romagnol, Benoît Caïétan, plus que septuagénaire, avait ôté la tiare au trop simple Célestin V et s'était fait Boniface VIII. Une enquête conduite par le célèbre frère prêcheur, Bernard Gui, nous donne une étrange idée de ce vieillard [1] : il aurait commis tous les crimes et pratiqué toutes les débauches ; mais un immense orgueil, une volonté impérieuse rehaussaient son caractère qui, malgré tout, n'était pas sans grandeur. Il croyait avec passion que le chef de l'Eglise était, devait être ce que dans le pamphlet scolastique *De Monarchia*, Dante, son contemporain, voulait que fût l'Empereur : le monarque universel. Saisset revendiquant l'indépendance du clergé, abhorrant l'autorité sous laquelle il était tombé malgré lui, criant contre elle au pied de son trône, excita sa sympathie et lui parut digne de toutes ses grâces. Il entreprit de faire de cet abbé médiocrement renté et de condition précaire, un prélat puissant et riche, qui, sans quitter Pamiers, serait au-dessus du comte de Foix, et qui même, ainsi l'entendait-il, ne devrait plus rien à son seigneur de la veille, le roi de France. Le 16 septembre 1295, huit mois après son avènement, il publiait une bulle qui érigeait l'abbaye de Saint-Antonin en évêché et lui donnait pour territoire la moitié du diocèse de Toulouse. Cet acte de suprême autorité qui lésait à la fois et Philippe le Bel et Roger Bernard, et ce dévoué champion de la primauté pontificale, Hugues Mascaron, n'était, tout bien considéré, qu'un coup d'audace, de succès fort incertain. Il indiquait comment le nouveau Pape entendait régner,

---

1. Dupuy, *Histoire du différend d'entre le pape Boniface VIII et Philippe le Bel, roy de France*, p. 325 et suivantes.

mais il ne créait rien de réel. Le prétendu diocèse de Pamiers restait à faire ; il n'existait que dans l'esprit de Boniface. Si l'abbé de Saint-Antonin, qui par le fait avait cessé d'être abbé, en fut pourvu cette année même, et comment en douter ? il fallut bien qu'il se résignât à être évêque incognito[1].

Ce Bernard Saisset était un Toulousain, de ces esprits brouillons, prompts à prendre parti, et ardents à dénigrer ceux qui se défendent contre leur passion. Il se disait issu d'un des principaux officiers des anciens comtes. Il avait connu le dernier Raymond. Par sa naissance, ses traditions domestiques, ses souvenirs, il appartenait à ce qu'on appellerait aujourd'hui la société légitimiste : groupe encore nombreux de nobles familles qui poursuivaient le passé de regrets attendris, mais qui n'étaient hostiles qu'en pensée, en velléités que ne suivait aucun acte, à l'ordre nouveau des choses.

Je ne crois pas qu'un tel homme ait eu la première idée du projet de conspiration qui l'a rendu célèbre. Le rôle de tentateur qu'il joua auprès des comtes de Foix et de Commenge pour les entraîner à travailler avec lui au rétablissement du comté de Toulouse — ce rôle qui le fit comparer au Satan de l'Évangile — un autre l'avait joué auprès de lui, Saisset, et lui-même le premier avait dit en riant de cet autre, qui le comblait de promesses et le leurrait du chapeau rouge : « Ce n'est pas un homme, c'est le Diable » *iste non est homo, sed Diabolus*[2]. Les « royaux » qui plus tard récla-

---

[1]. Dans sa note IX (*Histoire de Languedoc*. t. IV, p. 549) sur l'érection de l'évêché de Pamiers, dom Vaissète s'est absolument fourvoyé.

[2]. Dupuy, *Hist. du Différend,* etc. Actes du Procès de l'évêque de Pamiers, p. 627 et suiv.

mèrent de Boniface qu'il dégradât cet évêque, feignirent de prendre ce propos, expression naïve et familière d'une admiration dépravée, pour un outrage à la majesté pontificale. Mais ils n'étaient pas dupes, et ce n'était là de leur part qu'un artifice diplomatique dont le Pape, mieux que personne, pouvait sentir l'ironie. En réalité, Bernard Saisset n'était que son agent. Pour ce pontife que la foi n'aveugla jamais, la théocratie n'était qu'un système de gouvernement. Il sentait qu'elle était menacée par la révolution qui s'accomplissait en France. Il avait plus de clairvoyance qu'il n'en fallait pour apercevoir qu'elle serait d'autant plus en péril que le Roi, chef de cette révolution, deviendrait plus puissant. Sismondi et Michelet, qui ont cru qu'il était naturellement favorable à Philippe le Bel, se sont bien trompés. Au contraire, on le voit tout d'abord se guinder vis-à-vis de ce roi de vingt-sept ans, lui parler en maître, chercher à surprendre une fois pour toutes à sa jeunesse la reconnaissance de la suprématie du Saint-Siège. Il emploie tout ce qu'il a d'autorité à l'empêcher de s'agrandir. Il écrira à l'archevêque de Narbonne, qui consentait à lui rendre hommage, « que mieux vaudrait pour lui souffrir mille tourments que de faire subir à son Église le joug d'une si misérable servitude[1] ». Il s'était laissé persuader par Bernard Saisset — sa bulle *Ineffabilis* en fait foi — que les provinces du Midi, mal disposées envers les Français, n'aspiraient qu'à les chasser. L'idée de défaire l'œuvre de la croisade, d'annuler le traité de Paris de 1229, naquit dans son esprit du moment qu'il fut Pape. Lui seul était assez fort et voyait les choses d'assez haut pour oser tracer ce plan spé-

---

1. *Hist. de Languedoc*, in-f°, t. IV, p. 98.

cieux, où tout ce qui restait en Languedoc de grands seigneurs renonçaient à leurs dissensions, appelaient aux armes les nobles, les milices des villes, et secondés par le clergé, aidés par le roi d'Aragon, mais surtout dirigés par le Pape, s'unissaient dans un commun effort pour reconquérir leur liberté perdue.

L'évêque de Pamiers fit des ouvertures en ce sens au comte de Foix dès le temps de la guerre de Guyenne. La pensée du grand complot dont il devait être le meneur le préoccupait sans cesse. Il en parlait, même à l'église, à tous ceux qui l'approchaient, mais comme les circonstances n'étaient pas entièrement propices, il répétait le mot d'ordre qui ajournait ses espérances : *Ara pas, ara pas!* pas encore [1]. En attendant, il n'était toujours que l'évêque d'un diocèse imaginaire. Philippe le Bel n'avait pas admis qu'on créât un évêché dans son royaume, sans le consulter et au préjudice de ses droits. Roger Bernard n'entendait pas renoncer à sa seigneurie. Hugues Mascaron lui-même, malgré sa déférence pour le chef de l'Eglise, n'avait pas consenti à se dépouiller de ses propres mains; il avait été porter ses doléances à Rome. On prétend qu'il y obtint que l'exécution de la bulle du 16 septembre 1295 serait suspendue. Cela est plus que douteux. A vrai dire, on n'en sait rien, car il mourut à Rome même, le 6 décembre 1296 [2].

On va juger ici de l'adresse de Boniface et de sa tenacité. Il faisait alors une guerre à outrance au cardinal Pierre Colonna que Philippe devait appeler plus tard « son ami très cher », et relever de sa ruine par un moyen bien singulier. Il lui importait pour

---

1. Dupuy, *Histoire du différend*, etc., Information contre l'évêque de Pamiers, p. 631 et suivantes.
2. *Gallia christiana,* t. XIII, p. 157.

le perdre tout à l'aise de ménager la France afin qu'elle demeurât neutre. Il profita de l'occasion et remplaça directement Hugues Mascaron, par qui? par le futur saint, Louis d'Anjou, fils de Charles le Boîteux et cousin issu de germain de Philippe le Bel. C'était un ardent mystique de vingt-deux ans qui s'était fait cordelier, faible, valétudinaire, usé par les macérations, les jeûnes, et dont les jours étaient comptés. Sous le couvert de cette grâce, le Pape eut l'art de faire accepter du Roi son diocèse de Pamiers, qui cessa d'être une pure idée. Il fut convenu que ce diocèse prendrait corps, mais que, en l'honneur de Louis d'Anjou, il resterait temporairement uni à celui de Toulouse ; et, comme il était censé n'avoir pas de titulaire, que le royal prélat en serait l'administrateur perpétuel [1]. En attribuant ainsi à ce jeune prince, si absolument détaché des choses de la terre, la totalité des revenus qu'avaient eus ses prédécesseurs, le Pape semblait surtout témoigner de son respect envers la maison de France; mais on dut le sentir même à Paris, il ne faisait qu'affirmer sa résolution de ne pas revenir sur le partage du Toulousain.

Le cousin de Philippe le Bel n'eut pas à porter longtemps le double fardeau qu'on lui avait imposé : il mourut au bout de huit mois, le 19 août 1297. Presqu'aussitôt, Bernard Saisset sortait de l'ombre. Le 7 novembre, dans un acte d'accord avec le comte de Foix, il prenait la qualité d'évêque de Pamiers [2]. On ne voit pas que personne la lui ait contestée ; il paraît seulement qu'une partie des territoires que le Pape avait distraits du diocèse de Toulouse pour les

---

1. *Gallia christiana*, t. XIII, col. 33.
2. *Hist. de Languedoc*, in-f°, t. IV, p. 549.

lui concéder, donna lieu à un procès devant le sénéchal. Il avait pour adversaire l'ancien évêque de Carcassonne, Pierre de la Chapelle-Taillefert, qui, en novembre 1298, avait remplacé Arnaud Roger de Commenge, successeur éphémère de Louis d'Anjou. Cette affaire, à laquelle la Cour prenait intérêt, traîna en longueur. Elle durait encore quand les querelles du Pape et du Roi s'envenimèrent. Saisset vit avec joie s'engager ouvertement cette lutte des deux pouvoirs. La haine qu'il avait conçue au cours de son procès contre Pierre de la Chapelle, allait pouvoir s'assouvir. L'occasion s'offrait enfin de reprendre l'œuvre de la délivrance. Tout était prêt. Un de ses confidents, « son ami intime »[1], Guilhem Isarn, avait réussi à se faire nommer viguier de Toulouse. Les consuls, la plupart des nobles étaient d'intelligence avec lui. L'évêque français devait être écarté : le Pape avait promis de le transférer ailleurs, pourvu qu'on pût croire qu'il y était contraint par les plaintes unanimes et spontanées des nobles et du peuple contre ce prélat. Il fallait préparer en ce sens un vaste pétitionnement, sous les auspices de quelque grand seigneur. Saisset trouva bon que ce grand seigneur fût le comte de Commenge. Sans lui demander son aveu, il se chargea d'écrire en son nom à Boniface une lettre où il serait dit que Pierre de la Chapelle, à raison de son ignorance de la langue du pays, était inutile dans son diocèse ; qu'au surplus, il était odieux au peuple qu'il accablait de maux. On joindrait à cette lettre une supplique déjà toute rédigée par les consuls de Toulouse, mais qu'il fallait faire appuyer d'une masse de témoi-

---

[1]. Il le désigne ainsi lui-même : « Vicarius Tholose qui est amicus meus intimus. » (Dupuy, *Hist. du Différend*. Actes du procès de l'évêque de Pamiers, p. 643.)

gnages. Toutes les communautés, en deçà et au-delà de la Garonne, seraient invitées à la sceller. On ferait faire des sceaux à celles qui n'en avaient pas. — Quand Pierre de la Chapelle ne serait plus là, on se rendrait aisément maître de Toulouse. L'exemple de la capitale entraînerait les régions voisines. Les comtes de Foix et de Commenge, réconciliés avec le comte d'Armagnac, aideraient ensemble à ce grand mouvement. La victoire n'était pas douteuse. Un prophète non suspect, dont on venait de faire un saint, le roi Louis IX l'avait prédite. Saisset tenait de sa propre bouche que la dynastie d'Hugues Capet périrait avec le dixième successeur d'Hugues Capet. Or, celui-là, n'était-ce pas ce roi inepte, ce Philippe *le Bel*, fort bien surnommé sans contredit, mais qui, dans les occasions où il faudrait parler, ne savait que regarder fixement et souffler comme un hibou ? Un renouveau de bonheur et de gloire suivrait dans le pays l'expulsion des étrangers. Le comte de Commenge, qui avait dans les veines du sang des Raymonds, relèverait le comté de Toulouse. Le siège épiscopal serait offert à l'archevêque d'Auch, frère du comte d'Armagnac, ou, s'il le refusait, au prévôt de la cathédrale, ami du viguier. Le comte de Foix aurait Pamiers dont l'évêque serait fait cardinal, et Pamiers, qui avait dû être jadis la capitale d'un royaume aussi noble que la France, — il en jugeait par les antiquités éparses dans son territoire, — Pamiers pourrait redevenir aussi puissante qu'elle l'avait jamais été [1].

Le prôneur de ce plan et de ces vastes espérances disposait des deux comtes en homme qui rêve éveillé. Quand il en vint à les tâter, ils se hérissèrent. Le

---

1. Dupuy, *Hist du Différend*, p. 627 et suiv.

pieux comte de Commenge, Bernard VIII, se signa, quand on lui dit à quel prix l'évêque de Pamiers promettait « de le faire plus grand qu'aucun de sa race ». Il entendit avec horreur la lecture de la lettre qu'on écrivait au Pape en son nom. Jamais il ne souscrirait à tant de mensonges accumulés contre le bon, le juste, le loyal évêque de Toulouse, son seigneur spirituel et son ami. Grâce au ciel, il ne trahirait pas le roi de France. Il reconnaissait la noire malice, les instigations diaboliques de celui qui avait déjà perdu son frère [1], et qui encore cherchait à perdre et lui-même et toute sa maison. Dieu put-il maudire ce séducteur redoutable, qui ferait pécher les anges s'il lui était donné de les approcher !

Pour être moins religieux, moins facile à émouvoir, Roger Bernard n'accueillit pas mieux les avances directes de Saisset. Quoique le seigneur de Mirepoix, Guy de Lévis, les eût réconciliés, il ne pouvait pas l'aimer. Il semble d'ailleurs qu'il n'eût pour lui que peu de considération. Il le laissa parler sans l'interrompre. A ses questions qui furent pressantes, il ne répondit que par un haussement d'épaules et par un sourire douteux. Il y avait du mépris dans cette mimique ; il y avait bien aussi quelque trouble et quelque méfiance. Sans aucun doute, Saisset s'abusait. Il n'avait pas une juste idée de la puissance du Roi : il

---

1. Je suppose qu'il s'agit de l'évêque Arnaud Roger de Commenge, nommé simultanément par le chapitre cathédral et par Boniface pour succéder à Louis d'Anjou, et mort en Italie avant d'avoir pris possession de son siège. Ainsi donc, il aurait été élu à l'instigation de Bernard Saisset. On s'acheminait de cette façon vers le rétablissement des deux frères, descendants des Raymonds, dans l'héritage de leurs aïeux : à l'un, l'évêché de Toulouse, en attendant que l'insurrection qu'on préparait rendît à l'autre le comté. Bernard VIII semble dire que son frère, homme simple et pieux, ne serait pas mort prématurément, s'il ne s'était pas laissé impliquer dans les intrigues de Saisset.

attendait trop de la confédération des grands du pays, mais sa haine et ses préventions de patriote, son esprit habituel de faction ne lui auraient pas seuls inspiré tant d'audace. Créature de Boniface, ami de don Jacques d'Aragon, lié et allié à Toulouse avec le viguier, avec les Roaix, avec les Castelnau, avec tout ce qu'il y avait dans la ville de partisans passifs et de champions résolus de la dynastie raymondine, sentait-il réellement derrière lui, prêts à le soutenir, ces ennemis des Français dont il se targuait d'avoir le concours et l'appui? Roger Bernard fit part de ces doutes à Pierre de la Chapelle, doublement intéressé comme évêque de Toulouse et comme conseiller du Roi à en avertir la Cour [1].

Mais sa démarche d'un côté, de l'autre, la loyauté manifeste du comte de Commenge prouvaient assez que la domination française n'avait pas à craindre de rébellion. Le prélat ne crut pas à un complot. Il ne paraît même pas s'être aperçu qu'en se portant sur Guilhem Isarn, le choix du Roi s'était égaré sur un traître. Il admit seulement, il avait trop de raisons de n'en pas douter, que le viguier s'était ligué avec la cabale de son ennemi l'évêque de Pamiers, mais seulement pour faire à lui et à son église tout le mal possible. En effet, sous prétexte de défendre les intérêts de la Couronne, ce personnage avait entrepris de ruiner son temporel. Les saisies succédaient aux saisies. Des bandes de sergents stipendiés occupaient par six ou par douze ses maisons et ses manoirs. Malgré les ordonnances les plus expresses, on lui confisquait ses dîmes; on lui enlevait jusqu'à ses meubles. On ne se contentait pas de le priver de tout.

1. Dupuy, *Hist. du Différend*, etc. Actes du procès de l'évêque de Pamiers, p. 634.

De concert avec les consuls de Toulouse, qu'il avait fait élire parmi les nobles les plus hostiles aux Français, Guilhem Isarn avait réveillé, exaspéré dans le peuple le sentiment national, et rendu si odieux cet évêque qui ne parlait pas toulousain, que sa simple présence dans la ville paraissait insupportable.

Ces choses se passaient au commencement de l'an 1300. Pierre de la Chapelle comprit qu'il était temps de pourvoir à sa sûreté. Il était dans ses habitudes d'esprit de suivre la voie juridique, qu'il avait toujours pratiquée. C'est ici qu'on sent bien quel caractère auguste les « royaux » prêtaient aux formes légales, encore dans leur nouveauté. On se ressouvient du Bas-Empire en voyant avec quelle foi, quelle sereine espérance ils invoquaient le nom redoutable, le nom sacrosaint du Prince. Pierre de la Chapelle appela au Roi de tout ce que le viguier avait fait on pourrait tenter à l'avenir contre sa personne. Il se crut sauvé dès qu'il eut notifié cet appel à son persécuteur. Mais celui-ci, peut-on dire, n'était pas de la même religion que lui. Il se fit un plaisir d'insulter au Dieu en redoublant de rigueurs contre son fidèle. Il choisit même, pour affirmer son hétérodoxie, le jour nouvellement consacré à saint Louis.

C'était la troisième fois que cette fête, si glorieuse pour la maison de France, allait avoir lieu. Tous les serviteurs du Roi se préparaient à la célébrer dans l'église des Carmes, qui était leur église. (Il y a encore dans ce quartier une rue des Régans). Par malheur, dans l'état des esprits à Toulouse, cette solennité avait tout l'air d'une manifestation politique. Le viguier ne voulut pas que l'évêque eût la joie d'y présider tranquillement. La veille de la fête, il le chassa de son palais, qu'il fit occuper par des sergents. Le pauvre prélat se trouva un moment sans savoir où aller. Le prévôt de sa cathédrale, un patriote qui comptait avoir sa mître, les autres membres de son chapitre qui étaient de cœur avec le viguier, ne l'auraient pas accueilli. Il en fut réduit, ce sont ses propres paroles, « à mendier un asile dans sa ville épiscopale ». On ne sait pas s'il assista à la cérémonie du 25 août, mais le sénéchal, le juge et le procureur de sa temporalité s'y rendirent. Comme ils avaient pris leur place, l'église retentit d'un grand tumulte. Une troupe de sergents forcenés venaient de l'envahir à la suite du viguier. « A mort! à mort! à mort les gens de l'évêque, » criaient-ils. Et ils se dirigeaient vers eux, et près de les joindre, ils tiraient déjà leurs épées. Le vicomte de Bruniquel, lieutenant du sénéchal, qui se trouve là, se précipite à leur rencontre. Pendant qu'il leur résiste au péril de sa vie, le juge et le procureur s'échappent et peuvent être enfermés dans une chambre du couvent. Les sergents, qui les ont suivis de près, essaient de briser la porte. Ne pouvant y réussir, ils reviennent sur leurs pas et s'emparent du sénéchal de l'évêque, qu'ils conduisent au Château-Narbonnais.

Il était si ordinaire qu'un officier du Roi eût des démêlés avec un évêque qu'on ne crut pas à Paris, quand cette affaire y fut connue, que les violences du viguier fussent sans cause ni sans excuse. On ordonna une enquête, mais on écrivit au clerc du roi et au sénéchal, qu'on chargea conjointement de réparer ses torts, de recevoir aussi ses griefs, et s'il était excommunié, comme il y avait lieu de le supposer, de le faire absoudre par provision. On leur manda même, tant il était peu suspect, d'essayer de le réconcilier avec le plaignant.

Un an plus tard, qnand on informa contre Bernard

Saisset, la vérité se fit jour; mais Pierre de la Chapelle n'aida pas à la faire paraître. Des vingt-quatre témoins entendus par les commissaires, aucun ne déposa avec plus de réserve et de mesure. Il omit de parler de l'attentat de Guilhem Isarn. On voit très bien que s'il n'eût tenu qu'à lui, l'évêque de Pamiers, ami du viguier et son inspirateur, n'eût pas été atteint et convaincu de haute trahison [1].

III

Que l'entrevue de Saint-Jean-d'Angély ait eu lieu ou non, — les raisons de ceux qui la nient semblent bien discutables [2], — il est certain que Clément V était lié à Philippe le Bel par un pacte secret; non pas sans doute, comme le croyaient les politiques italiens, par les six conditions que Villani nous expose d'un ton si convaincu, mais plutôt par un acte dûment scellé, aveu authentique de sa simonie, qu'on pouvait tou-

1. Dupuy, *Information contre l'évêque de Pamiers*, p. 641.
2. Philippe le Bel ne traitait pas les affaires par lui-même. Son caractère ne l'y portait pas, quand les leçons de Gilles de Rome, dans le *de Regimine Principum*, ne l'en auraient pas détourné. Il n'a donc pas vu Bertrand de Goth pendant le conclave de Pérouse; mais ses émissaires ont pu le chercher pour lui et le trouver, sinon en Saintonge, du moins du même côté, en Vendée, dans le diocèse de Poitiers, où il faisait comme métropolitain une visite pastorale. Le prétendu journal de cette tournée (G 264 des Archives de la Gironde) n'avait pas à relater leurs conférences avec lui. Ce n'est qu'un relevé fait au seizième siècle d'une série de « cartes » notariées, à présent perdues, où l'on s'était borné à rappeler, dans l'intérêt des successeurs, que tel jour, dans telle paroisse ou tel monastère, l'archevêque de Bordeaux, *comme métropolitain*, avait fait les fonctions épiscopales et exercé le droit de gîte. — Le livre de M. Rabanis rectifie sur un point bien indifférent le récit de Villani; il n'infirme pas ce qui s'y trouve d'essentiel.

jours produire devant un Concile. Le Roi n'avait pas de raisons de limiter ses exigences, puisque le Pape s'était mis à sa merci. Aussi n'eut-il pour cette proie superbe ni ménagement ni pitié. Il put souffrir qu'elle s'écartât de lui pour se soustraire, si peu que ce fût, à son ascendant; mais il savait bien qu'elle n'oserait pas s'échapper. Clément était condamné à rester en France, ou tout au moins en territoire français. La fuite en Italie eût été sa perte, et nullement, comme on serait tenté de le croire, son salut.

Cette révolution préparée, on peut bien dire achetée par Philippe le Bel dans le conclave de Pérouse, classait le Pape au second rang. Au lendemain de la lutte dangereuse soutenue contre Boniface, elle étonne comme un prodige. On en est d'autant plus frappé qu'on la voit s'accomplir sans secousse, sans ébranler les anciennes institutions, sans même y rien changer. L'Église reste entière : elle regorge plus que jamais de vie et de force; elle n'est ni moins hostile qu'auparavant au gouvernement civil ni moins confiante en son droit céleste. Mais dessaisie de son chef qu'elle n'inspire plus, qu'elle n'ose pourtant réprouver, il faut qu'elle souffre qu'il la trahisse et serve sous ses yeux la royauté.

Comme s'il doutait que ce nouveau régime pût avoir quelque durée, Philippe s'empressa d'en tirer avantage. Sa politique, qu'aucune considération ne retient plus, cesse de dissimuler ses ambitions et ses craintes. Il est dans le royaume une pierre d'achoppement que le respect du Saint-Siège l'a forcé trop longtemps de laisser debout : qu'elle tombe ! Sa première pensée, à présent qu'il est le maître, est de détruire les Templiers. Déjà, du temps de Philippe le Hardi, cet ordre avait paru trop puissant. On avait cherché à enrayer dans la grande ordonnance *Ecclesiarum utilitati*[1] l'incessant progrès de sa main-morte. C'était tout ce qu'on pouvait faire alors, son fondateur, saint Bernard, l'ayant mis directement sous la sauvegarde du Pape. D'ailleurs, les Templiers étaient si forts que le Pape même ne s'en faisait pas obéir. Nicolas IV avait eu l'idée de leur adjoindre les Hospitaliers, ces rivaux qui leur étaient odieux ; mais il avait dû y renoncer. S'il y eût réussi, — Jacques de Molay avait raison de le dire plus tard, — les deux ordres ainsi unis auraient pu « se défendre contre toute personne au monde[2] ». Nulle armée de ban et d'arrière-ban, à plus forte raison nulle milice urbaine, ne soutenait la comparaison avec cette chevalerie régulière, si savamment organisée, si bien disciplinée, toujours prête à marcher, jamais quitte de combattre, tenue constamment en haleine, et si riche qu'elle pourvoyait elle-même à son entretien. Un Jules II aurait appelé à soi ces soldats de la foi pour en faire l'armée de l'Église. Boniface n'y avait même pas songé ; il était trop convaincu de la toute-puissance du glaive spirituel, et il faut reconnaître qu'il avait quelque raison de prendre pour une contre-vérité insolente cette apostrophe de Pierre Flotte : « Votre autorité est toute en paroles. » Les Templiers étaient restés les Templiers. Le Digeste et les Institutes enseignaient en vain aux légistes[3] qu'à Rome, encore moins à Constantinople, on n'eût pas souffert dans l'Empire un tel *collegium*. Une autre loi,

---

1. *Ordonnances*, t. Ier, p. 303.
2. Michelet, *Hist. de France*, t. III, p. 93.
3. *Digeste*, III, 4, loi 1 ; XLVII, 2. *Code Justin.*, XI, 1 et sq. *Code Théodos.*, XIV, 7. *Institutes de Justinien*, II, 1. § 6 ; III, 25 et sq. Ces textes, et d'autres encore que j'omets, m'ont été indiqués par mon obligeant et savant confrère de l'Académie, M. Paget, professeur à la Faculté de droit de Toulouse.

celle de la nécessité, exigeait qu'on fût encore avec eux, par politique, ce qu'on avait été pour eux sous saint Louis, par faveur et par amour. On s'était résigné à tolérer que Paris fût la capitale de leur Grand Maître aussi bien que celle du Roi, que le Temple se dressât en regard du Louvre, aussi formidable et plus imposant, et qu'il continuât d'être le dépôt où les visiteurs de l'Ordre, chargés par toutes les provinces de la ferme des revenus royaux, conservaient les deniers du Trésor[1]. Quand rien n'empêcha plus d'abolir cet État dans l'État, comme on avait arrêté tous les Juifs d'un seul coup pour qu'ils ne pussent pas s'échapper, on se saisit de tous les Templiers le même jour (13 octobre 1307), de peur qu'ils eussent le temps de se concerter et de se défendre. Cette violence consommée, quoiqu'on n'eût à en rendre compte à personne, on se hâta de rentrer dans la voie légale. On trouva un prétexte pour livrer à l'Église, leur juge naturel, ces défenseurs de la foi qu'on accusait faussement de mettre la foi en péril. Toutes les perfidies, toutes les atrocités de la procédure dont l'inquisiteur Bernard Gui a compilé le Code, furent employées contre eux[2]. Les gens du Roi prêtaient main-forte. Lui-même, ami et familier des Dominicains, comme son père et son grand-père, se fit le promoteur de cette cause et s'érigea, par une détestable hypocrisie, en serviteur de Dieu. Comme tel, il contraignit le Pape, *servus servorum Dei,* à le seconder. Clément n'annula pourtant pas le privilège que réclamaient les Templiers de l'avoir pour

1. V. lettre n° 148, dans ce Recueil.
2. Des milliers de Français du Midi, contemporains des Templiers, aussi innocents qu'eux, mais beaucoup moins redoutables, ont péri victimes de la même procédure. Nos histoires ne le disent pas assez, si elles le disent.

juge ; il leur donna des commissaires, mais il consentit en même temps à ce qu'ils comparussent devant les Ordinaires, c'est-à-dire devant les évêques des provinces de Sens et de Reims servilement dévoués à Philippe. Or, ceux-ci les condamnèrent avant que les délégués du Pape eussent trouvé moyen de les absoudre.

Les évêques indépendants, de beaucoup les plus nombreux, comprirent bien que l'Église venait de se mutiler. Plus tard, quand ils furent assemblés au Concile de Vienne, ils refusèrent obstinément de supprimer l'Ordre, sans égard aux dépositions des troupes de témoins qu'on avait fait s'acheminer vers eux de tous les points du royaume, et malgré les obsessions des clercs du Roi et du Roi lui-même. Mais celui-ci, qui s'était rendu à Vienne, ne voulut pas y être venu en vain. A défaut de l'Église qui trompait ses espérances, il exigea que Clément prît sur lui de prononcer l'arrêt de mort de la milice du Temple, et il fut obéi.

Ce grand procès, tel qu'il est présenté ici, est comme l'orient de la politique de Philippe le Bel à partir de 1305. Il projette sa lumière en avant, en arrière sur les événements ; il la communique aux chartes contemporaines qui, sans elle, ne sont qu'ombre et confusion. En particulier, il éclaire, quoique par réflexion, l'histoire de la réunion à la Couronne du Languedoc toulousain, que l'opiniâtre esprit d'indépendance du clergé rendait instable, et qu'on était loin de tenir pour définitive à Paris.

On a vu comment à son avènement Philippe avait transigé avec Hugues Mascaron. A la mort de cet évêque, les droits de la Couronne, qui avaient été formellement réservés, furent reconnus sans conteste. Ni Louis d'Anjou, ni Pierre de la Chapelle ne pouvaient songer à les nier; mais, par un singulier effet des circonstances, il se trouva que leur successeur osa les remettre en question. De ce côté, on n'avait rien gagné à la nomination de Clément V, au contraire. Celui-ci, l'année même de son sacre, avait créé de nombreux cardinaux, tous Français [1]. Il s'agissait, on le pense bien, de mettre en minorité dans le futur conclave le parti ultramontain, où Boniface s'était plu à multiplier les Italiens. En tête de ceux qui reçurent alors la pourpre figurait Pierre de la Chapelle. L'évêché qu'il laissait vacant avait de quoi exciter bien des convoitises. Tout réduit qu'il fût de moitié, il valait une principauté : il rapportait encore par an plus de 35,000 livres, près d'un million de francs. Sait-on que l'apanage constitué en 1288 par Philippe le Bel à son frère Louis, comte d'Évreux, n'en produisait que 11,000 [2]? Clément retint cet opulent diocèse pour l'un des fils de sa sœur, Gaillard de Preyssac. Le Roi n'eut pas à se louer d'avoir ratifié cet acte de népotisme. Le nouvel évêque prétendit se dispenser de lui rendre hommage pour sa temporalité. Cet esprit d'audace, joint à la splendeur de sa parenté, ranima dans son clergé le désir et l'espoir de rattraper quelque chose des libertés perdues. Il s'ensuivit à Toulouse une reprise de la lutte contre les « royaux » dont on a vu plus haut les différents caractères. La Cour, cette fois, ne traita pas avec Gaillard de Preyssac, comme elle l'avait fait, dans une situation tout autre, avec Hugues Mascaron. Elle ne renonça pas à recevoir son serment; elle consentit seulement à lui accorder un sursis, pour parler le langage du temps, à mettre l'affaire *en souffrance*;

---

[1]. On en trouvera la liste dans Moréri, v° Cardinal.
[2]. Voir Annexe, n° 23.

ce qui impliquait qu'elle était bien résolue à faire valoir son droit. Cette grâce, octroyée d'abord en 1307, fut plusieurs fois renouvelée. On pourrait se demander quelle satisfaction l'orgueil de l'évêque trouvait à la subir.

D'ailleurs, on ne fut pas plus avare de faveurs envers lui qu'envers ses prédécesseurs. Toutes ses plaintes furent bien accueillies, et si le sénéchal et le viguier ne le ménagèrent point, ce ne fut pas faute d'en avoir reçu l'ordre. Cependant, au fond, on lui savait mauvais gré d'affecter tant d'indépendance, car on avait cru toucher au moment où tous les évêques des pays anciennement conquis par Montfort, sauf celui de Pamiers, cesseraient de regarder leur temporel comme des enclaves du royaume qui ne devaient rien au Roi. Gaillard de Preyssac put s'apercevoir en 1308 de cette disposition malveillante. A la fin de cette année, le bruit se répandait dans Toulouse que le fameux Bernard Saisset avait fait sa soumission. Non seulement, disait-on, il avait reconnu Philippe pour son seigneur, mais il avait été jusqu'à lui céder la moitié des biens de son Église. La nouvelle paraissait sans vraisemblance à ceux qui avaient connu la haine invétérée, les ardeurs de révolte du fougueux vieillard. Elle était tenue pour fausse par ceux qui avaient des raisons de désirer qu'elle ne fût pas vraie. Elle inquiétait plus que tout autre Gaillard de Preyssac. Comme neveu du Pape, il n'aurait pas voulu que cet illustre champion de l'Église abandonnât la cause qu'il avait si énergiquement servie. Comme évêque de Toulouse, il ne lui était pas indifférent que Bernard Saisset se maintînt vis-à-vis du Roi en état d'hostilité. Le temporel de Pamiers, quoique affermé à d'habiles marchands italiens qui s'étaient assuré la protection

royale, n'était pas en recommandation auprès des
« royaux », et l'Église de Toulouse, à qui le Pape s'était
déjà empressé d'en rendre une partie, pouvait espérer d'en arracher encore quelques lambeaux. Elle avait
donc intérêt à ce que rien ne fût changé, et à prévenir tout accommodement. Clément, averti par son
neveu, défendit aussitôt à l'évêque de Pamiers de
traiter avec le Roi, si tant était qu'il en eût l'intention.
Mais il était trop tard. Les bruits qui avaient couru
étaient fondés. Le Pape put croire que Saisset lui avait
sciemment désobéi ; sa colère, qu'excitait encore le
dépit de Preyssac, devint menaçante. Alors, qui l'aurait
jamais pensé? celui qui « ne savait que regarder fixement comme un hibou » intercéda pour le fauteur de
l'insurrection préparée par Boniface, auprès du successeur de Boniface. Sa lettre, qui n'affecte pas la raillerie dans les mots, est au fond parfaitement ironique[1].
Elle apprend au Pape que le traité a été conclu avec
les procureurs de l'évêque et du chapitre de Pamiers,
pendant que lui-même, le Pape, se trouvait à Poitiers,
et en quelque sorte sous ses yeux. Au moment où il y
mettait son véto, les instruments en étaient déjà rédigés et scellés. Le Roi n'a pas entendu léser l'Eglise de
Toulouse, — il n'aurait eu garde ! — pas plus que l'évêque de Pamiers n'a songé à désobéir au Saint-Père ou
à dilapider les biens de son Église, comme le prétendent ses ennemis. S'il en a donné la moitié au Roi, il
en recevra l'équivalent. Bien plus, grâce à la sauvegarde royale, il aura désormais, ainsi que son chapitre, l'entière jouissance de ses bénéfices, car il peut
compter d'être protégé depuis qu'il a promis de faire
hommage pour son temporel. Il a pu déplaire ; mais il

---

1. *Hist. de Languedoc*, édition Privat, t. X, col. 481.

n'est pas coupable, et après tout il convient au Saint-Père d'avoir égard à son grand âge.

C'est ainsi qu'en 1308 la chancellerie de France persiflait le Souverain Pontife. Quel changement depuis quatorze ans ! Cette affaire du temporel de Pamiers qui avait mis aux prises les deux autocrates de l'Occident se termine comme un simple marché. L'ancien abbé de Saint-Antonin, le héraut de la suprématie du Saint-Siège, négocie et s'engage sans même consulter le Pape. Le Roi oublie volontairement que son père a promis par écrit au comte de Foix de n'accepter à Pamiers ni donation ni paréage, quand il l'a substitué à tous ses droits, après la guerre d'Aragon. Pour n'avoir plus à regretter d'occuper seulement par procureur les avant-postes du côté de la frontière, il choisit dans le pays, « hors de Pamiers ! » — il veut bien le faire remarquer, — il se fait céder, il s'assure par troc les meilleures positions militaires. Il se réconcilie pour cela avec son ennemi le plus acharné, et c'est lui qui défendra désormais contre l'évêque de Toulouse les limites de ce diocèse de Pamiers, créé en haine de lui et malgré lui ! — C'est qu'avec les années on s'était aperçu que cet acte d'hostilité de Boniface avait tourné à l'avantage de la Couronne. On avait senti que l'autorité royale s'était accrue dans ces régions éloignées en raison de la moindre richesse du haut clergé. L'orgueilleux Gaillard de Preyssac n'était qu'un insoumis, peut-être fût-il devenu un rebelle s'il eût régné, comme Bertrand de L'Isle, sur tout le Toulousain.

L'idée de parfaire ce que Boniface avait commencé, de morceler à son exemple les grands diocèses du Midi, émanait en quelque sorte de l'expérience et s'insinuait dans l'esprit des clercs du Conseil. Mais on ne tenta rien en ce sens du vivant de Philippe le Bel ; les circonstances ne s'y prêtaient pas.

En ce qui concerne l'évêque de Toulouse, on ne devait pas s'attendre à ce que Clément V consentît à rabaisser son propre neveu. Et l'on n'eut pas voulu l'y contraindre, car on le laissait faire le Pape dans les moindres choses, et le démembrement d'un évêché, quelles qu'en dussent être les conséquences, pouvait passer pour une simple affaire d'administration. A sa mort, qui ne fut pas imprévue, on eut bien d'autres soucis. Il s'agissait de savoir si la Papauté resterait française. Avait-on fait tout ce qu'il fallait pour qu'elle ne redevînt pas italienne ? On s'était hâté d'enfermer dans la maison incommode où Clément s'était éteint, à Carpentras, le 20 avril 1314, les vingt-trois cardinaux qui formaient sa suite. On espérait qu'ils ne tarderaient guère à donner à l'Église le chef qu'on souhaitait. Mais les scrutins succédèrent inutilement aux scrutins. Trois mois s'étaient déjà passés ainsi quand, le 22 juillet, le feu prit au conclave. Les cardinaux s'échappèrent à grand peine ; une fois libres ils ne consentirent pas à se remettre en chartre ; Italiens et Français se dispersèrent, et deux ans devaient s'écouler avant qu'on songeât à les rassembler. C'est que depuis le 29 novembre, Philippe le Bel, épuisé par une maladie de langueur, avait cessé de vivre. Son fils, âme molle, tête légère, n'avait aucune idée de la politique. Les grands qui le dominaient s'étaient trouvés aussi inhabiles que lui à gouverner. Les traditions de l'autre règne allaient se perdre dans ce désarroi ; heureusement les légistes reparurent ; on les avait écartés, on ne les empêcha pas de revenir. Il semble bien que quand Louis le Hutin mourut, le 5 juin 1316, on leur avait rendu, s'ils n'avaient repris d'eux-mêmes, la direction des affaires. Eux seuls, en effet, purent avoir la pensée de mener à Lyon le jeune Comte de Poitiers pour faire élire enfin un nouveau Pape ; eux seuls, imposer à ce même prince l'ambition de succéder à son frère. L'idée d'exclure les femmes du trône n'est pas d'eux. Elle avait été émise, vers 1282, comme simple théorie, par un disciple d'Aristote, dans le *De Regimine Principum* [1]; mais quels autres que ces vétérans du pouvoir et de la glose, quels autres que ces romanistes, auraient eu assez de décision et de savoir-faire, on peut bien dire d'effronterie, pour

1. Egidio Colonna, *De Regimine Principum* (2ᵉ pars, lib. III, cap. v) : « Oportet autem talem dignitatem (regiam scilic.) magis transferre ad masculos quam ad fœminas, quia masculus est fœmina ratione præstantior, corde animosior, passionum minus insecutor ». Il avait dit précédemment (1ᵉ pars, lib. II, cap. XXIII) : « Consilium mulierum, ut dicitur primo Politicorum, est invalidum, nam sicut puer habet consilium imperfectum quia deficit a perfectione viri, sic etiam fœmina habet invalidum consilium quia habet complexionem invalidam et deficit a valetudine viri ». — Il ne faut pas oublier que les femmes de Louis le Hutin et de Charles le Bel, Marguerite et Blanche de Bourgogne, venaient de trop justifier le dur jugement du philosophe. — On ne peut affirmer que, comme Gilles de Rome le recommandait lui-même (2ᵉ pars, lib. III, cap. XX), le *De Regimine* ait été lu à la table des jeunes princes, fils de Philippe le Bel, pour leur apprendre l'art de régner ; mais il est constant que ce livre était alors en fort grand crédit. On lit dans le *Dictionnaire historique* de Dom Chaudon « que Jean de Vignay en fit, sous Philippe de Valois, une traduction, qui est en manuscrit dans quelques bibliothèques ». Après la découverte de l'imprimerie, il n'avait rien perdu de son autorité ; on le publia plusieurs fois : à Augsbourg, en 1473 ; à Rome, en 1482 et 1492 ; à Barcelone (traduct. catalane), en 1480 et 1494 ; à Séville, en 1494 ; à Venise, en 1498. L'édition dont je me suis servi, petit in-8º de 140 mill. sur 95, foliotée, non paginée (368 folios), et imprimée en italiques, est datée de Rome, 1556, *apud Antonium Bladum, Pont. Max. excusorem*.

Le *De Regimine* est divisé en trois parties. Gilles de Rome a fait entrer dans les deux premières, suivant un plan dont il se fait honneur, presque toute « la Morale » et toute « la Politique » d'Aristote. La troisième partie est un résumé des « Institutions militaires » de Végèce. Le latin de l'auteur est le latin de l'École, mais clair et remarquablement coulant et facile.

couvrir cette énorme dérogation au droit commun de l'autorité caduque, mais censée nationale, de la loi salique, et la rendre ainsi acceptable aux Français? Après ce tour d'adresse, — ce ne fut pas un coup d'État, — ils gouvernèrent à leur plaisir, sans autre souci que d'avoir un Roi qui ne savait pas être Roi. Gilles de Rome raconte que ce fut à la prière de Philippe le Bel, qui n'avait pas encore quatorze ans, qu'il composa son *Art de régner*[1]. Philippe le Long, dans toute sa vie, eut été incapable d'une si haute curiosité; mais il n'avait pas non plus cette dignité de manières, cette gravité composée qui étaient chez son père l'expression d'un profond sentiment du caractère royal. Il scandalisait chaque jour ses ministres par ses étourderies et son laisser-aller. Las de le rappeler en vain au décorum, ils crurent que leurs remontrances seraient mieux écoutées si elles partaient de la chaire de Saint-Pierre. Jean XXII, qui leur devait la tiare, se prêta pour leur complaire à faire l'office de pédagogue. La bulle qu'il adressa à Philippe V, le 18 janvier 1317, est tout au long un sermon *ad hominem*; cela indiquerait, si d'ailleurs il ne le laissait entendre, qu'il ne l'avait pas écrite de lui-même[2]. C'est donc bien à tort que Sismondi a cru

---

1. En tête du *De Regimine Principum*. Lettre à Philippe le Bel, qui n'était encore que le fils aîné du Roi : « ... Quare si vestra Generositas Gloriosa me amicabiliter requisivit ut de eruditione principum, sive de regimine Regum quemdam librum componerem, quatenus, gubernatione regni secundum rationem et legem diligentius circumspecta, polleretis regimine naturali : ut apparet ad liquidum, non instinctu humano sed potius divino, hujusmodi petitio postulatur. Videtur enim Omnipotens Vestre Domus Sanctissime curam gerere specialem, cum vestram pudicam ac venerabilem infantiam inclinavit ut... non passione et voluntate, sed lege et intellectu, regulas regni justissimas cupiat preservare ... Auxiliante Altissimo, delectabiliter opus aggrediar, ut vestra Reverenda Nobilitas requisivit ».

2. Voir l'analyse de cette bulle dans *Sismondi*, t. IX, p. 355.

« qu'il s'arrogeait le droit de régenter le Roi et le royaume ». Un Pape qui siégeait à Avignon, quand presque toute l'Église l'eût voulu à Rome, ne pouvait pas prendre une attitude si hautaine. Les deux pouvoirs, que les théologiens s'étaient plu si longtemps à représenter par le soleil et par la lune, avaient alors permuté leurs symboles. Le soleil était à Paris ; l'astre d'Avignon lui empruntait sa lumière. — Jacques Duèza ne s'en plaignait pas. Français de naissance, Français de cœur, client favori de la maison d'Anjou, il était tout dévoué à la maison de France. Nombre de ses bulles en témoignent, mais surtout celles du 25 juin et du 7 juillet 1317 qui, comme celle du 18 janvier, lui furent évidemment suggérées : l'une, qui décrète une sorte de dépècement du diocèse de Toulouse; l'autre, qui est une apologie au Roi, faite pour être montrée, de cette division par le menu.

Jean expose dans la première qu'il a repris l'idée que son prédécesseur Clément IV [1] avait conçue mais n'avait pu exécuter, étant mort trop tôt. Si la division de l'évêché de Toulouse paraissait nécessaire en 1268, combien plus l'était-elle devenue aujourd'hui que, grâce à la bénédiction de Dieu (et à la réunion du Toulousain à la Couronne), la cité et le diocèse ont crû et vont croissant si merveilleusement en population et en richesse ? Etait-il possible que le pasteur d'une si grande multitude pût connaître de vue, comme il le devait, chacune de ses ouailles ? que le juge spirituel d'un si vaste territoire pût suffire à répondre à cette foule de clercs et de séculiers qui recouraient à son tribunal ? D'un autre côté, qui se souvient que les immenses revenus de cet immense diocèse aient jamais profité au culte divin ?

1. *Gallia Christ.* t. XIII, Instrum. Ecc. Tolos. LXV, col. 35.

La corruption s'était engendrée de l'excès de l'abondance. — Ici le Pape pense évidemment à l'évêque contemporain, Gaillard de Preyssac, dont il nous révèle les mœurs et la magnificence. « L'iniquité avait fait de tels progrès que l'amour du luxe, les désirs charnels, les chevaux et les équipages, le nombre infini des familiers et des domestiques, les largesses répandues sans mesure sur toute une parenté, des dépenses énormes, d'extraordinaires fantaisies avaient fait leur proie du patrimoine du Crucifié. Et déjà l'on pouvait craindre que l'évêque unique du Toulousain, ainsi gorgé de biens et tout gonflé d'orgueil, ne se révoltât contre Dieu, son créateur, et que, quittant la voie du salut, il n'entraînât à sa suite, par son pernicieux exemple, ceux qui lui étaient soumis ».

Ces considérations sont empruntées pour la plupart à la fameuse bulle d'érection de l'évêché de Pamiers; d'où l'on peut inférer qu'elles furent en 1317, après tant de changements, ce qu'elles avaient été déjà en 1295 : d'honorables prétextes. Jean XXII, sans doute, avait à cœur le bien de la religion, mais n'est-il pas remarquable que comme Boniface, dès le début de son pontificat, il ait tourné les yeux vers la partie faible du royaume, pour y agir exactement comme Boniface, quoique dans un tout autre esprit? En tant que mesure politique, la division du diocèse de Toulouse en plusieurs évêchés devait avoir de si grands avantages, qu'il semble impossible que ceux qui régnaient pour le Roi ne l'aient pas désirée, et aussi, puisqu'ils le pouvaient, demandée. Ces avantages, le Pape n'en parle pas dans sa bulle qui a, comme il convenait, un caractère purement ecclésiastique; mais cela ne veut pas dire qu'il ne les ait ni vus ni prévus. Au contraire, il est le premier à les faire valoir dans sa lettre du

7 juillet. Il y défend son œuvre contre les détracteurs que lui susciteront à la Cour ceux dont il ruine les intérêts ; il y dit en propres termes : « qu'elle assurera la paix et la défense du royaume ; ..... qu'ainsi divisée entre plusieurs, cette grande puissance d'un seul n'est plus redoutable ; qu'on n'a plus à concevoir la moindre crainte qu'elle excite des mouvements dans le pays ; que tout indique qu'on pourra désormais avoir pleine confiance dans la fidélité des peuples »[1].

Il n'est pas jusqu'à l'érection de Toulouse en archevêché, car c'était aussi l'objet de la bulle du 25 juin, que le Pape n'envisage par son côté mondain. C'est un honneur que les Toulousains apprécient. Et, en effet, ils se montraient fiers d'être affranchis de la primatie surannée de Narbonne, la vieille cité déchue. Le nom de métropole sonnait bien à leurs oreilles. Il convenait à leur heureuse ville que déjà Philippe le Bel avait exemptée de ses lois somptuaires, où tout bourgeois pouvait avoir des vases et des bijoux d'argent, user de flambeaux de cire, porter des fourrures de vair et de petit gris, où la vie enfin et la prospérité débordaient, depuis qu'un pouvoir fort travaillait à éteindre autour d'elle les guerres privées, et la dispensait d'avoir une milice pour se défendre elle-même contre ses ennemis et ses rivaux.

L'ancien diocèse qui avait les mêmes limites que le *pagus tolosanus*, est représenté aujourd'hui à peu près par les arrondissements de *Toulouse, Villefranche, Muret* dans la Haute-Garonne, de *Lavaur* dans le Tarn, de *Montauban, Moissac, Castelsarrasin*, dans le Tarn-et-Garonne, de *Castelnaudary* dans l'Aude, de *Pamiers* dans l'Ariège et de *Lombez* dans le Gers.

---

1. *Gallia Christ.* t. XIII, Instr. Ecc. Tolos. LXVI. col. 57.

Jean XXII commença par mettre sous sa main toute cette étendue de territoire, puis il chargea des commissaires d'en évaluer exactement les revenus. Il ne s'était proposé d'abord que d'y tailler six évêchés, y compris celui de Pamiers qui devait être remanié. Dix mille livres tournois de rente annuelle seraient attribuées au métropolitain, 5,000, à ses suffragants de Pamiers, Rieux, Lombez, Montauban et Saint-Papoul. Mais avant qu'on eût encore fixé les limites des nouveaux diocèses, l'enquête des commissaires révéla que c'était à 45,000 livres, et non pas seulement à 35,000, comme on l'avait préjugé, que se montaient les revenus de l'ancien évêché. Il fut alors décidé qu'on créerait par surcroît deux nouveaux sièges suffragants, Lavaur et Mirepoix, qui seraient dotés comme les autres de 5,000 livres [1]. Sans attendre que les opérations de délimitation fussent achevées, le Pape nomma les nouveaux évêques, à qui les receveurs du Saint-Siège furent chargés de payer une pension provisoire équivalente à leurs futurs revenus [2].

Qu'était devenu pendant ce temps Gaillard de Preyssac ? — Jean XXII avait destitué purement et simplement le neveu de son prédécesseur. Si l'on demande pourquoi, l'on répondra que sans doute le Roi l'avait voulu. Car il n'est pas admissible qu'il ait été frappé par mesure de discipline. Il y avait en France, en Angleterre, sur les bords du Rhin, des prélats dont les mœurs n'étaient pas plus régulières que les siennes et qui dissipaient comme lui en magnificences « le patrimoine du Crucifié ». Le coup qui

---

1. *Gallia Christiana* t. XIII, Instrumenta, col. 236 et suiv. Bulles d'érection des évêchés de Lavaur et de Mirepoix.
2. Archives de la Haute-Garonne, Fonds de l'archevêché de Toulouse. G 321.

l'abattit ne pouvait s'adresser qu'à l'émule de Bernard Saisset, au feudataire qui depuis onze ans esquivait de reconnaître son suzerain, à l'orgueilleux prélat que la bulle du 25 juin voyait déjà en révolte contre son Créateur, et celle du 7 juillet, contre son Roi.

Aucun adoucissement ne suivit cette rigueur. On se garda bien de le nommer cardinal : on lui offrit seulement, un an après sa chute, — compensation dérisoire — le médiocre évêché de Riez, situé sur la rive gauche du Rhône, au pied des basses Alpes. Il le refusa et vint s'établir à Avignon où il mourut en 1327, sans avoir encore payé les dettes qu'il avait faites comme évêque de Toulouse. C'est Bernard Gui, l'inquisiteur, qui a pris soin de noter sa disgrâce et sa fin. Il l'avait connu dans sa gloire : en 1309, à Toulouse, il s'était assis à ses côtés pour présider avec lui à un « sermon public » (auto da fé)[1].

Le nouveau siège métropolitain avait été donné dès novembre 1317 à Jean, évêque de Maguelonne[2], qui appartenait à cette illustre, et nombreuse, et pauvre famille de Commenge dont on a vu l'attachement à la dynastie capétienne. Cette nomination demeura longtemps secrète pour des raisons qui ne sont pas connues. On l'ignorait encore à Toulouse, en janvier et même en octobre 1318, car on lit sous ces dates au bas de deux actes de notaires : « Civitate Tolosana in metropolim erecta nondum provisa de archiepiscopo, quod sciatur[3] ».

---

1. *Gallia Christ.* t. XIII, col. 37.
2. Arch. de la Haute-Garonne : G 330.
3. *Ibid.* G 322, G 323.

LETTRES INÉDITES

DE

PHILIPPE LE BEL

AVERTISSEMENT

Les lettres de Philippe le Bel qui sont imprimées ici pour la première fois, proviennent des archives des départements de la Haute-Garonne et de l'Ariège, et de celles de la ville de Toulouse.

Les premières, du n° 1 à n° 121 sont copiées confusément dans le registre G 345 du fonds de l'archevêché de Toulouse, manuscrit du XIVe siècle, de 62 folios en vélin, ayant 280 millimètres de haut et 205 de large. On les a rangées suivant l'ordre des temps.

Les n°s 122 à 128 qui font partie du même fonds, sont tirés d'un cartulaire coté G 347, mss. du XIVe au XVIe siècle, de 166 folios en parchemin, haut de 333 millimètres, large de 265, dont la reliure en parchemin blanc est ornée de deux fermoirs et de cinq croix de cuivre fleurdelisées, surmontées de boutons d'un fort relief, et placées en quinconce.

Les n°s 129 à 136 appartiennent aux archives de l'évêché de Pamiers, qui sont restées longtemps inaccessibles, et n'ont été transportées à Foix que tout récemment (au mois de mai 1886). Dès qu'il a eu reconnu ces huit chartes, M. Félix Pasquier, archiviste de l'Ariège, a bien voulu renoncer à les publier lui-même, et les a communiquées à l'éditeur avec le plus obligeant empressement.

Enfin, les n°s 137 à 187, se trouvent aux archives de la ville de Toulouse dans la layette cotée provisoirement 83, et dans trois cartulaires dont voici la description :

AA 3. Mss. du XIII° au XVI° siècle, 502 pages, parchemin; hauteur, 435 millimètres, largeur, 275; relié en basane.

AA 4. Mss. du XIV° siècle, 64 folios, papier de fil; hauteur, 299 millimètres, largeur, 210; demi-reliure en basane bleue.

Registre coté provisoirement 147. Mss. du XVII° siècle, copie d'un ancien *Recueil de la chambre des enquêtes du Parlement de Toulouse,* 686 folios, papier très fin; hauteur, 240 millimètres, largeur, 182; demi-reliure en basane bleue.

L'orthographe des manuscrits a été exactement reproduite. Le texte n'a été corrigé qu'en deux ou trois endroits où il était évidemment altéré, mais les mots changés ont été notés au bas des pages.

Outre ces lettres qui concernent surtout les rapports de Philippe le Bel ou de ses agents avec le clergé du Toulousain, il en reste un très grand nombre d'inédites, sur toutes sortes de sujets, dans le *Registrum curie Francie,* t. II, dont on conserve à Toulouse deux copies, l'une aux Archives du département, l'autre à la Bibliothèque de la ville.

ARCHIVES DE LA HAUTE-GARONNE

G 345

LETTRES INÉDITES

DE

PHILIPPE LE BEL

1

(Ancien CIV [C à la table], folio 50, recto.)

Carcassonne, jeudi, fête de saint Luc, évangéliste (18 octobre) 1285.

Quod Senescallus clericos, privatos ecclesiis per episcopum, in possessione earum non deffendat, sed ipsum uti sua jurisdictione permittat.

Philippus, Dei gratia Francorum Rex, Senescallo Tholosano et Albiensi salutem. Significavit nobis procurator dilecti et fidelis nostri Episcopi Tholosani[1] quod vos ipsum impeditis in sua ecclesiastica et spirituali jurisdictione, et in beneficiis ecclesiasticis ad ejus collationem spectantibus conferendis et per eum collatis, ac etiam clericos per eundem episcopum suis parrochialibus ecclesiis privatos quia nolunt ad ordines promoveri, in possessione earum contra ipsum deffenditis : quare mandamus vobis quatinus dictum

---

1. Hugues Mascaron, successeur de Bertrand de L'Isle Jourdain, mort le 31 janvier 1285.

episcopum uti libere permittatis sua predicta jurisdictione, nec dictos clericos deffendatis, ipsum episcopum, si opus fuerit, deffendentes, nec sibi violentia vel injuria per laycalem potentiam inferatur. Et quia postquam[1] Regni gubernationem accepimus sigillum novum fieri non fecimus, sigillo quo prius utebamur presentes fecimus litteras sigillari.

Actum Carcassonne die jovis in festo beati Luche evangeliste, anno Domini M° CC° octuagesimo quinto.

2

(Ancien II, folio 7, recto.)

Paris, février 1287, n. s.

Qualiter dominus Rex prorogavit ad vitam domini Hugonis juramentum fidelitatis.

Philippus, Dei gratia Francorum Rex, universis presentes litteras inspecturis salutem. Notum facimus quod cum peteremus sacramentum fidelitatis a dilecto nostro Hugone, Episcopo tholosano, ratione temporalitatis quam tenet nomine suo et ecclesie tholosane, ipseque aliquas rationes proponeret propter quas ad hujusmodi juramentum seu sacramentum prestandum se diceret non teneri : Et nos proponeremus seu proponi faceremus rationes propter quas dicebamus ipsum ad hoc teneri : tandem, post multos tractatus, volentes gratiam eidem episcopo facere specialem, placuit nobis et ordinavimus quod ab ipso H. episcopo, quamdiu vixerit, per nos vel successores nostros nec sacramentum fidelitatis nec homagium, ratione dicte temporalitatis, ullatenus petatur vel etiam exigatur, sed tota questio predicta sit in sufferencia quamdiu vixerit episcopus memoratus;

1. Mss. : *propter*.

Salvo et retento nobis et nostris successoribus, post obitum dicti episcopi, jure super petitione prefati sacramenti seu juramenti fidelitatis et homagii contra suos successores quam dicimus nos habere, necnon eidem episcopo et suis successoribus super suis deffentionibus et ecclesie memorate quas dicit se habere, ita etiam quod neutri partium, post vitam dicti episcopi H., nullum prejudicium ex hac sufferencia generetur. Et in hujus rei testimonium sigillum nostrum litteris presentibus fecimus apponi.

Actum Parisius, anno Domini M° CC° octogesimo sexto, mense februario.

3

(Ancien XLII [XLIV à la Table], folio 23, recto.)

Paris, mercredi avant la Madeleine (18 juillet) 1288.

Quod a judice et senescallo Episcopi ad ipsum episcopum, et ab episcopo ad Regem immediate appelletur.

Noverint universi quod nos Yvo de Lucdunaco, legum professor, judex curie domini Vicarii Tholose, tenensque sigillum senescallie et vicarie Tholose illustrissimi Domini nostri Regis Francorum, vidimus, legimus, tenuimus et de verbo ad verbum inspeximus diligenter quandam patentem litteram dicti domini nostri Regis, sigilloque regie majestatis sigillatam, non cancellatam, non viciatam, nec in aliqua sui parte abolitam, ut prima facie apparebat, cujus tenor talis est :

Philippus, Dei gratia Francorum Rex, Senescallo Tholose vel ejus locum tenenti salutem. Cum ad questiones factas nuper nostris gentibus tenentibus parlamentum Tholose ex parte Episcopi tholosani[1], videlicet, an in causa principa-

1. Hugues Mascaron.

liter intentata coram judice dicti episcopi, ad episcopi comodum pecunie vel bonorum[1]..... ordinatum sit per nostram Curiam quod ab ipso judice episcopi appelletur ad ipsum episcopum; itemque, a senescallo dicti episcopi ad eundem episcopum appelletur; itemque, ab ipso episcopo ad nos vel tenentes parlamentum nostrum Tholose, si teneatur, obmissis aliis mediis quibuscumque : Mandamus vobis quatinus dictam ordinationem observetis et faciatis firmiter observari.

Actum Parisius, die mercurii ante Magdalenam, anno Domini millesimo CC° octogesimo octavo.

In cujus visionis et inspexionis testimonium, nos judex predictus sigillum senescallie et vicarie Tholose predictum presentibus duximus apponendum. Datum Tholose, die lune post festum Beati Marchi, anno Domini millesimo CCC° quarto. (27 avril 1304.)

4

(Ancien XXII, folio 17, recto.)

Paris, le jour de la fête des SS. Apôtres Pierre et Paul (29 juin) 1290.

Quod non impediatur episcopus quominus in suos subditos jurisdictionem suam exerceat.

Philippus, Dei gratia Francorum Rex, Senescallo et Vicario Tholose, vel eorum loca tenentibus salutem. Attendentes, ex conquestione dilecti et fidelis nostri Episcopi tholosani[2] quod, licet mandatum nostrum alias receperitis ut in ecclesiis et locis ecclesiasticis diocesis tholosane, absque dicti episcopi auctoritate, manum non poneretis, ipsumque nullatenus impediretis in hiis que ad officium et suum forum

---

1. Il faut ici un *etc.*, qui est omis dans le mss.
2. Hugues Mascaron.

ecclesiasticum spectare noscuntur : vos, nichilominus, per vos aut servientes vestros, pretextu aliquarum litterarum optentarum a nobis pro pluribus personis dicte diocesis, ut in suis possessionibus custodiantur, et deffendantur ab injuriis et violenciis manifestis, eundem episcopum quominus suos aliquos subditos privet, sua potestate ordinaria ac alia forsan a Sede Apostolica sibi data, a suis ecclesiis et beneficiis, culpis eorum exigentibus, et quominus eadem beneficia aliis conferat, impeditis, eos quibus ea contulit eiciendo de possessionibus eorum, nec eis gaudere permittentes eosdem : Mandamus vobis quatinus mandatum, sicut predicitur, pro dicto episcopo alias vobis factum servando, et ab impedimentis predictis omnino cessando, prefatum episcopum quominus jurisdictionem suam in suos sibi immediatè subditos et justiciabiles exerceat libere, precipuè, in spectantibus ad eum casibus, nullathenus impediatis de cetero aut permittatis turbari; que contra hoc mandatum nostrum feceritis, vel facta repereritis in prejudicium dicti episcopi ad statum debitum indilatè facientes reduci.

Actum Parisius, in festo beatorum Apostolorum Petri et Pauli, anno Domini millesimo CC° nonagesimo.

5

(Ancien XXXIII, folio 20, recto.)

Paris, jour de fête des saints apôtres Pierre et Paul (29 juin) 1290.

Quod Senescallus vel Vicarius non saysiant bona Episcopi, nisi ejus inhobedientia id exposcat.

Philippus, Dei gratia Francorum Rex, Senescallo et Vicario Tholose, salutem. Ex conquestione dilecti et fidelis nostri Episcopi tholosani[1] attendentes quod vos, absque

---

1. Hugues Mascaron.

causa rationabili, eoque non convicto per vos vel vestrum alterum, bona ejusdem episcopi et hominum suorum, indifferenter, ad manum nostram posuistis, et comestores seu vastatores in eis : Mandamus vobis quatinus, si ita est, ab istis cessantes gravaminibus et facientes cessari, bona ejusdem non saysiatis de cetero tali modo, nisi ejus inhobedientia seu alia causa justa et rationabilis id exposcat.

Actum Parisius, in festo apostolorum beatorum Petri et Pauli, anno Domini millesimo CC° nonagesimo.

6

(Ancien VI, folio 8, recto.)

Longchamp-lès-Saint-Cloud, vendredi avant la fête d'hiver de saint Nicolas (1ᵉʳ décembre) 1290.

Quod notarii in litteris et in instrumentis contractuum apponant juramentum.

Philippus, Dei gratia Francorum Rex, Tholose et Carcassone Senescallis ac Vicariis salutem. Intelleximus quod, ex parte nostra, inhibitum fuit terrarum nostrarum notariis, ne ipsi in litteris quas scribunt super contractibus quos recipiunt, juramentum inscribant vel apponant, quodque barones, nobiles, ceterique curiales nostri predictarum senescalliarum ac vicariarum notariis terrarum suarum similem inhibitionem fecerunt. Unde mandamus vobis et vestrum singulis quatinus, si ita est, vos dictam inhibitionem revocantes omnino, precipiatis et faciatis quod predicti curiales, barones et nobiles revocent eandem; permittentes et permitti facientes quod nostrarum et subditorum nostrorum terrarum notarii in litteris et instrumentis contractuum quos recipient, juramentum apponant et inscribant, si voluerint contrahentes.

Actum apud Longum Campum prope Sanctum Clodoaldum, die veneris ante hyemale festum beati Nicolay, anno Domini millesimo ducentesimo nonagesimo.

7

(Ancien XXI, folio 17, recto.)

Paris, le lundi après la fête de saint André, apôtre (4 décembre) 1290.

Quod non impediatur episcopus in institutione, destitutione et correctione clericorum suorum.

Philippus, Dei gratia Francorum Rex, Senescallis et Vicario Tholose et Carcassone, et aliis justiciariis nostris ad quos presentes littere pervenerint, salutem.

Mandamus vobis et vestrum cuilibet, quatinus non impediatis nec impediri permittatis a vestris subditis Episcopum tholosanum[1] vel suos in institutione, destitutione, depositione et correctione clericorum et presbyterorum sibi subditorum, nec in exequtione casuum spiritualium pertinentium ad eundem. Mandamus vobis etiam quatinus eundem episcopum, familiam, gentes et bona ipsius, prout rationabile fuerit, et ad vos pertinere noveritis, deffendatis et custodiatis ab injuriis, oppressionibus et violentiis manifestis, eundem in suis juribus manutenentes et deffendentes, nostro tamen et cujuslibet alterius jure salvo, non permittentes aliquas indebitas sibi fieri novitates.

Actum Parisius, die lune post festum beati Andree, apostoli, anno Domini M°CC° nonagesimo.

[1] Hugues Mascaron.

8

(Ancien XXXIV, folio 20, verso.)

Paris, lundi après la fête de saint André, apôtre (4 décembre) 1290.

Quod tenentes Parlamentum Tholose ea, que invenerint per Senescallum et alios justiciarios contra tholosanum Episcopum et jurisdictionem indebite occupata, faciant ad statum pristinum reduci.

Philippus, Dei gratia Francorum Rex, dilectis et fidelibus suis magistris Parlamenti Tholose salutem et dilectionem. Mandamus vobis quatinus ea, que inveneritis per senescallos, vicarios et alios justiciarios nostros contra tholosanum Episcopum [1], jurisdictionem et gentes suas indebite attemptata, faciatis prout rationabile fuerit, ad debitum statum reduci; precipientes eisdem justiciariis nostris ut ipsi, prout ad eos pertinet, judicata et arresta per curiam nostram facta pro episcopo predicto diligenter observent, et a suis faciant subditis observari; et si aliquid contra ea fuerit attemptatum, illud faciatis, prout rationabile fuerit, emendari.

Actum Parisius, die lune post festum beati Andree, apostoli, anno Domini millesimo CC° nonagesimo.

9

(Ancien CXI, folio 52, verso.)

Paris, jour de la fête d'hiver de saint Nicolas (6 décembre) 1290.

Quod notarii in publicis instrumentis juramenta apponant, non obstante ordinatione per Regem facta.

Philippus, Dei gratia Francorum Rex, Senescallis et

---

1. Hugues Mascaron.

Vicario Tholose ac Carcassone, ceterisque officialibus et justiciariis suis, salutem. Mandamus vobis quatinus non prohibeatis nec impediri permittatis quominus publici notarii in instrumentis apponant et scribant contrahentium juramenta, licet a nobis vel nostra curia fuerit in contrarium ordinatum.

Actum Parisius, die festo Sancti Nicholai yemalis, anno Domini M° CC° nonagesimo.

10

(Ancien LXXXVIII [LXXXIV à la Table], folio 43, verso.)

Paris, mardi avant la mi-carême (11 mars) 1291. (1292 nouv. st.)

Quod gentes Episcopi preventum clericum in sua curia, quamvis tonsuram dimiserit, capiant in habitu laycali, et alia bona [1].

Philippus, Dei gratia Francorum Rex, Senescallo tholosano vel ejus locum tenenti salutem. Ex parte procuratoris dilecti et fidelis nostri Episcopi tholosani[2] nobis datum est intelligi, quod ipse et gentes sue impediuntur in senescallia et vicaria Tholosana per officiales nostros quominus capere, corrigere et punire possint clericos criminosos, preventos in curia ejus, qui, post preventionem predictam, ut penam effugiant, dimisso habitu clericali, se transferunt in habitu laycali. Quare mandamus vobis quatinus, facta fide primitus de preventione dum pro clericis se gesserunt per processum dicti episcopi seu ejus curie, vel aliter, non impediatis ipsum episcopum, vel gentes seu officiales suos, quo-

---

1. Il y a dans le mss. f° 47, recto, n° XCIV, un mandement daté de Paris *die dominica qua cantatur Letare Iherusalem*, 16 mars 1291 (1292 n. s.), qui est à peu près de même teneur.
2. Hugues Mascaron.

minus tales clericos capere, distringere, et punire possint, nisi forsitan talia commiserint que etiam pro clericis se gerentes gaudere nequeant aut non debeant privilegio clericali ; non impedientes ipsum vel gentes suas, seu officiales suos, nec impediri permitatis, quominus, in itineribus seu locis publicis, murtrarios clericos et aliter delinquentes in dyocesi sua per servientes et officiales suos cum armis capere valeant, et bona eorum mobilia consignare et capere, precaventes ne in predictis fraus aliqua committatur. Si vero predictus episcopus proposuerit se vel gentes suas usus (*sic*) fuisse (capere) dictos clericos murtrerios et aliter delinquentes in dyocesi sua, in domibus quarum hostia aperta erunt, et absque fractione hostiorum, vel alia violentia : super usu predicto eidem justiciam faciatis. Super eo etiam quod dictus procurator nobis intimare curavit, quod consules Tholose et alii subditi et officiales nostri citant clericos murtrarios, facinorosos et alios malefactores, et publice preconizari faciunt, ut dicitur, quanquam dictus episcopus seu gentes ejus teneant ipsos clericos in ejus carcere mancipatos, et parati sint hostendere dictos clericos vobis vel gentibus vestris in carcere ipsius episcopi in clericali habitu et tonsura : si sit ita, predicta fieri minime permittatis.

Actum Parisius, die martis ante mediam quadragesimam, anno Domini M° CC° nonagesimo primo.

11

(Ancien XXIII, folio 17, verso.)

Abbaye royale Sainte-Marie, près Melun, lundi après l'Invention de la Sainte-Croix (5 mai) 1292.

Quod consules (Tholose) reddant clericos in eorum carceribus captos, dum per gentes Episcopi fuerint requisiti.

Philippus, Dei gratia Francorum Rex, Vicario Tholose vel ejus locum tenenti salutem. Significavit nobis procurator dilecti et fidelis nostri Episcopi tholosani[1], quod consules et capitulum Tholose, requisiti ex parte ipsius episcopi ut clericos detentos in suis carceribus ei reddant, ei vel gentibus suis reddere contradicunt, ipsos post requisitionem hujusmodi per unum vel duos menses vel amplius detinentes; et quando dictos clericos detentos volunt restituere, petunt expensas ab eisdem a tempore requisitionis citra, ipsos aliter restituere non volentes, sic, in prejudicium ipsius episcopi et dictorum clericorum dampnum non modicum et gravamen, pretextu dictarum expensarum, pecuniam indebite ab eis extorquendo. Quare mandamus vobis quatinus, vocatis evocandis, si vobis constiterit de predictis, consules predictos compellatis desistere a petitione seu exactione expensarum predictarum, et ad restituendum episcopo memorato vel gentibus suis clericos captos ab eisdem seu detentos, indilate, et talia de cetero facere non presumant; quod si fecerint, ipsos debite puniatis.

Actum apud regalem abbatiam Beate Marie juxta Melodunum, die lune post Inventionem Sancte Crucis, anno Domini M° CC° nonagesimo secundo.

12

(Ancien CIII [XCIX à la Table], folio 49, verso.)

Abbaye royale Sainte-Marie, près Melun, lundi après l'Invention de la Sainte-Croix (5 mai) 1292.

Quod consules (Tholose) clericos justiciabiles Episcopi non questionent nec submergi faciant.

Philippus, Dei gratia Francorum Rex, Vicario Tholose vel ejus locum tenenti salutem. Significavit nobis procurator

---

1. Hugues Mascaron.

dilecti et fidelis nostri Episcopi tholosani[1], quod capitularii seu consules Tholose, indifferenter, capiunt clericos justiciabiles ejusdem episcopi, et eos tenent longo tempore captos minus juste, et contra arresta gentium nostrarum Parlamenti Tholose eos recusant restituere dicto episcopo et gentibus suis, pluries super hoc requisiti, et hiis non contenti, in contemptum ecclesiastice jurisdictionis, dictos clericos sic captos ponunt in questionibus et tormentis, et postea, quod est deterius, ipsos, vel aliquos ex eisdem de nocte in flumine Garone submergi non formidant.

Quare mandamus vobis quatinus, vocatis evocandis, si vobis constiterit de predictis, ipsos quos in eis inveneritis deliquisse puniatis, aut puniri faciatis, secundum eorum merita et delictorum qualitatem, justicia mediante; dictosque consules a predictis et similibus desistere compellatis aut compelli faciatis; arrestaque pro dicto episcopo facta in Parlamento Tholose et in nostra curia Parisius, prout de eis vobis constiterit, exequtioni debite faciatis demandari.

Actum apud regalem abbatiam Beate Marie juxta Melodunum, die lune post inventionem sancte Crucis, anno Domini M° CC° nonagesimo secundo.

13

(Ancien CXVI [CXII à la Table], folio 54, recto.)

Abbaye royale Sainte-Marie, près Melun, lundi après l'Invention de la Sainte-Croix (5 mai) 1292.

Quod clericus non compellatur in curia seculari testimonium perhibere.

Philippus, Dei gratia Francorum Rex, Vicario Tholose vel ejus locum tenenti salutem. Significavit (nobis) procu-

---

[1]. Hugues Mascaron.

rator dilecti et fidelis nostri Episcopi tholosani[1], quod vos clericos, ipso vel gentibus suis non requisitis, compellitis ad perhibendum testimonium in curia vestra, quanquam paratus esse dicatur facere super hoc (ea que) debet.

Quare mandamus vobis quatinus, si ita est, a compulsione predicta desistatis, arrestumque gentium nostrarum Parlamenti Tholose super hoc factum teneri et observari faciatis, prout vobis constiterit de eodem.

Actum apud regalem abbatiam Beate Marie juxta Melodunum, die lune post inventionem Sancte Crucis, anno domini M° CC° nonagesimo secundo.

14

(Ancien LVII [LIV à la Table], folio 26, verso.)

Paris, le samedi avant les Rameaux (21 mars) 1292.(1293 n. s.)

Quod Episcopus non impediatur per Vicarium et consules (Tholose) super cognitione clericatus (clerici) qui tonsuram dimisit.

Philippus, Dei gratia Francorum Rex, Senescallo Tholosano vel ejus locum tenenti salutem. Conquestus fuit nobis procurator dilecti et fidelis nostri Episcopi tholosani[2] quod Vicarius et consules Tholose turbant et impediunt ipsum episcopum seu ejus officialem super cognitione clericatus, cum aliquis clericus tonsuram dimiserit eo quia fecerat se tondi propter infirmitatem vel alias, et dubitatur de possessione vel proprietate clericatus. Et cum episcopus velit cognoscere, vel ejus officialis, de possessione vel proprietate

---

1 et 2. Hugues Mascaron.

clericatus, dicunt Vicarius et consules dictam cognitionem ad eos pertinere.

Unde vobis mandamus quatinus prohibeatis eisdem, ne dictum episcopum seu officialem impediant quin de predictis cognoscant et diffiniant.

Actum Parisius, die sabbati ante Ramos Palmarum, anno Domini M° CC° nonagesimo secundo.

15

(Ancien IV, folio 7, verso.)

Pont-Sainte-Maxence, le lendemain de la Pentecôte (18 mai) 1293.

Quod servetur compositio facta cum domino Bertrando.

Philippus, Dei gratia Francorum Rex, Senescallis Tholose et Carcassone, ceterisque justiciariis nostris ad quos presentes littere pervenerint, salutem.

Mandamus vobis et vestrum cuilibet quatinus, compositionem olim factam inter recordationis inclite karissimum genitorem nostrum, ex una parte, et Bertrandum, quondam episcopum tholosanum[1], ex altera, diligenter observantes et integre facientes a nostris gentibus et subditis observari, si aliquid inveneritis contra dilectum nostrum episcopum tholosanum per aliquos attemptatum, vel usurpatum, contra dicte compositionis tenorem, illud absque difficultate qualibet faciatis ad debitum statum reduci, servato tenore compositionis predicte.

Actum apud Pontem Sancte Maxencie, in crastino Penthecostes, anno Domini M° CC° tercio.

1. V. cette transaction, qui est datée de septembre 1279, dans Lafaille, *Annales de la ville de Toulouse*, tome II « Recueil de pièces », page III. Lafaille l'a mise sous le nom de Philippe le Bel.

16

(Ancien CXX [CXVI à la Table], folio 55, verso.)

Paris, le dimanche après la fête de saint Denis (11 octobre) 1293.

Quod mandata et arresta regia observentur.

Philippus, Dei gratia Francorum Rex, Senescallis Tholose et Carcassone vel eorum loca tenentibus salutem. Mandamus vobis quatinus arresta, judicata et mandata per nos, vel curiam nostram facta, pro dilecto et fideli nostro Episcopo tholosano[1], de quibus vobis constabit, eorum tenore servato, faciatis prout ad vos pertinere noveritis observari et exequtioni mandari.

Actum Parisius, dominica post festum Beati Dionysii, anno Domini millesimo CC° nonagesimo tercio.

17

(Ancien XV, folio 11, verso.)

Paris, le mercredi après la fête de saint Denis (14 octobre) 1293.

Quod saysine seu baculi in ecclesiis parrochialibus vel aliis absque voluntate episcopi non ponantur[2].

Philippus, Dei gratia Francorum Rex, Senescallo Carcas-

---

1. Hugues Mascaron.
2. Il y a dans le mss., sous les n°ˢ XVI, folio 12, recto, et LXXX, folio 34, verso, deux mandements qui ne diffèrent pas sensiblement de celui-ci : le premier, daté de Paris, *die lune post festum beati Vincentii*, 23 janvier 1295 (1296 n. s.); le second, aussi daté de Paris, *die mercurii post festum sancti Dyonisii*, 14 octobre 1293.

sone vel ejus locum tenenti salutem. Significavit nobis dilectus et fidelis noster Episcopus tholosanus[1] quod gentes et officiales nostri, indifferenter et pro modico ipsius vel gentium suarum excessu, bona dicti episcopi, sine nostro mandato, ad manum nostram ponunt; item, comestores sumptuosos et servientes stipendiarios ibidem ponunt pro sua voluntate. Unde mandamus vobis quatinus non permittatis fieri tales saisinas in senescallia vestra, nisi per vos vel locum vestrum tenentem, vel de vestro aut locum vestrum (tenentis) mandato; nec comestores seu stipendiarios servientes ibidem poni permittatis, nisi in casibus per nostram curiam ordinatis et permissis; non sustinentes quod in hiis casibus, pretextu captionis bonorum temporalium ipsius episcopi, capiantur decime sue non feudales, aut res spirituales seu ecclesiastice, nec mobilia ipsius episcopi, nisi provenientia ex temporalitate sua prius saisita, nec domus ipsius episcopi in quibus degit idem episcopus, dum tamen inveniatis aliam temporalitatem suam in qua justiciare possitis eundem, juxta qualitatem delicti; nec in ecclesiis parrochialibus vel aliis ecclesiis saisinas, servientes aut baculos ponatis vel poni permittatis, absque voluntate ipsius episcopi vel suorum.

Actum Parisius, die mercurii post festum Beati Dyonisii, anno Domini millesimo CC° nonagesimo tercio.

18

(Ancien VII, folio 8, verso.)

Pontoise, le mardi après la fête de sainte Marie-Madeleine
(27 juillet) 1294.

Quod bajuli et senescalli restituant sine difficultate clericos captos.

Philippus, Dei gratia Francorum Rex, Senescallis Tho-

1. Hugues Mascaron.

lose et Carcassone salutem. Significavit nobis dilectus noster Episcopus tholosanus[1], quod bajuli nostri et arrendatores balliviarum nostrarum, cum dictus episcopus seu ejus officialis per censuram ecclesiasticam ipsos compellunt ad reddendum eidem clericos justiciabiles suos, quos captos detinent, ut justiciam debitam faciat de eisdem, ipsi, parentes dictorum captorum, qui hujusmodi compulsiones quandoque procurant, molestant, et dicti episcopi saisiunt temporalia donec a dicta compulsione desistat. Unde vobis et vestrum cuilibet precipimus et mandamus, quatinus predicta fieri minime permittatis; clericos vero ipsius episcopi justiciabiles qui in vestris senescalliis, eorum meritis exigentibus, per vos vel justiciarios vestros capti fuerint, ad ipsius episcopi vel officialis sui requisitionem, eis reddatis absque difficultate quacumque.

Actum apud Pontisaram, die martis post festum beate Marie Magdalene, anno Domini M° CC° nonagesimo quarto.

19

(Ancien CXII [CVIII à la Table], folio 52, verso.)

Pontoise, le mardi après la fête de sainte Marie-Madeleine
(27 juillet) 1294.

Quod Regales non deffendant laycos contra Episcopum in perceptione decimarum, nec curatos (impediant) quin per forum ecclesie decimas recuperent ab eisdem.

Philippus, Dei gratia Francorum Rex, Senescallis Tholose et Carcassone salutem. Significavit nobis dilectus noster Episcopus tholosanus[2], quod vos et alie gentes nostre ves-

---

1. 2. Hugues Mascaron.

trarum senescalliarum, contra justiciam et tenorem constitutionis inclite recordationis Ludovici Regis Francorum, avi nostri, que incipit « Cupientes[1] », deffenditis laycos in perceptione decimarum parrochialium non feodalium, quas ipsi detinere nituntur in dyocesi tholosana. Quare vobis et vestrum cuilibet precipimus et mandamus quatinus predictos laycos in perceptione predicta, contra tenorem dicte constitutionis, minime deffendatis, nec deffendi per vestros subditos permittatis, nec impediatis ipsum episcopum et curatos ecclesiarum sibi subditos quominus ipsi, per forum ecclesie, recuperent decimas antedictas.

Actum apud Pontisaram, die martis post festum beate Marie Magdalene, anno Domini millesimo CC° nonagesimo quarto.

20

(Ancien XXVII, folio 18, verso.)

Abbaye Sainte-Marie près Pontoise, le lundi après la fête des saints apôtres Pierre et Paul (4 juillet) 1295.

Quod vicarius (Tholose), pendente inquesta super crimine clerici capti per episcopum, bona dicti clerici non capiat nec occupet [2].

Robertus, comes Atrebatensis, in partibus Tholosanis, Carcassonensi, Petragoricensi, Ruthenensi et Xanctonensi Senescalliis, in Vasconia et ducatu Aquitanie domini nostri Regis Francorum locum tenens, nobilibus viris Senescallo et Vicario Tholose, vel eorum loca tenentibus salutem et sinceram dilectionem. Noveritis nos vidisse litteras dicti domini nostri Regis in hec verba :

---

1. Voir *Recueil des ordonnances*, t. I, p. 50.
2. Un double de ce mandement se trouve dans le mss. au folio 26, recto, sous le numéro LV.

Philippus, Dei gratia Francorum Rex, Senescallo Tholose salutem. Significavit nobis dilectus et fidelis noster Episcopus tholosanus[1], quod cum aliquis clericus capitur a gentibus dicti episcopi, et super aliquo crimine inquiritur contra ipsum, inquesta pendente, Vicarius Tholose capit et occupat bona dicti clerici, nec ea vult restituere episcopo predicto vel ejus officiali seu gentibus, in dicti episcopi prejudicium non modicum et gravamen. Quare mandamus vobis quatinus, si ita est, prefatum Vicarium a premissis cessare et desistere faciatis.

Datum apud abbatiam beate Marie juxta Pontisaram[2], die lune post festum beatorum apostolorum Petri et Pauli, anno Domini M° CC° nonagesimo quinto.

Unde mandamus vobis quatinus contenta in predictis litteris observetis et faciatis à vestris subditis observari, facientes nichilominus revocari si quid contra tenorem predictarum litterarum inveneritis attemptatum.

Datum Vasati[3], in die Ascensionis Domini, anno Domini M° CC° nonagesimo septimo.

21

(Ancien X, folio 9, verso).

Abbaye Sainte-Marie près Pontoise, le mardi après la fête des saints apôtres Pierre et Paul (5 juillet) 1295.

Quod Vicarius (Tholose) et alii justiciarii clericum captum in carcere episcopi preconizari non faciant per villam nec citari.

Philippus, Dei gratia Francorum Rex, Senescallo Tholose salutem. Cum dilectus et fidelis noster Episcopus tholosa-

1. Hugues Mascaron.
2. Mss. *Pontiranam.*
3. Bazas (Gironde).

nus[1] nobis significaverit quod, cum quandoque contingit aliquem clericum pro crimine capi et in carcere dicti episcopi detineri, licet gentes seu officialis dicti episcopi, ut accepimus, sint parati dictum clericum existentem in carcere Vicario et justiciariis Tholose ostendere, fidemque facere quod captus fuit in habitu clericali; nichilominus prefati vicarius et justiciarii, in prejudicium ecclesiastice juridicionis, dictum clericum preconizari faciunt publice per villam citantque vel citari faciunt coram ipsis. Mandamus vobis quatinus, si rem noveritis ita esse, vicarium et justiciarios predictos a premissis desistere et cessare penitus faciatis.

Actum apud abbatiam beate Marie juxta Pontisaram, die martis post festum beatorum apostolorum Petri et Pauli, anno Domini M° ducentesimo nonagesimo quinto.

22

(Ancien CV [CI à la Table], folio 50, verso).

Paris, le mardi après la fête de saint Mathieu, apôtre,
(27 septembre) 1295.

Quod Regales non precipiant[2] clericis conjugatis captis per episcopum quod tonsuram dimittant, et arte mecanica non utantur.

Philippus, Dei gratia Francorum Rex, Senescallo et Vicario Tholose, salutem. Ex parte dilecti et fidelis nostri Episcopi tholosani[3] nobis est conquerendo monstratum, quod, cum per curiam nostram clericos conjugatos vel artem mecanicam exercentes pro delictis capi, eosque restitui curie

---

1. 2. Hugues Mascaron.
3. Mss. : *prohibeant.*

episcopi, vel per curiam ipsius episcopi capi contigit, gentes nostre dictis clericis precipiunt ne utantur arte sua, vel quod tonsuram clericalem dimittant, et insuper, ab eisdem clericis pro delictis penas exigere non verentur, ac si a laïcis delicta hujusmodi essent commissa, dicti episcopi jurisdictionem perturbando; quare vobis mandamus quatinus in prejudicium jurisdictionis ecclesiastice talia fieri non permittatis deinceps, requirentes tamen episcopum memoratum ut clericos sibi subditos legitime moneat ne secularibus negociis se inmisceant; precaventes ne clerici conjugati vel alii legitime moniti per dictum episcopum, sub colore jurisdictionis ecclesiastice, contra justiciam deffendantur; jurisdictionis nostre debitum exequentes, et dictum episcopum in jurisdictione sua ecclesiastica nullatenus perturbantes.

Actum Parisius, die martis post festum beati Mathei apostoli, anno Domini M° CC° nonagesimo quinto.

23

(Ancien CXV [CXI à la Table], folio 54, recto.)

Paris, le mardi après la Saint Mathieu, apôtre (27 septembre), 1295.

Quod, non obstante appellatione facta per procuratorem regium, consules (Tholose) restituant clericos Episcopo.

Philippus, Dei gratia Francorum Rex, Senescallo Tholose salutem. Significavit nobis dilectus et fidelis noster Episcopus tholosanus[1] quod, cum per consules Tholose clericos pro delictis vel aliis causis capi contingit, et, requirente ipso episcopo vel gentibus suis, dicti consules volunt restituere dicto episcopo clericos memoratos, procurator noster, appel-

1. Hugues Mascaron.

lando, restitutionem clericorum ipsorum impedit et perturbat, propter quod ipsorum clericorum restitutio et justicie exequtio retardatur. Quare vobis mandamus quatinus non permittatis, in casibus hujus (modi), per appellationes procuratoris nostri restitutionem clericorum ipsorum differri, nisi causam probabilem et expressam procurator noster alleget et in instanti appellationem hujusmodi prosequatur, ita quod liquido appareat non dilationis causa appellationem interponi eandem.

Actum Parisius, die martis post festum beati Mathei apostoli, anno Domini M°CC°. nonagesimo quinto.

24

(Ancien CXVIII [CXIV à la Table], folio 54, verso.)

Paris, le mardi après la Saint Mathieu, apôtre (27 septembre), 1295.

Quod Episcopus possit clericos preventos in curia sua, quamvis tonsuram dimiserint, capere in laycali habitu existentes.

Philippus, Dei gratia Francorum Rex, Senescallo Tholose salutem. Ex parte dilecti et fidelis nostri Episcopi tholosani[1] nobis extitit intimatum, quod frequenter contingit, cum clerici per ipsius episcopi curiam pro suis maleficiis sunt preventi, cum tonsura clericali et habitu existentes, tonsuram et habitum clericalem dimittant ut cohercionem curie episcopi ipsius eludant, ne dictus episcopus manum possit in eos extendere in laïcali habitu existentes, et per nostram curiam deffenduntur. Quare vobis mandamus quatinus non permittatis dictum episcopum impediri quominus, fide facta curie nostre de preventione pre-

1. Hugues Mascaron.

dicta, libere capiat clericos hujusmodi in laycali habitu existentes et quod de eis faciat quod ordo juris requirit.

Actum Parisius, die martis post festum beati Mathei apostoli, anno Domini millesimo ducentesimo nonagesimo quinto.

25

(Ancien XII, folio 10, recto.)

Paris, le lundi avant la fête de saint Clément (21 novembre), 1295.

Quod servientes episcopi in itineribus publicis et in domibus quarum ostia sunt aperta clericos murtrerios capiant, et bona eorum consignent mobilia et capiant.

Philippus, Dei gratia Francorum Rex, Vicario Tholose vel ejus locum tenenti salutem. Conquestus est nobis dilectus et fidelis noster Episcopus tholosanus[1] quod, quanquam per alias nostras litteras mandaverimus quod ipse episcopus, gentes et officiales sui per justiciarios et subditos nostros non impediantur quominus, in itineribus, locis publicis et etiam in domibus quarum hostia aperta erunt, absque fractione hostiorum vel alia violencia, clericos murtrerios et aliter (delinquentes) in dyocesi sua, per servientes et officiales suos cum armis capere valeant, et bona eorum mobilia consignare et capere, vos nichilominus, contra dicti mandati tenorem, servientes nostros posuistis, ut dicit, in terra dicti episcopi, pro eo quod gentes ipsius episcopi ceperunt bona cujusdam clerici condempnati. Quocirca mandamus vobis quatinus, si est ita, predictos servientes statim amoveatis, absque custu et dampno ipsius episcopi, et absque difficultate quacumque, talia de cetero nullatenus attemptantes.

1. Hugues Mascaron.

Actum Parisius, die lune ante festum beati Clementis, anno domini millesimo ducentesimo nonagesimo quinto.

26

(Ancien XLVI [XL à la Table,] folio 46, recto.)

Paris, le samedi après la Saint André, apôtre (3 décembre), 1295.

Quod contenta in litteris et arrestis regiis observentur.

Noverint universi quod nos Petrus de Pradinis, capellanus major ecclesie tholosane, tenensque sigillum curie senescallie et vicarie tholosane pro illustrissimo domino Rege Francorum, vidimus et diligenter perlegimus quandam patentem litteram regiam, sigillo cereo pendenti dicti domini Regis sigillatam, non viciatam, non cancellatam, nec in aliqua sui parte suspectam, ut prima facie apparebat, cujus tenor talis est :

Philippus, Dei gratia Francorum Rex, Senescallo Tholose vel ejus locum tenenti salutem. Conquestus est nobis dilectus et fidelis noster Episcopus tholosanus[1] quod vicarius, subvicarius, consules et alii justiciarii nostri Tholose, contra tenorem litterarum nostrarum et curie nostre arresta minus rationabiliter attemptantes, dictum episcopum et ejus officiales impediunt ne bona mobilia clericorum in ipsius episcopi curia preventorum seu condempnatorum capiant et arrestent; item, impediunt ne servientes et nuncii ipsius episcopi portent arma pro clericis delinquentibus, ipsius episcopi justiciabilibus, modo licito capiendis; item, quod clericos quos predicti justiciarii nostri vel consules captos detinent, requisiti, nolunt ipsi episcopo reddere, ymo, post requisitionem hujusmodi, detinent eos per unum vel duos

---

[1]. Hugues Mascaron.

menses, et postea, cum per ecclesiasticam censuram compulsi, eos reddunt, expensas exigunt quas ipsi post hujusmodi requisitionem fecerunt; item, quod ipsi justiciarii nostri frequenter appellant maliciose ne clericos quos captos detinent, restituant, et, quod deterius est, post requisitionem sibi factam, eosdem multociens liberant et abire permittunt; item, quod ipsi justiciarii clericis, quos capiunt gentes ipsius episcopi, vel quos ipsi reddunt eisdem, precipiunt frequenter quod non utantur arte sua, vel quod tonsuram clericalem dimittant.

Unde mandamus vobis quatinus eisdem justiciariis nostris et consulibus inhibeatis expresse ne talia de cetero attemptare presumant, et illos qui contra fecerint secundum sua demerita, ratione previa, puniatis.

Actum Parisius, sabbato post festum beati Andree apostoli, anno Domini millesimo CC° nonagesimo quinto.

In cujus visionis testimonium, nos Petrus de Pradinis predictum sigillum curie senescallie et vicarie tholosane predicte presentibus duximus apponendum. Datum Tholose, die lune ante festum Nativitatis beate Marie Virginis, anno Domini M° CC° nonagesimo sexto. (Lundi 3 septembre 1296.)

27

(Ancien XXXV, folio 20, verso.)

Paris, le lundi après la fête de saint André, apôtre (5 décembre) 1295.

Quod senescallus (Tholose) et alii justiciarii observent judicata et arresta facta pro episcopo Tholosano.

Philippus, Dei gratia Francorum Rex, Tholose et Carcassone Senescallis, Consulibus Tholose, ceterisque dictarum senescalliarum justiciariis nostris ac eorum loca tenentibus ad quos presentes littere pervenerint, salutem. Mandamus vobis et vestrum cuilibet quatinus litteras, arresta et judicata nostra et curie nostre facta pro dilecto et fideli nostro Episcopo tholosano[1], de quibus vobis constiterit, observantes, ea faciatis, prout ad vos pertinere noveritis, secundum eorum tenorem integrari et debite exequtioni mandari.

Actum Parisius, die lune post festum beati Andree Apostoli, anno Domini M° CC° nonagesimo quinto.

28

(Ancien CVIII [CIV à la Table], folio 54, verso.)

Paris, le lundi après la fête de saint André, apôtre (5 décembre) 1295.

Quod consules (Tholose) non procedant, condempnando, citando, preconizando contra clericum in curia Episcopi detentum.

Philippus, Dei gratia Francorum Rex, Senescallo tholosano vel ejus locum tenenti salutem. Intimavit nobis dilectus et fidelis noster Episcopus tholosanus[2] quod, quando aliquis clericus, cum tonsura et habitu clericali repertus, in ipsius episcopi curia detinetur, et per ejus officialem de crimine ipsi clerico imposito inquiritur contra eum, consules Tholose citant clericum ad domum suam, vel citationem suam preconizari publice faciunt per villam Tholose; et quanquam dictus episcopus vel ejus officialis insinuent ipsis consulibus ipsum esse clericum, et apud eundem episcopum detineri, et offerant se paratos eis hostendere eundem in habitu clericali, nichilominus, ipsi consules de facto contra eum procedunt, et frequenter eundem condempnant de facto, ut sic dictum episcopum impediant in jurisdictione sua, et aggra-

1 et 2. Hugues Mascaron.

vent infamiam clerici detenti. Unde mandamus vobis quatinus talia fieri non permittatis, et illos qui talia attemptaverint, secundum sua demerita, ratione previa, puniatis.

Actum Parisius, die lune post festum beati Andree apostoli, anno Domini M° CC° nonagesimo quinto.

29

(Ancien XCIII [LXXXIX à la Table], folio 46, verso.)

Paris, jeudi veille de l'Epiphanie (5 janvier 1295) 1296 n. s.)

Quod non compellantur clerici perhibere testimonium in curia seculari.

Philippus, Dei gratia Francorum Rex, Senescallis Tholose et Carcassone, et aliis justiciariis nostris vel eorum loca tenentibus, salutem. Significavit nobis dilectus et fidelis noster Episcopus tholosanus[1] quod vos, clericos tholosane dyocesis, ipso episcopo vel officialibus suis non requisitis, compellitis ad perhibendum testimonium in curia vestra, quanquam ipsi parati esse dicantur super hoc facere quod debent. Quare vobis mandamus quatinus, si est ita, a compulsionibus hujusmodi desistatis, arrestaque gentium nostrarum Parlamentum Tholose tenentium super hoc facta teneri et observari faciatis, prout vobis constiterit de eisdem.

Actum Parisius, die jovis in vigilia Epiphanie Domini, anno ejusdem Domini millesimo ducentesimo nonagesimo quinto.

1. Hugues Mascaron.

30

(Ancien CXIII [CIX à la Table] folio 53, recto.)

Paris, la veille de l'Épiphanie (5 janvier) 1295 (1296 n. s.)

Quod littere et arresta regia observentur.

Philippus, Dei gratia Francorun Rex, Senescallis Tholose et Carcassone, et Vicario Tholose, et aliis justiciariis nostris vel eorum loca tenentibus ad quos presentes littere pervenerint, salutem. Procurator dilecti et fidelis nostri Episcopi tholosani[1] nobis graviter conquerendo monstravit, quod idem episcopus a nobis plures litteras impetravit et impetrari fecit, et a magistris tenentibus Parlamentum Tholose arresta habuit, et quod vos contenta in litteris et arrestis predictis negligitis observare et facere observari, prout vobis datum est in mandatis. Quare vobis et vestrum singulis districte precipimus et mandamus quatinus omnia contenta in litteris nostris et arrestis predictis, prout de ipsis vobis constiterit et ad vos pertinere noveritis, observetis et faciatis ab aliis observari taliter quod de negligentia super hiis redargui non possitis.

Actum Parisius, in vigilia Epiphanie Domini, anno ejusdem M° CC° nonagesimo quinto.

31

(Ancien V, folio 7, verso.)

Paris, le mercredi après l'Épiphanie (11 janvier) 1295 (1296, n. s.).

Quod clerici cum armis possent capi et bona eorum mobilia.

Philippus, Dei gratia Francorum Rex, Vicario Tholose vel ejus locum tenenti salutem. Conquestus est nobis dilec-

---

1. Hugues Mascaron.

tus et fidelis noster Episcopus tholosanus[1] quod, quanquam per nostras mandavimus litteras quod senescallus et justiciarii Tholose non impediant ipsum, gentes et officiales suos, nec impediri permittant quominus in itineribus seu locis publicis, et etiam in domibus quarum hostia aperta erunt, absque fractione hostiorum vel alia violencia, clericos murtrerios et aliter delinquentes in diocesi sua per officiales et servientes suos cum armis capere valeant, et bona eorum mobilia consignare et capere, vos nichilominus, contra dictarum nostrarum litterarum tenorem, bona dicti episcopi apud Valeguam[2] et alibi saisivistis, et custodes in eis posuistis qui blada et alia bona ejusdem episcopi occuparunt et etiam ceperunt, pro eo quod gentes ipsius episcopi ceperant bona mobilia quorumdam clericorum condempnatorum, dicentes, ut intelleximus, quod dictam saisinam non amovebitis quousque a nobis secundam habueritis jussionem. Unde mandamus vobis quatinus, si est ita, predictos custodes et saisinam, sine custu, expensis et dampnis ipsius episcopi, amoveatis, blada ac alia bona dicti episcopi per dictos custodes capta et occupata eidem, salvo tenore priorum litterarum, restitui faciatis, nisi sit aliud rationabile quod obsistat; quod si fuerit, illud nobis rescribatis.

Actum Parisius, die mercurii post Epiphaniam Domini, anno ejusdem M° ducentesimo nonagesimo quinto.

32

(Ancien XIII, folio 10, verso.)

Paris, le lundi après la saint Vincent (23 janvier) 1295 (1296, n. s.).

Quod, pretextu salvegardie religiosis concesse, non impediatur episcopus quominus in eos et bona eorum ecclesiasticam exerceat juridictionem.

Philippus, Dei gratia Francorum Rex, Senescallis Tholose

1. Hugues Mascaron.
2. Vallègue (Haute-Garonne).

et Carcassone et Vicario Tholose, ceterisque justiciariis nostris vel eorum loca tenentibus, salutem.

Mandamus vobis et vestrum cuilibet quatinus, pretextu litterarum quas a nobis vel justiciariis nostris impetraverunt vel impetraverint quicumque religiosi vel clerici dyocesis tholosane super eorum gardia et deffensione, non impedietis nec impediri permittatis tholosanum Episcopum[1] et officiales suos quominus in eos et bona eorum ecclesiastica juridictionem ecclesiasticam et spiritualem exerceant, in casibus spectantibus ad eosdem, et sibi subditos pro suis excessibus, cum oportuerit, corrigant, capiant, puniant et castigant.

Item, mandamus vobis quatinus non intromittatis vos de hiis que ad ecclesiasticum forum dicti episcopi et ejus curie solummodo pertinere noscuntur.

Item, mandamus vobis quatinus eundem episcopum, socios, clericos et familiares suos, et bona eorum, ab indebitis novitatibus, violenciis et injuriis manifestis deffendatis, ipsosque in suis justis possessionibus maneuteneatis, conservetis et deffendatis, quotiens opus fuerit, et super hoc ab ipsis vel eorum altero fueritis requisiti.

Actum Parisius, die lune post festum sancti Vincentii, anno Domini millesimo CC° XCV°.

33

(Ancien LXXXI [LXXVIII à la Table], folio 35, recto.

Paris, le lundi après la saint Vincent (23 janvier) 1295 (1296 n. s.).

Littera contra subvicarium (Tholose) qui fregit carcerem et cepit officialem et procuratorem Episcopi.

Philippus, Dei gratia Francorum Rex, dilecto et fideli suo P.[2], episcopo Carcassonensi, salutem et dilectionem.

1. Hugues Mascaron.
2. Pierre de la Chapelle-Taillefert, ancien clerc du Roi, qui fut plus tard évêque de Toulouse.

Significavit nobis procurator dilecti et fidelis nostri Episcopi tholosani[1], quod Johannes de Turre, subvicarius Tholose, in illusionem discipline et libertatis ecclesiastice sacrorumque canonum, et in diminutionem jurisdictionis prefati episcopi, et in scandalum plurimorum, ausu sacrilego et temeritate propria fregit hostia carcerum memorati episcopi, et abinde temere abstraxit presbyterum quemdam nomine Johannem Loba, rectorem ecclesie de Sçalquenchis[2], subditum et justiciabilem notorium dicti episcopi, et ipsum sibi ipsi dimittendo a dicto carcere liberavit.

Insuper, mala malis accumulando, idem Johannes, subvicarius, cepit seu capi fecit viliter, palam et publice, sine cujusque superioris mandato, et in carreria publica, discretum virum Arnaldum de Vauro, officialem curie interioris (*sic*) episcopi tholosani, rectoremque ecclesie de Vauro, et eum sic captum irreverenter duxit seu duci fecit ad Castrum Narbonensse[3], ibidem ipsum officialem incarsserans seu incarcerari faciens. Idem etiam Johannes cepit in carreria publica Ramundum Petri, clericum, priorem de Bono Villari et de Dalps[4], procuratorem generalem in tota temporalitate dicti episcopi, et ipsum duxit seu duci fecit ad dictum Castrum Narbonense, et ibi eundem Ramundum incarceravit. Postque, timore Dei postposito, veniens ad aulam episcopi memorati, Guillelmum de Fariscio, rectorem ecclesie Sancti Aniani[5], et procuratorem generalem in spiritualibus ejusdem episcopi, in cena ibi existentem cum familia episcopali, cepit, et captum manu propria detinendo, extraxit

---

1. Hugues Mascaron.
2. Escalquens (Haute-Garonne).
3. Le Château-Narbonnais, ancienne résidence des comtes de Toulouse, qui était alors le siège de la justice royale. Le Parlement s'y établit en 1444. — Sans avoir été jamais démoli entièrement, il a subi jusqu'à nos jours d'incessantes transformations. Quand on le reconstruisit sous la Restauration, on se fit une religion de conserver l'ancienne grand'chambre et quelques-unes de ses dépendances et de les accommoder à l'usage de la Cour d'appel.
4. Aujourd'hui Daux (Haute-Garonne).
5. Saint-Agne, près Toulouse.

turpiter de dicta aula, et captum duxit ad dictum castrum et ibi eundem incarceravit. Et in itinere, dum dictum Guillelmum, ut supra dictum est, sic duceret captum, et idem Guillelmus ipsi subvicario diceret quod durum erat et vituperosum ipsi episcopo, quod gentes sue sic indebite capiebantur, idem Johannes dixit, respondendo, quod non faciebat in vituperium ipsius Guillelmi, sed in despectu ipsius episcopi, et quod ipsum episcopum cepisset, et idem de ipso episcopo fecisset si ipsum invenisset; ex hoc ipsi episcopo et spirituali dignitati re et verbo injuriam inferens. Idem Johannes, predictus subvicarius, non contentus predictis, contra libertatem ecclesiasticam, et contra litteras et mandata nostra, in dicta aula episcopali Tholose, garnisionem ponendo, quatuor servientes seu nuncios posuit, clavem etiam dicte aule recepit, in premissis et circa premissa et in aliis plurimis multipliciter agravatus delinquendo.

Unde, cum talia facta sint res mali exempli et remanere non debeant impunita, mandamus et committimus vobis quatinus, vocatis qui fuerint evocandi, ut ratio dictabit, super premissis et premissa tangentibus inquiratis cum diligentia veritatem, nobis quidquid super hoc inveneritis sub vestro sigillo remitentes inclusum, ut tam nobis quam dictis injuriam passis facta predicta faciamus competenter emendari, ac ex parte nostra predicto subvicario injungentes ut, ad diem Senescallie Tholose proximo futuri Parlamenti, coram nobis compareat Parisius, auditurus et recepturus super hoc quod fuerit rationis.

Actum Parisius, die lune post festum Sancti Vincentii, anno Domini millesimo ducentesimo nonagesimo quinto.

34

(Ancien CXVII [CXIII à la Table], folio 54, verso.)

Paris, 2 mai 1296.

Quod Senescallus (Tholose) custodiat et deffendat Episcopum et suos familiares in beneficiis et bonis suis temporalibus et spiritualibus.

Philippus, Dei gratia Francorum Rex, Tholose et Carcassone Senescallis vel eorum loca tenentibus salutem. Cum vobis alias per nostras sub certa forma litteras dederimus in mandatum, ut dilectum et fidelem nostrum Episcopum tholosanum[1], canonicos, clericos ac familias eorumdem, et eorum beneficia ecclesiastica, bona et jura alia tam temporalia quam spiritualia per nos recepta in nostra gardia speciali, manuteneretis, custodiretis et deffenderetis ab omnibus injuriis, molestiis, violenciis indebitis et manifestis, nec permitteretis eisdem aliqua inferri gravamina nec indebitas novitates, quodque traderetis eisdem, si esset necesse, servientes ydoneos ad faciendum premissa : Mandamus vobis iterum, firmiter injungentes, quod in exequtione mandati hujusmodi, prout ex eo vobis constiterit, non sitis negligentes aliquatenus vel remissi.

Actum Parisius, secunda die maii, anno Domini M° CC° nonagesimo sexto.

1. Hugues Mascaron.

35

(Ancien XXVIII, folio 19, recto.)

Paris, le vendredi après la Pentecôte (18 mai) 1296.

Quod justiciarii Regis bona clericorum absolutorum per curiam Episcopi non teneant occupata.

Robertus, comes Atrebatensis, in partibus Tholosanis, Carcassonensi, Petragoricensi, Ruthenensi et Xanctonensi Senescalliis, in Vasconia et toto ducatu Aquitanie domini nostri Regis Francorum locum tenens, nobilibus viris Senescallo et Vicario Tholose vel eorum loca tenentibus salutem et dilectionem. Noveritis nos vidisse litteras dicti domini nostri Regis in hec verba :

Philippus, Dei gratia Francorum Rex, Senescallis Tholose et Carcassone, ballivis, ceterisque justiciariis regni nostri, vel eorum loca tenentibus salutem. Mandamus vobis quatinus clericos justiciabiles dilecti et fidelis nostri Episcopi tholosani[1] occasione criminum de quibus per diffinitivam sententiam in curia ipsius episcopi absoluti fuerint vel in posterum absolventur, cum de hujusmodi absolutione et diffinitiva sententia vobis constiterit, minime molestetis, nec bona eorum occasione predicta detineatis postea occupata, imo, si aliquod bannum in bonis dictorum clericorum apposuistis, illud studeatis libere removeri.

Actum Parisius, die veneris post Penthecosten, anno Domini M° CC° nonagesimo sexto.

Unde mandamus vobis quatinus contenta in predictis litteris observetis et faciatis a nostris subditis observari, facientes nichilominus revocari si quid contra tenorem predictarum litterarum inveneritis attemptatum. Datum Vasati, in die Ascensionis Domini, anno Domini M° CC° nonegesimo septimo. (24 mai 1297.)

1. Hugues Mascaron.

36

(Ancien LVIII [LV à la Table], folio 27, recto.)

Paris, le vendredi après la Pentecôte (18 mai) 1296.

Quod clerici capti, per illos qui eos tenent gentibus Episcopi restituantur, non expectato superiorum mandato.

Philippus, Dei gratia Francorum Rex, Senescallis Tholose et Carcassone, baillivis, ceterisque justiciariis nostris vel eorum loca tenentibus, salutem. Mandamus vobis et vestrum cuilibet quatinus clericos justiciabiles dilecti et fidelis nostri Episcopi tholosani[1], occasione criminum vel aliter per vos captos, cum eos in possessione clericatus repereritis, non expectato mandato vestrorum superiorum, eidem episcopo seu suis gentibus reddatis pro cognitione et exequtione facienda, maxime cum per eundem episcopum seu suos super hoc fueritis specialiter requisiti.

Actum Parisius, die veneris post Penthecosten, anno Domini M° CC° nonagesimo sexto.

37

(Ancien XCI [LXXXVII à la Table], folio 45, verso.)

Paris, le samedi après la fête de sainte Marie Madeleine
(28 juillet) 1296.

Quod Senescallus non compellat personas ecclesiasticas super actionibus mere personalibus coram se respondere, sed remittat ad examen sui judicis.

Philippus, Dei gratia Francorum Rex, Senescallis Tho

---

1. Hugues Mascaron.

lose et Carcassone salutem. Mandamus vobis et vestrum singulis quatinus personas ecclesiasticas, jurisdictioni dilecti nostri Episcopi tholosani[1] subjectas, coram vobis vel coram vices vestras gerentibus, super actionibus mere personalibus respondere nullatenus compellatis nec compelli permittatis, sed easdem personas ecclesiasticas ad examen sui judicis ordinarii super dictis actionibus mere personalibus cognoscendis remittatis, jurisdictionem nostram temporalem, prout ad hoc tenemini, super hiis observantes illesam.

Actum Parisius, die sabbati post festum beate Marie Magdalene, anno Domini M° CC° nonagesimo sexto.

38

(Ancien XXIV, folio 48, recto.)

Paris, 23 août 1296.

Quod, pretextu litterarum impetratarum per procuratorem regium, non derogetur jurisdictioni Episcopi, nec gratie sibi facte revocentur.

Philippus, Dei gratia Francorum Rex, Tholose et Carcassone Senescallis, ceterisque justiciariis regni nostri, salutem. Significamus vobis intentionis nostre non esse quod, per litteras quas a nobis reportasse dicitur procurator noster in partibus tholosanis, juri seu jurisdictioni dilecti et fidelis nostri Episcopi tholosani[2] vel ecclesiastice libertati in aliquo derogetur, nec etiam quod gratie, quas eidem episcopo concessimus, in ejus prejudicium revocentur.

Actum Parisius, XXIII[a] die augusti, anno Domini M° CC° nonagesimo sexto.

1 et 2. Hugues Mascaron.

39

(Ancien CVII [CIII à la Table], folio 51, recto.)

Paris, 23 août 1296.

Quod Regales super actionibus mere personalibus non compellant clericos respondere coram se nec clamores solvere.

Philippus, Dei gratia Francorum Rex, Senescallis et Vicario Tholose et Carcassone, ceterisque justiciariis regni nostri, vel eorum loca tenentibus salutem. Mandamus vobis et vestrum cuilibet quatinus clericos, subditos jurisdictioni dilecti et fidelis nostri Episcopi tholosani[1], coram vobis vel coram vices vestras gerentibus, super actionibus mere personalibus respondere, occasione dictarum actionum personalium, et solvere justiciam seu clamores nullatenus compellatis nec compelli permittatis, sed eosdem clericos ad examen sui judicis ordinarii super dictis actionibus cognoscendis, prout juris fuerit, remittatis.

Actum Parisius, die XXIII^a augusti, anno Domini M° CC° nonagesimo sexto.

40

(Ancien XXV, folio 18, recto.)

Paris, jour de la fête des saints Gilles et Loup (1er septembre) 1296.

Quod Senescallus mandata Regis sibi facta pro Episcopo compleat et faciat observari.

Philippus, Dei gratia Francorum Rex, Senescallo Tholose vel ejus locum tenenti salutem. Mandamus et committimus

---

1. Hugues Mascaron.

vobis quatinus mandata nostra, vobis et aliis justiciariis nostris litteratorie facta, pro dilecto et fideli nostro Episcopo tholosano [1], prout justum fuerit compleatis et faciatis a dictis justiciariis, si super hiis negligentes fuerint, observari et exequtioni debite demandari; circa premissa taliter vos habentes quod proinde de negligentia quomodolibet argui non possitis, et ne dictum episcopum oporteat, ob deffectum vestrum, ad nos ulterius habere recursum.

Actum Parisius, in festo sanctorum Egidii et Lupi, anno Domino M°CC° nonagesimo sexto.

41

(Ancien XXX, folio 49, verso.)

Paris, 10 mai 1297.

Quod clerici non compellantur perhibere testimonium in curia seculari, et quod arresta super hoc facta observentur.

Philippus, Dei gratia Francorum Rex, Senescallis Tholose et Carcassone et aliis justiciariis nostris vel eorum loca tenentibus, salutem. Significavit nobis procurator carissimi consanguinei nostri Ludovici, Episcopi tholosani [2], quod vos clericos tholosane diocesis, ipso episcopo vel officialibus suis non requisitis, compellitis ad perhibendum testimonium in curia vestra, quanquam ipsi parati esse dicantur super hoc facere quod debent. Quare vobis mandamus quatinus, si est ita, a compulsionibus hujusmodi desistatis arrestaque gentium nostrarum Parlamentum Tholose tenentium, super hoc facta, teneri et observari faciatis, prout vobis consti-

---

1. Hugues Mascaron.
2. Louis d'Anjou, fils de Charles le Boiteux, roi de Naples, cousin issu de germain de Philippe le Bel; il fut sacré le 24 décembre 1296 par le pape Boniface VIII, à Rome, où son prédécesseur Hugues Mascaron était mort dix-huit jours auparavant.

terit de eisdem, cum alias ad instanciam deffuncti H(ugonis) episcopi Tholosani, predecessoris dicti L(udovici), eadem vobis vel predecessoribus vestris dederimus in mandatis.

Actum Parisius, decima die maii, anno Domini M° CC° nonagesimo septimo.

42

(Ancien LXII [LIX à la Table], folio 28, recto.)

Paris, 11 mai 1297.

Quod Episcopus clericum preventum in curia sua quamvis dimittat tonsuram, facta fide de preventione, capiat in habitu laycali.

Philippus, Dei gratia Francorum Rex, Senescallo tholosano salutem. Ex parte procuratoris carissimi consanguinei nostri Ludovici, episcopi Tholosani, nobis extitit intimatum quod frequenter contingit, cum clerici per ipsius episcopi curiam pro suis maleficiis sunt preventi cum tonsura clericali et habitu existentes, tonsuram et abitum clericalem dimittunt, ut cohercionem ipsius episcopi curie eludant, ne dictus episcopus manum possit in eos extendere existentes in laycali habitu, et per nostram curiam deffenduntur. Quare vobis mandamus quatinus non permittatis dictum episcopum impediri quominus, fide facta vestre curie de preventione predicta, libere capiat clericos hujusmodi in laycali habitu existentes, et de hiis faciat quod ordo juris requirit, cum, ad instanciam deffuncti H(ugonis) quondam episcopi Tholosani predecessoris dicti L(udovici), eadem vobis vel predecessoribus vestris dederimus in mandatis.

Actum Parisius, die XI^a maii, anno Domini M° CC° nonagesimo septimo.

43

(Ancien XC [LXXXVI à la Table], folio 45, recto).

Paris, 12 mai 1297.

Quod compositio servetur, et si quid factum est contra, revocetur.

Philippus, Dei gratia Francorum Rex, Senescallis Tholose et Carcassone, ceterisque justiciariis nostris ad quos presentes littere pervenerint, salutem. Mandamus vobis et vestrum cuilibet, quatinus compositionem olim factam inter recordationis inclite carissimum genitorem nostrum, ex una parte, et Bertrandum, quondam episcopum tholosanum, ex altera, diligenter observantes et integre facientes a nostris gentibus et subditis observari, si quid inveneritis contra carissimum consanguineum nostrum Ludovicum, episcopum tholosanum, per aliquos attemptatum vel usurpatum contra dicte compositionis tenorem, illud absque difficultate qualibet faciatis ad debitum statum reduci, servato tenore compositionis predicte, cum alias, ad instanciam defuncti H(ugonis), quondam episcopi Tholosani, predecessoris dicti L(udovici), eadem vobis vel predecessoribus vestris dederimus in mandatis.

Actum Parisius, die XII^a maii, anno Domini M° CC° nonagesimo septimo.

44

(Ancien CVI, folio 51, recto).

Paris, 12 mai 1297.

Quod Vicarius (Tholose) bona mobilia clerici capti per episcopum non occupet.

Philippus, Deo gratia Francorum Rex, Senescallo tholosano salutem. Significavit nobis procurator carissimi consanguinei nostri Ludovici, episcopi tholosani, quod cum aliquis clericus capitur a gentibus dicti episcopi, et super aliquo crimine inquiritur contra ipsum, inquesta pendente, Vicarius Tholose capit et occupat bona dicti clerici, nec ea vult restituere episcopo predicto, vel ejus officiali seu gentibus, in dicti episcopi prejudicium non modicum et gravamen. Quare mandamus vobis quatinus, vocatis evocandis, si inveneritis ita esse, prefatum vicarium a premissis cessare et desistere faciatis, cum alias, ad instanciam defuncti H(ugonis), quondam episcopi Tholosani, predecessoris dicti L(udovici), eadem vobis vel predecessoribus vestris dederimus in mandatis.

Actis Parisius, die XII^a maii, anno Domini M° CC° nonagesimo septimo.

45

(Ancien XXVI, folio 18, verso).

Paris, 16 mai 1297.

Quod Senescallus et Vicarius litteras per Regem concessas H(ugoni), episcopo quondam, et arresta observent.

Philippus, Dei gratia Francorum Rex, Senescallo et Vicario Tholose vel eorum loca tenentibus, et aliis justiciariis nostris, salutem. Mandamus vobis quatinus litteras nostras concessas Hugoni quondam, episcopo tholosano deffuncto, predecessori carissimi consanguinei nostri Ludovici, nunc episcopi tholosani, et arresta facta ad instanciam dicti H(ugonis) per tenentes Parlamentum nostrum Tholose, et contenta in eis, diligenter observetis et faciatis a vestris subditis observari, prout justum fuit, predicto Ludovico, et in eis videbitis contineri, nullo alio a nobis super premissis expectato mandato.

Actum Parisius, die XVI^a maii, anno Domini M° CC° nonagesimo septimo.

46

(Ancien LXIII [LX à la Table], folio 28, recto).

Paris, jour de la fête de saint Georges (23 avril) 1298.

Quod homines quos Episcopus habet in feudo de Rocovilla non contribuant collectis de Monte Guiscardo.

Philippus, Dei gratia Francorum Rex, Senescallo tholosano, et Radulpho de Bruillaco, militi nostro, salutem. Ex parte dilecti nostri Episcopi tholosani [1] exstitit conquerendo mostratum quod, licet homines sui quos habere se dicit in feodo de Roquavilla [2], ad ipsum cum omni jurisdictione alta et bassa, ac mero et mixto, ut asserit, imperio pertinentes, sint et, a tempore cujus contrarii memoria non existit, fuerint liberi et immunes a contributione qualibet facienda cum consulibus dicte ville, nichilominus homines supradicti ad contribuendum super quibusdam financiis novis, factis cum

---

[1]. Arnaud-Roger de Commenge, successeur de Louis d'Anjou mort le 19 août 1297. Élu, quoique absent, par le Chapitre à la fin de 1297, et simultanément nommé par Boniface VIII, il fut sacré à Rome le 31 mars 1298.

[2]. Roqueville, hameau de Montgiscard (Haute-Garonne).

gentibus nostris per consules Montis Guischardi, contra libertatum et immunitatum suarum jura, de novo coguntur. Quocirca mandamus vobis quatinus si, vocatis procuratore nostro et aliis evocandis, vobis constiterit ita esse, dicto episcopo seu hominibus supradictis indebitas novitates super hiis fieri minime permittatis ; libertates et immunitates eorum, prout justum fuerit et hacthenus circa hoc consuetum extitit, observari faciatis eisdem.

Actum Parisius, in festo sancti Georgii, anno Domini M° CC° nonagesimo octavo.

47

(Ancien LXVI [LXIII à la Table], folio 29, recto.

Paris, jour de la fête de saint Georges (23 avril), 1398.

Quod homines quos Episcopus habet apud Castanetum non contribuant collectis hominum aliorum dicti loci.

Philippus, Dei gratia Francorum Rex, Senescallo tholosano vel ejus locum tenenti, et Radulpho de Bruilliaco, militi nostro, salutem. Ex parte dilecti nostri Episcopi tholosani[1] nobis extitit conquerendo mostratum quod, licet homines de corpore et casalagio dicti episcopi, comorantes in villa de Castaneto[2], sint et ab antiquo fuerint liberi et immunes a faciendis contributionibus in taliis consulum dicte ville, nichilominus homines antedicti (ad contribuendum) super quibusdam financiis, ut dicitur, cum gentibus nostris factis per consules dicti loci, contra libertatum et immunitatum suarum jura, de novo coguntur. Quocirca, mandamus vobis quatinus si, vocatis procuratore nostro et aliis evocandis, vobis constiterit ita esse, dicto episcopo seu

---

1. Arnaud-Roger de Commenge.
2. Castanet, près Toulouse.

hominibus antedictis indebitas novitates fieri super hoc nullatenus permittatis, libertates et immunitates ipsorum, prout justum fuerit et hactenus in talibus consuetum extitit, observari facientes eisdem.

Actum Parisius, in festo sancti Georgii, anno Domini M° CC° nonagesimo octavo.

48

(Ancien CIX [CV à la Table], folio 52, recto.)

Paris, le jour de la fête de saint Georges (23 avril) 1298.

Quod Regales non compellant ad absolutionem clericos qui laycos ad forum ecclesiasticum super actionibus personalibus traxerunt, et alia bona (continet).

Philippus, Dei gratia Francorum Rex, Senescallo et Vicario Tholose vel eorum loca tenentibus salutem. Ex parte dilecti nostri Episcopi tholosani[1] nobis extitit conquerendo monstratum, quod vos, clericos qui laïcales personas, super actionibus personalibus ad forum ecclesiasticum spectantibus, ad eorum instanciam vocatas ad curiam dicti episcopi, excommunicari faciunt, de novo compellitis ad faciendum eosdem absolvi, licet debita satisfactio non precedat; — item, quod de novo prohibitis, ut dicitur, ne clerici vel laïci ad forum ejusdem episcopi trahere valeant laïcales personas super actionibus personalibus ad forum ecclesiasticum pertinentibus et contractibus juramento vallatis, ipsos ad hoc, per captionem bonorum et corporum, compellentes. Quocirca mandamus vobis quatinus, vocato procuratore nostro, arrestis nostris diligenter inspectis, jus

---

1. Arnaud-Roger de Commenge.

dicti episcopi in hac parte ledi indebite nullatenus permittatis, nec eidem indebitas fieri novitates.

Actum Parisius, in festo Sancti Georgii, anno Domini M° CC° nonagesimo VIII°.

49

(Ancien LXXXIX [LXXXV à la Table], folio 45, recto.)

Paris, 6 juillet 1298.

Quod episcopus exerceat jurisdictionem suam in personis ecclesiasticis salvagarda non obstante.

Philippus, Dei gratia Francorum Rex, Senescallo Tholose seu ejus locum tenenti salutem. Ex querimonia dilecti nostri Episcopi tholosani[1] accepimus, quod vos et alii officiales ac ministri nostri predictum episcopum et gentes ipsius indebite impeditis quominus jurisdictionem suam in clericos et personas ecclesiasticas exercere valeant, suscipiendo personas ipsas in nostra salva gardia ne justiciare valeat clericos et personas predictas. Quare mandamus vobis quatinus, si ita est, ab impedimento hujusmodi desistatis omnino.

Actum Parisius, VI^a die julii, anno Domini M° CC° nonagesimo octavo.

1. Arnaud-Roger de Commenge.

50

(Ancien LXI [LVIII à la Table], folio 27, verso.)

Paris, 7 juillet 1298.

Quod clericus laycum in foro ecclesiastico trahat super observatione juramenti et super omnibus aliis consuetis.

Philippus, Dei gratia Francorum Rex, Senescallo Tholose vel ejus locum tenenti salutem. Querimoniam dilecti nostri Episcopi tholosani[1] recepimus continentem quod, cum clerici laycos trahunt in foro ecclesiastico super casibus consuetis et licitis, et maximè super juramentis prestitis, vos et alie gentes nostre impeditis, ut dicitur, in hac parte, dicti jurisdictionem episcopi, predictos clericos compellendo ad desistendum a tractione hujusmodi, et ad faciendum laycos propter hoc excommunicatos absolvi. Quare mandamus vobis quatinus, si ita est, a compulsione et impedimento hujusmodi desistatis, et alias gentes nostras desistere faciatis, caventes quod jus nostrum in vallatis accessorio juramento contractibus conservetis, nec cognitionem eorum ad examen judicis ecclesiastici remittatis.

Actum Parisius, VII[a] die julii, anno Domini M° CC° nonagesimo VIII°.

1. Arnaud-Roger de Commenge.

51

(Ancien LXXXVII [LXXXIII à la Table], folio 43, recto.)

Paris, 7 juillet 1298.

Quod, pretextu salvegardie clericis concesse, non impediatur episcopus quominus possit jurisdictionem suam exercere in personis ecclesiasticis.

Philippus, Dei gratia Francorum Rex, Senescallo Tholose seu ejus locum tenenti salutem. Ex querimonia dilecti nostri Episcopi tholosani[1] accepimus quod vos, et alii officiales ac ministri nostri predictum episcopum et gentes ipsius indebite, suscipiendo clericos et personas ecclesiasticas ac bona eorum in nostra salva gardia, impeditis quominus personas ipsas justiciare valeat idem episcopus, ac in eas jurisdictionem suam libere exercere.

Quare mandamus vobis quatinus, si est ita, ab impedimento hujusmodi desistatis omnino.

Actum Parisius, VII[a] die julii anno Domini M°CC° nonagesimo octavo.

52

(Ancien LVI [LIII à la Table], folio 26, verso.)

Paris, le mercredi avant la fête de l'Assomption de la bienheureuse Vierge Marie (13 août) 1298.

Quòd, pretextu salvegarde, non impediatur episcopus quin possit adipisci possessionem reddituum pertinentium ad mensam, post revocationem per ipsum factam.

Philippus, Dei gratia Francorum Rex, Senescallo Tholose

1. Arnaud-Roger de Commenge.

vel ejus locum tenenti salutem. Ex parte dilecti nostri Episcopi tholosani[1] nobis extitit intimatum quod, licet idem episcopus seu ejus vicarius revocaverint donationes vel assignationes reddituum seu proventuum ad mensam suam episcopalem spectantium, factas a predecessoribus suis, sine concensu Capituli tholosani, in prejudicium dicte mense, possessores reddituum et proventuum predictorum dictos redditus et proventus, per potentiam laycalem et nostrorum officialium custodiam, retinere nituntur, invito episcopo supradicto, maxime pretextu litterarum nostrarum dictis possessoribus concessarum ut in suis possessionibus deffendantur. Unde mandamus vobis quatinus, amotis impedimentis predictis, dictum episcopum seu ejus gentes adipisci et retinere possessionem predictorum libere permittatis; prestantes nichilominus eidem vestrum debitum auxilium in predictis, prout ad vos noveritis pertinere.

Actum Parisius, die mercurii ante festum Assumptionis beate Marie Virginis, anno Domini M°CC nonagesimo VIII°.

53

(Ancien XVIII, folio 13, recto.)

Paris, le mercredi avant le dimanche que l'on chante *Oculi mei*
(16 mars) 1299 (1300 n. s.).

Quod Senescallus, super blado et vino non extrahendis de terra prohibitionem non faciat, nisi de mandato Regis.

A touz ceus qui ces lettres verront Guillaume Chibout, *(sic)* garde de la prévosté de Paris, salut. Sachent tuit que nous avons veues les lettres nostre sire le Roi de France en la fourme qu'il s'ensuit :

1. Arnaud-Roger de Commenge.

Philippus, Dei gratia Francorum Rex, Tholose, Carcassone et Bellicadri Senescallis salutem. Ex parte dilectorum et fidelium nostrorum prelatorum provincie Narbonensis nobis est conquerendo mostratum quod vos, absque nostro speciali mandato, et prelatis et baronibus terre illius inconsultis, super blado, vino et aliis bonis non extrahendis de terra prohibitionem quandoque facere, et factam iterum revocare presumittis, pro vestro libito voluntatis. Quocirca mandamus vobis quatinus prohibitiones hujusmodi, nisi de nostro speciali mandato, de cetero facere desistatis, nisi causa vel necessitas id exposcat : in quo casu, cum prelatis et baronibus ipsius terre qui comode poterunt interesse, deliberatione super hoc prehabita diligenti, prohibitiones hujusmodi faciatis, preter eorum consilium non revocantes easdem.

Actum Parisius, die mercurii post dominicam qua cantatur « Oculi mei », anno Domini M°CC°XC° nono.

Desquelles lettres nous avons fait transcrit[1], souz le scel de la prévosté de Paris, sauf le droit de chascun, l'an de grâce M.CCIIII^{xx} dis et neuf, le samedi devant la mi-quaresme.

54

(Ancien LXXXII [LXXIX à la Table], folio 36, recto.)

Becoiseau, le mardi avant la fête de saint Mathieu, apôtre (20 septembre) 1300.

Littera contra Guillelmum Ysarni, vicarium Tholose.

Philippus, Dei gratia Francorum Rex, dilecto et fideli clerico suo magistro Nicholao de Lusarchiis, preposito de Auverso in ecclesia Carnotensi, ac Senescallo tholosano salutem et dilectionem. Conquestus est nobis dilectus et

1. Mss. *censcrit.*

fidelis noster Episcopus tholosanus[1] quod Guillelmus Isarni, Vicarius noster Tholose, ad instigationem emulorum ecclesie tholosane, suscitat eisdem episcopo et ecclesie et nititur quantum potest questionum materias suscitare, ut, sub jurium nostrorum velamine, possit suam et emulorum aliorum ipsius ecclesie vindicte libidinem adimplere. Nam, licet eidem episcopo per nostras litteras concessum fuisset ut, in bonis, domibus vel locis suis sesine ex parte nostra, nisi per vos senescallum, vel locum tenentem vestrum, in absentia vestra tantum, vel de vestro vel locum vestrum tenentis speciali mandato, aliquathenus non ponantur; fuisset etiam per litteras ipsas inhibitum ne comestores seu stipendiarii servientes ponerentur ibidem, nisi in casibus per nostram curiam ordinatis; in quibus etiam, pretextu captionis temporalium bonorum ipsius episcopi, decime non feodales, vel res spirituales seu ecclesiastice, vel mobilia ipsius episcopi, nisi provenenientia ex temporalite, seu domus quam idem inhabitaret episcopus, capi, saisiri vel ad manum nostram poni nullatenus non deberent : Idem tamen vicarius, in vetitum satagens, et falsem suam in messem alienam immitens, ac contra hujusmodi concessionem et inhibitionem veniens, ad captionem bonorum ipsius episcopi temporalium, et nedum temporalium, sed etiam decimarum, et fructuum earumdem processit, necnon et bonorum mobilium captionem, ponendo in domibus et maneriis dicti episcopi decem vel duodecim servientes, comestores et vastatores bonorum predictorum, nullo id ex predictis casibus exposcente. Eundem episcopum insuper expulsit de sede propria, ponendo ibidem servientes armatos, ita quod idem episcopus, in vigilia et die festi beati Ludovici et diebus sequentibus[2], necesse habuit in civitate tholosana inhabitationem aliam mendicare.

1. Pierre de la Chapelle-Taillefert, transféré de Carcassonne à Toulouse par Boniface VIII à la fin de novembre 1298. Il succédait à Arnaud-Roger de Commenge, mort à Orvieto, en revenant de Rome, le 6 novembre 1298, sans avoir pris possession de son siège.
2. 24, 25 août et jours suivants de l'an 1300.

Concitavit insuper idem vicarius in predicto festo beati Ludovici, in ecclesia fratrum beate Marie de Carmelo Tholose, insultum fieri contra judicem temporalitatis ac procuratorem dicti episcopi, per multitudinem servientium armatorum qui super ipsos clamaverunt : « Ad mortem! » « Moriantur, moriantur gentes episcopi! » et, gladiis prope evaginatis, moliebantur irruere in eosdem, nisi vice-comes Brunikelli[1], tenens locum vestrum senescalli, non absque sui corporis periculo, restitisset eisdem, inclusivitque eosdem judicem et procuratorem in una camera fratrum predictorum, cujus valvas frangere et rumpere conati fuerunt, presente vicario memorato, licet idem episcopus, dudum presentiens malitiam ejusdem vicarii et latentes insidias, quodque cum inimicis ecclesie tholosane fedus et amicitias copulasset, ad nos et nostram curiam a prefato vicario ex nonnullis gravaminibus appellasset, se, et gentem suam, et bona sua protectioni nostre supponens. Sed idem vicarius, non obstante appellatione hujusmodi adiciens gravamen gravamini, senescallum ipsius episcopi cepit et carceri mancipavit, et adhuc detinet mancipatum.

Totum etiam populum Tholose et consulatum commovit contra eundem episcopum, tot injurias et gravamina eidem episcopo procurando, ita quod prosecutionem cause quam, pro viribus sue ecclesie, contra episcopum Appamiensem moverat et prosequebatur, necesse haberet interrumpere, et fugere, nisi celeri remedio per nostram providentiam succuratur eidem. Quare nobis humiliter suplicavit ut super hiis de opportuno remedio provideremus eidem.

Quorcirca mandamus vobis quatinus, statim visis presentibus, comestores et custodes predictos amoveatis, senescallumque dicti episcopi tholosani, ac bona ipsius capta vel saisita per vicarium memoratum liberetis, vel recredatis eidem episcopo, prout de jure fuerit faciendum, et custodem bonum et fidelem, si opus fuerit, ipsi episcopo concedatis qui, auctoritate nostra, personam ipsius episcopi et gentem

---

[1]. Bruniquel (Tarn).

suam custodiat, et domos suas et maneria[1] ab omni invasione deffendat; inquiratisque, vocatis vocandis, de premissis injuriis, excessibus et dampnis, et de quibuscumque aliis attemptatis contra dictum episcopum tholosanum, pendente appellatione sua. Necnon et articulos etiam recipiatis in quibus forsan idem vicarius, aut sibi adherentes, per episcopum tholosanum predictum vel officiales suos gravatos se asserant; et super hiis articulis, reducatis ipsos ad concordiam, si potestis; alioqui, illos articulos, una cum inquesta quam feceritis de premissis et de aliis premissa contingentibus, ad presens Parlamentum Parisius, ad diem vel dies senescallie Tholose trasmitatis; citetisque predictos episcopum et vicarium Tholose propter hoc ad Parlamentum predictum; requirentes eundem episcopum quod si ipse vel officiales sui aliquas tulerint sententias in dictum vicarium, ratione premissorum, easdem sententias interim relaxare procurent.

Ad hec autem premissa omnia et singula facienda, adimplenda et exequenda vos vel alter vestrum, ratione previa, procedatis; dantes dictis partibus et omnibus justiciariis et subditis nostris quorum interest, tenore presentium, in mandatis ut vobis, et vestrum cuilibet, in predictis omnibus et qualibet earumdem diligenter pareant et intendant.

Datum apud Becoisolium[2], die martis ante festum beati Mathei apostoli, anno Domini millesimo trecentesimo.

1. Mss : *memoria*.
2. Becoiseau, château près Morcerf (Seine-et-Marne).

55

(Ancien XIV, folio 11, recto.)

Villeneuve-le-Comte, le mercredi jour de la fête de saint Mathieu
(21 septembre) 1300.

Quod servientes in terra episcopi, nisi de mandato Senescalli vel ejus locum tenentis, non ponantur.

Philippus, Dei gratia Francorum Rex, Senescallo Tholose salutem. Conquestus est nobis dilectus et fidelis noster Episcopus tholosanus[1] quod, cum vobis olim nostris dederimus litteris patentibus in mandatis, ut saisine in terra sua nisi per vos vel locum vestrum tenentem, in absentia vestra tantum, seu de vestro vel locum ipsum tenentis speciali mandato, aut comestores seu stipendarii servientes ibidem non permitteretis apponi, nisi in casibus dumtaxat per nostram curiam ordinatis, et tunc etiam, sub certo moderamine in litteris ipsis expressius declarato : Vos in hujusmodi executione mandati negligenter et tepide habuistis, propter cujusmodi negligentiam et deffectum vestrum, per vicarium nostrum Tholose et alios officiales nostros, multas injurias, violencias et gravamina sibi, gentibus et hominibus suis minus juste asserit irrogata. Quocirca mandamus vobis quatinus predictum mandatum nostrum, juxta directarum vobis super hoc nostrarum continenciam litterarum, executioni debite demandetis, non permittentes contra ipsius mandati tenorem eidem episcopo et gentibus vel hominibus suis injurias, violencias vel gravamina injusta vel indebitas novitates inferri; quin potius, ipsos ab hujusmodi gravaminibus et injuriis, prout justum fuerit, efficaciter deffendatis.

Actum apud Villam novam Comitis, die mercurii in festo beati Mathei apostoli, anno Domini millesimo trecentesimo.

1. Pierre de la Chapelle-Taillefert.

56

(Ancien LXXXIII [LXXX à la Table], folio 39, recto.)

Paris, le mercredi après la Toussaint (2 novembre) 1300.

Littera concessa prelatis provincie Narbonensis, que multa bona continet.

. . . .

(Variante des ordonnances données à l'abbaye de Longchamp, le jeudi après les Brandons, 5 mars 1300 [n. s.] V. *Recueil des Ordonnances,* t. Ier, p. 334, et t. XII, pp. 338-339.)

. . . .

Actum Parisius, die mercurii post festum Omnium Sanctorum, anno Domini millesimo trecentesimo.

57

(Ancien XXXI, folio 19, verso.)

Paris, le mercredi après la Chandeleur (8 février) 1301 (1302 n. s.).

Quod non impediatur episcopus quominus clericos criminosos et preventos in sua curia possit capere, corrigere, et punire, prout in litteris regiis continetur.

Philippus, Dei gratia Francorum Rex, Senescallo, Vicario et Consulibus Tholose salutem. Ex parte dilecti et fidelis nostri Episcopi tholosani[1] nobis fuit expositum, quod predecessores vestri quondam Tholose episcopos impediverunt,

1. Pierre de la Chapelle-Taillefert.

in senescallia et vicaria Tholose, quominus possent clericos criminosos et preventos in sua curia capere, corrigere et punire, quodque nos eisdem vestris predecessoribus, per alias nostras litteras mandavimus ut a predictis desisterent et cessarent. Quare mandamus vobis et vestrum cuilibet quatinus, si de litteris vobis constiterit supradictis, contenta in eis observetis et ipsas litteras debite exequtioni (demandetis) juxta continentiam earumdem.

Actum Parisius, die mercurii post Candelosam, anno Domini M° CCC° primo.

58

(Ancien LX [LVII à la Table], folio 27, verso.

Paris, le jour des Cendres (20 février) 1302 (1303 n. s.).

Quod arresta et mandata Regis pro Episcopo Senescallo directa exequtioni celeriter demandentur.

Philippus, Dei gratia Francorum Rex, Senescallo Tholose aut ejus locum tenenti salutem. Mandamus vobis et districte precepimus quatinus arresta seu judicata pro dilecto et fideli nostro Episcopo tholosano[1] in curia nostra lata, necnon alia nostra mandata pro ipso, vobis et vestris predecessoribus directa, juxta tenorem ipsorum, tam debite et celeri exequtioni mandetis quam non debeatis de negligencia reprehendi, quodque ipse aut gentes sue non habeant justam causam conquerendi.

Actum Parisius, die Cinerum, anno Domini M° CCC° secundo.

1. Pierre de la Chapelle-Taillefert.

59

(Ancien XXXVII, folio 21, recto.)

Paris, le mercredi après la translation de saint Benoît
(17 juillet) 1303.

Quod ordinationes regie observentur.

Philippus, Dei gratia Francorum Rex, Senescallo Tholosano et omnibus justiciariis dicte senescallie salutem. Mandamus vobis et vestrum cuilibet quatinus ordinationes, quas nuper propter utilitatem regni nostri et subditorum nostrorum fieri fecimus, quantum (pertinet) ad dilectum et fidelem nostrum tholosanum Episcopum[1], homines, subditos et terram ipsius, faciatis inviolabiliter observari, non permittentes ipsum episcopum, homines et subditos suos contra tenorem ordinationis nostre predicte aliquatenus molestari.

Actum Parisius, die mercurii post translationem sancti Benedicti, anno Domini millesimo CCC° tercio.

60

(Ancien XXXVIII, folio 21, recto.)

Paris, mercredi avant la fête de sainte Marie-Madeleine
(16 juillet) 1304.

Quod statuta facta in Concilio Biterrensi observentur.

Philippus, Dei gratia Francorum Rex, Senescallo tholosano vel ejus locum tenenti, ceterisque justiciariis nostris,

---

1. Pierre de la Chapelle-Taillefert.

salutem. Ad instantiam procuratoris dilecti et fidelis nostri P(etri), episcopi tholosani[1], mandamus vobis quatinus statuta, nuper facta et concessa per dominum Regem, in concilio Biterrensi, prelatis et aliis personis ecclesiasticis, observetis et observari faciatis.

Actum Parisius, die mercurii ante festum beata Marie Magdalene, anno Domini millesimo CCC° quarto.

61

(Ancien LXXXV [LXXXI à la Table], folio 42, recto.)

Paris, le mardi après l'Invention de saint Étienne (4 août) 1304.

Quod non impediatur episcopus quod levet decimas, primicias et alia spiritualia consueta.

Philippus, Dei gratia Francorum Rex, Senescallo tholosano, necnon consulibus Tholose, et aliis justiciariis nostris dicte senescallie, salutem. Mandamus vobis et vestrum cuilibet quatinus dilectum et fidelem nostrum Episcopum tholosanum[2] et ejus gentes, ceterasque personas ecclesiasticas dicte dyocesis, non impediatis quominus ipsi, prout ad eos pertinet, petere possint, percipere, et levare decimas, primicias et alia jura spiritualia sibi competentia de jure et consuetudine, notoria, approbata et hactenus observata.

Actum Parisius, die martis post inventionem Sancti Stephani, anno Domini millesimo CCC° quarto.

1 et 2. Pierre de la Chapelle-Taillefert.

62

(Ancien XCVI (XCII à la Table), folio 47, verso.)

Au camp, près d'Orchies, le mercredi après la fête de saint Laurent (12 août) 1304.

Quod ordinationes facte Biterris quibus gaudet Episcopus tholosanus observentur.

Philippus, Dei gratia Francorum Rex, Senescallo, Vicario, Consulibus Tholose, ceterisque justiciariis nostris ad quos presentes littere pervenerint, salutem. Mandamus vobis quatinus ordinationes, dudum apud Biterris per nos factas pro ecclesiis et personis ecclesiasticis, quibus dilectum et fidelem nostrum episcopum tholosanum[1] et gentes suas gaudere volumus, observetis et observari inviolabiliter faciatis, prout in dictis ordinationibus videbitis contineri, et ut justum fuerit, et ad vestrum quemlibet noveritis pertinere.

Actum in castris prope Urchiis, die mercurii post festum beati Laurentii, anno Domini millesimo trecentesimo quarto.

63

(Ancien CXIV [CX à la Table], folio 53, verso.)

Athies, le mercredi veille de saint Jean-Baptiste (23 juin) 1305.

Littera super facto fratris Arnaldi Freyssi.

Philippus, Dei gratia Francorum Rex, Senescallo et Vicario Tholose, vel ea loca tenentibus, salutem. Conquestus est

---

1. Pierre de la Chapelle-Taillefert.

nobis procurator dilecti et fidelis nostri Episcopi tholosani [1] quod, cum officialis ipsius fratrem Arnaldum Succini, (sic) monachum citerciensem, occasione false monete quam dicebatur in tholosana dyocesi fabricasse, captum in dicti episcopi carcere detineret, suosque servientes armatos misisset ad domum cujusdam stationarii Tholose quem asseritis laïcum, ac ipsi servientes, apertis sibi hostiis dicte domus de voluntate inhabitantium ibidem, abstraxissent exinde et ad domum dicti episcopi asportassent quamdam archam quam dictus frater Arnaldus se ibidem deposuisse dicebat, in qua cudes seu cunni cum quibus falsam, ut dicitur, monetam fabricaverat, et alia bona mobilia dicti fratris Arnaldi dicuntur fuisse reperta : Vos, pro eo quod gentes dicti episcopi dictum locum de dictis cudibus sive cunhis, et ceteris mobilibus dicti fratris in dicta archa repertis resai(si)re nolebant, ad manum nostram totam temporalitatem ipsius episcopi posuistis, necdum premissis contenti, custodes sumptuos(os) in domo ipsius Tholose misistis. Quare mandamus vobis quatinus, restitutis dictis cudibus [2] seu cunhis celeriter in domo de qua per dictos servientes abstracti fuerunt, manum nostram a dicta temporalitate penitus amoventes, dictos custodes quos in dicta domo vel alia temporalitate dicti Episcopi, predicta ratione, posuistis, domum ipsam et temporalitatem aliam statim faciatis exire, solutis debitis stipendiis eorumdem ; bonaque alia mobilia dicti fratris Arnaldi, si que de suo detineatis, occasione dicti delicti, gentibus dicti episcopi restituatis ad plenum ; taliter super hoc vos habentes quod, ob deffectum impleti mandati, non sit ad nos ulterius recurrendum.

Actum apud Athias, die mercurii in vigilia beati Johannis Baptiste, anno Domini M° CCC° quinto.

1. Pierre de la Chapelle-Taillefert.
2. Mss. : *custibus*.

64

(Ancien XXXII, folio 20, recto.)

Paris, 2 mars 1307 (n. s.)

Quod non impediatur episcopus quominus possit uti sua jurisdictione spirituali in cujus possessione fuit ab antiquo.

Philippus, Dei gratia Francorum Rex, Senescallo Tholose et aliis justiciariis nostris salutem. Mandamus vobis et vestrum singulis quatinus non imp(ed)iatis nec impedire permittatis dilectum et fidelem nostrum episcopum tholosanum[1], quominus jurisdictione sua spirituali, in cujus possessione ipsum et predecessores suos ab antiquo fuisse et esse noveritis, more solito uti possit; quin potius, ipsum in possessione hujusmodi manuteneatis et deffendatis ab injuriis, violenciis et oppressionibus manifestis, prout consuetum est hacthenus fieri et ad vos noveritis pertinere; non permittentes clericos ipsius episcopi jurisdictioni subjectos contra ecclesiasticam libertatem questionibus subici vel torqueri, vel alias per judices seculares indebite molestari.

Actum Parisius, secunda die martii, anno Domini M° CCC° sexto.

---

[1]. Gaillard de Preyssac, neveu du pape Clément V, nommé à la fin de décembre 1305 à la place de Pierre de la Chapelle-Taillefert, qui venait d'être fait cardinal.

65

(Ancien XXXIX, folio 24, verso.)

Paris, 2 mars 1307 (n. s).

Quod debitores episcopi ad persolvenda debita legalia per captionem et distractionem bonorum compellantur [1].

Philippus, Dei gratia Francorum Rex, Senescallo Tholose et aliis justiciariis nostris salutem. Mandamus vobis et vestrum singulis quatinus bona et legalia debita, recognita legitime vel probata, que dilecto et fideli nostro Episcopo tholosano [2] a justiciabilibus vestris deberi noveritis, faciatis eidem cum celeri justicie complemento persolvi; debitores premissorum ad hoc per captionem et distractionem bonorum, et alias prout justum fuerit, compellentes, servientesque speciales ad hoc, si opus fuerit et expedire videritis, concedentes eidem.

Actum Parisius, die secunda martii, anno Domini M° CCC° sexto.

66

(Ancien XLV [XLIII à la Table] folio 23, verso.)

Paris, 2 mars 1306 (1307 n. s.)

Quod episcopus in suis justis possessionibus deffendatur et quod ei speciales servientes dentur.

Philippus, Dei gratia Francorum Rex, Senescallo Tholose et aliis justiciariis nostris salutem. Vobis et vestrum sin-

---

1. Ce titre manque à la table.
2. Gaillard de Preyssac.

gulis mandamus quatinus dilectum et fidelem nostrum Episcopum tholosanum[1] in nostra gardia existentem, in suis justis possessionibus, franchisiis, libertatibus et saisinis in quibus ipsum et predecessores suos fuisse et esse noveritis, manuteneatis, et deffendatis ab injuriis, violenciis, vi armorum et oppressionibus manifestis, non permittentes contra ipsum fieri aliquas indebitas novitates; eas, si que facte fuerint, in statum debitum reponentes, specialesque servientes ad hoc, si opus fuerit et expedire videritis, concedentes eidem.

Actum Parisius, secunda die martii, anno Domini M° CCC° sexto.

67

(Ancien LIX [LVI à la Table], folio 27, recto.)

Paris, 2 mars 1306 (1307 n. s.)

Quod gratie facte per Regem ecclesiis provincie Narbonensis inviolabiliter observentur.

Philippus, Dei gratia Francorum Rex, Senescallo tholosano salutem. Mandamus vobis quatinus immunitates, concessiones et gratias factas ecclesiis provincie Narbonensis per nos firmitas et per predecessores nostros, prout eis visum est et vobis constiterit de eisdem, faciatis juxta sui continentiam et tenorem, ut justum fuerit, inviolabiliter observare.

Actum Parisius, secunda die Martii, anno Domini M° CCC° sexto.

1. Gaillard de Preyssac.

68

(Ancien XCVII [XCIII à la Table], folio 48. recto.)

Paris, 2 mars 1306 (1307 n. s.)

Quod compositio super jurisdictione de Rocovilla observetur.

Philippus, Dei gratia Francorum Rex, Senescallo tholosano salutem. Mandamus vobis (quod) compositionem inter dominum Genitorem nostrum et B(ertrandum), predecessorem dilecti et fidelis nostri Episcopi tholosani [1], factam super jurisdictione loci vocati de Rocovilla apud Montem Giscardum, prout de ipsa vobis constiterit et in ea videbitis plenius contineri, faciatis juxta sui continentiam et tenorem, ut justum fuerit, inviolabiliter observare; non permittentes ipsum episcopum, contra formam ejusdem, in jure suo contra justiciam impediri.

Actum Parisius, secunda die martii, anno Domini M° CCC° sexto.

69

(Ancien XCVIII [XCIV à la Table], folio 48, recto.)

Poitiers, 24 mai 1307.

Quod, non obstante appellatione procuratoris regii, consules (Tholose) restituant clericos episcopo.

Philippus, Dei gratia Francorum Rex, Senescallo Tholose salutem. Significavit nobis dilectus et fidelis noster Epis-

1. Gaillard de Preyssac.

copus tholosanus [1] quod cum, per consules Tholose clericos pro delictis vel aliis causis capi contigit, et, requirente ipso episcopo vel gentibus suis, dicti consules volunt restituere dicto episcopo clericos memoratos, procurator noster, appellando, restitutionem clericorum ipsorum impedit et perturbat, propter quod, ipsorum clericorum restitutio et justicie exequtio retardatur. Quare vobis mandamus quatinus non permittatis, in casibus hujusmodi, per appellationes procuratoris nostri restitutionem clericorum ipsorum differri, nisi causam probabilem et expressam procurator noster alleget, et in instanti appellationem hujusmodi prosequatur, ita quod liquido appareat non dilationis causa, appellationem interponi eandem.

Actum Pictavis, XXIIII^a die maii, anno Domini M°CCC°VII°.

70

(Ancien III, folio 7, recto.)

Poitiers, 25 mai 1307.

Quod subventio levata ratione Flandrie non noceat in futurum.

Philippus, Dei gratia Francorum Rex, universis presentes litteras inspecturis salutem. Notum facimus quod, cum à justiciabilibus hominibus dilecti nostri Episcopi [2] et ecclesie tholosane subventionem nostri Flandrensis exercitus dudum per manum nostram exigi fecerimus et levari : non fuit nec est intentionis nostre nec volumus per hoc episcopo, ecclesie, hominibusve predictis aliquod prejudicium generari, vel nobis jus novum acquiri, vel dictis episcopo, ecclesie vel hominibus novam servitutem imponi, vel compositioni

1 et 2. Gaillard de Preyssac.

olim facte inter clare memorie carissimum progenitorem nostrum et episcopum ac ecclesiam tholosanam in aliquo derogari.

Actum Pictavis, XXV^a die maii, anno Domini M°CCC° septimo.

71

(Ancien VIII, folio 9, recto.)

Poitiers, 27 mai 1307.

Quod justiciarii Regni clericos in possessione clericatus captos, non expectato mandato superiorum, gentibus episcopi reddant.

Philippus, Dei gratia Francorum Rex, Senescallis Tholose et Carcassone, baillivis, ceterisque justiciariis regni nostri vel eorum loca tenentibus, salutem. Mandamus vobis et vestrum cuilibet quatinus clericos justiciabiles dilecti et fidelis nostri Episcopi tholosani [1], occasione criminis vel alias per vos captos, cum eos in possessione clericatus repereritis, non expectato mandato vestrorum superiorum eidem episcopo seu suis gentibus reddatis, pro cognitione et executione debita facienda, maxime cum per eundem episcopum seu suos super hoc fueritis specialiter requisiti.

Actum Pictavis, XXVII^a die maii, anno Domini millesimo trecentesimo septimo.

1. Gaillard de Preyssac.

72

(Ancien IX, folio 9, recto.)

Poitiers, 27 mai 1307.

Quod Senescallus et Vicarius non impediant episcopum vel suos in institutione, depositione et correctione clericorum et presbyterorum eis subditorum, et quod ipsum deffendant ab injuriis.

Philippus, Dei gratia Francorum Rex, Senescallis et Vicariis Tholose et Carcassone, et aliis justiciariis nostris ad quos presentes littere pervenerint, salutem. Mandamus vobis et vestrum cuilibet quatinus non impediatis aut impediri permittatis a nostris subditis Episcopum tholosanum [1], vel suos, in institutione, depositione et correctione clericorum et presbyterorum sibi subditorum, et in executione casuum spiritualium pertinentium ad eundem. Mandamus vobis etiam quatinus eundem episcopum, familiam, gentes et bona ipsius, prout rationabile fuerit, et ad vos pertinere noveritis, deffendatis et custodiatis ab injuriis, oppressionibus et violenciis manifestis, eundem in suis juribus et justis possessionibus manutenentes et deffendentes, nostro tamen et cujuslibet alterius jure salvo; non permittentes aliquas indebitas sibi fieri novitates.

Actum Pictavis, XXVII^a die maii, anno Domini M° trecentesimo septimo.

1. Gaillard de Preyssac.

73

(Ancien XI, folio 10, recto).

Poitiers, 27 mai 1307.

Quod, pretextu litterarum quas religiosi seu clerici Tholose super eorum gardia a Rege seu justiciariis suis impetrarunt, non impediatur Episcopus quominus eos puniat.

Philippus, Dei gratia Francorum Rex, Senescallis Tholose et Carcassone, et Vicario Tholose, ceterisque justiciariis nostris vel eorum loca tenentibus, salutem. Mandamus vobis et vestrum cuilibet quatinus, pretextu litterarum quas a nobis vel justiciariis nostris impetraverunt vel impetraverint quicumque religiosi seu clerici dyocesis tholosane super eorum gardia et defensione, non impediatis nec impediri permittatis tholosanum Episcopum[1] et officiales suos quominus in eos et eorum bona ecclesiastica juridictionem ecclesiasticam et spiritualem exerceant, in casibus spectantibus ad eosdem, et sibi subditos pro suis excessibus, cum oportuerit, corrigant, capiant, puniant, et castigent; item, mandamus vobis quatinus non intromittatis vos de hiis que ad forum ecclesiasticum dicti episcopi et ejus curie solummodo pertinere noscuntur.

Actum Pictavis, die XXVII maii, anno Domini M° CCC° VII°.

1. Gaillard de Preyssac.

74

(Ancien XLVIII [XLV à la Table], folio 23 recto).

Poitiers, 27 mai 1307.

Quod Rex posuit episcopum', et canonicos, et clericos ipsius in sua gardia speciali.

Philippus, Dei gratia Francorum Rex, Tholose et Carcassone Senescallis vel eorum loca tenentibus salutem. Cum vobis alias per nostras sub certa forma litteras dederimus in mandatis, ut fidelem et dilectum nostrum Episcopum tholosanum[1], canonicos, clericos, ac familiares ejusdem, et eorum beneficia ecclesiastica, bona et jura alia tam temporalia quam spiritualia, per nos receptos in nostra gardia speciali, manuteneretis, custodiretis et deffenderetis ab omnibus injuriis, molestiis, violenciis indebitis et manifestis, non permitteretis eisdem aliqua inferri gravamina nec indebitas novitates, quodque traderetis eisdem, si esset necesse, servientes ydoneos ad faciendum premissa; mandamus vobis iterum, firmiter injungentes, quod in exequtione mandati hujusmodi, prout ex eo vobis constiterit, non sitis negligentes aliquatenus vel remissi.

Datum Pictavis, die XXVII^a maii, anno Domini M° CCC° septimo.

1. Gaillard de Preyssac.

75

(Ancien LXVIII [LXV à la Table], folio 30, recto).

Poitiers, 27 mai 1307.

Quod consules (Tholose) clericos captos non questionent nec submergi faciant.

Philippus, Dei gratia Francorum Rex, Vicario Tholose vel ejus locum tenenti salutem. Significavit nobis procurator dilecti et fidelis nostri Episcopi tholosani[1] quod capitularii seu consules Tholose indifferenter capiunt clericos justiciabiles ejusdem episcopi, et eos tenent longo tempore captos minus juste; contra arresta nostrarum gentium Parlamenti Tholose, eos recusant restituere episcopo predicto et gentibus suis, pluries super hoc requisiti; et hiis non contenti, in contemptum ecclesiastice juridictionis, dictos clericos sic captos ponunt in questionibus et tormentis, et postea, quod est deterius, ipsos vel aliquos ex eisdem, de nocte, in flumine Garone submergi non formidant. Quare mandamus vobis quatinus, vocatis evocandis, si vobis constiterit de predictis, ipsos quos in eis inveneritis deliquisse puniatis aut punire faciatis, secundum eorum merita et delictorum qualitatem, justicia mediante, dictosque consules a predictis et similibus desistere compellatis aut compelli faciatis, arrestaque pro dicto episcopo facta in Parlamento Tholose et in nostra Curia Parisius, prout de eis constiterit, exequtioni debite faciatis demandari.

Actum Pictavis, XXVII^a die maii, anno Domini M°CCC° septimo.

1. Gaillard de Preyssac.

76

(Ancien C [XCVI à la Table], folio 48, verso.)

Poitiers, 27 mai 1307.

Quod consules (Tholose) non citent vel preconizari faciant clericos detentos in curia Episcopi.

Philippus, Dei gratia Francorum Rex, Senescallo Tholose vel ejus locum tenenti salutem. Intimavit nobis dilectus et fidelis noster Episcopus tholosanus[1] quod, quando aliquis clericus cum tonsura et habitu clericali repertus, in ipsius episcopi curia detinetur et per ejus officialem de crimine ipsi clerico imposito inquiritur contra eum, consules Tholose citant dictum clericum ad domum suam, vel citationem suam preconizari publice faciunt per villam Tholose, et quanquam dictus episcopus vel ejus officialis insinuent ipsis consulibus ipsum esse clericum et apud eundem episcopum detineri, et offerant se paratos eis hostendere eundem in habitu clericali, nichilominus ipsi consules de facto contra eum procedunt, et frequenter eundem de facto condempnant, ut sic dictum episcopum impediant in juridictione sua et aggravent infamiam clerici detenti. Unde mandamus vobis quatinus talia fieri non permittatis, et illos qui talia attemptaverint, secundum sua demerita, ratione previa, puniatis.

Datum Pictavis, die XXVII^a maii, anno Domini M° CCC° septimo.

[1]. Gaillard de Preyssac.

77

(Ancien CI [XCVII à la Table], folio 49, recto.)

Poitiers, 27 mai 1307.

Quod post requisitionem factam per gentes Episcopi de clericis detentis per Consules (Tholose), restituant dicti Consules sine expensis.

Philippus, Dei gratia Francorum Rex, Vicario Tholose vel ejus locum tenenti salutem. Significavit nobis procurator dilecti et fidelis nostri Episcopi tholosani [1] quod Consules et Capitularii Tholose, requisiti ex parte ipsius episcopi ut clericos detentos in suis carceribus ei reddant, ei vel gentibus suis reddere contradicunt, ipsos, post requisitionem hujusmodi, per unum vel duos menses vel amplius detinentes; et quando dictos clericos detentos volunt restituere, petunt expensas ab eisdem a tempore requisitionis citra, ipsos aliter restituere non volentes, sic, in prejudicium ipsius episcopi, et dictorum clericorum dampnum non modicum et gravamen, pretextu dictarum expensarum, pecuniam ab eis indebite extorquendo. Quare mandamus vobis quatinus, vocatis evocandis, si vobis constiterit de predictis, consules predictos compellatis desistere a petitione seu exactione expensarum predictarum, et ad restituendum episcopo memorato vel gentibus suis clericos captos ab eisdem seu detentos, indilate. Et talia de cetero facere non presumant; quod si fecerint, ipsos debite puniatis.

Actum Pictavis, die XXVII^a maii, anno Domini M^{o}CCC^o septimo.

1. Gaillard de Preyssac.

78

(Ancien CXIX [CXV à la Table], folio 55, recto.)

Poitiers, 27 mai 1307.

Quod homines commorantes in terra Episcopi non solvant leudam seu clamores, prout hactenus est fieri consuetum.

Philippus, Dei gratia Francorum Rex, Senescallo Tholose vel ejus locum tenenti salutem. Ex parte dilecti nostri Episcopi tholosani [1] nobis extitit conquerendo monstratum quod, licet homines et habitatores terre ipsius sint, et, a tempore cujus contrarii memoria non existit, fuerint in possessione, vel quasi, libertatis et immunitatis non solvendi leudam seu justicias clamorum de querelis contra ipsos factis in districtu et juridictione nostra, nichilominus gentes seu bajuli nostri leudam et clamores hujusmodi ab hominibus et habitatoribus terre dicti episcopi, contra libertates et immunitates suas, de novo exigere et levare nituntur. Quocirca mandamus vobis quatinus si, vocato procuratore nostro et aliis evocandis, vobis constiterit ita esse, dicto episcopo, seu hominibus et habitatoribus terre sue non permittatis super hiis indebitas fieri novitates, facientes eisdem libertates et immunitates ipsorum, prout justum fuerit et hactenus consuetum extitit in talibus, observari.

Datum Pictavis, die XXVII[a] maii, anno Domini M°CCC° septimo.

1. Gaillard de Preyssac.

79

(Ancien XL [XXXIX à la Table], folio 21, verso.)

Poitiers, 29 mai 1307.

Quod non impediatur episcopus quin in itineribus, locis publicis, et in domibus quarum hostia sunt aperta absque violencia, clericos delinquentes, per servientes suos cum armis capiat, prout in aliis litteris continetur.

Philippus, Dei gratia Francorum Rex, Vicario Tholose vel ejus locum tenenti salutem. Conquestus est nobis dilectus et fidelis noster Episcopus tholosanus[1] quod, quanquam per alias nostras litteras mandaverimus quod ipse episcopus, gentes et officiales sui per justiciarios et subditos nostros ne impediantur quominus in itineribus, locis publicis, et etiam in domibus quarum hostia aperta erunt, absque fractione hostiorum vel alia violencia, clericos murtrérios et aliter delinquentes in diocesi sua per servientes et officiales suos cum armis capere valeant, et bona eorum mobilia consignare et capere : vos nichilominus, contra mandati tenorem, servientes vestros posuistis, ut dicit, in terra dicti episcopi, pro eo quod gentes ipsius episcopi ceperunt bona mobilia cujusdam clerici condempnati. Quocirca mandamus vobis quatinus, si ita est, predictos servientes statim amoveatis, absque custu et dampno ipsius episcopi, et absque difficultate quacumque, talia de cetero nullatenus attemptantes.

Datum Pictavis, XXIX^a die maii, anno Domini M° CCC° septimo.

[1]. Gaillard de Preyssac.

80

(Ancien XLI [XL à la Table], folio 22, recto.)

Poitiers, 29 mai 1307.

Quod contenta in litteris et arrestis regiis observentur.

Philippus, Dei gratia Francorum Rex, Senescallis et Vicario Tholose et Carcassone, ceterisque justiciariis nostris vel eorum loca tenentibus, salutem. Procurator dilecti et fidelis nostri Episcopi tholosani[1] nobis graviter conquerendo monstravit quod idem a nobis plures litteras impetravit, et a magistris tenentibus Parlamentum Tholose arresta habuit, contentaque in eis negligitis, ut asserit, observare, prout vobis mandatum est, et facere observari. Quare vobis et vestrum singulis districte precepimus et mandamus quatinus omnia contenta in litteris et arrestis predictis, prout de ipsis vobis constiterit et ad vos pertinere noveritis, taliter observetis et faciatis a vestris justicialibus observari quod de negligentia super hoc redargui non possitis, nisi causa subsit contraria : quam si fuerit rescribatis.

Actum Pictavis[2], die XXIX^a maii, anno Domini M° CCC° septimo.

1. Gaillard de Preyssac.
2. Mss : *Parisius*.

81

(Ancien LXIV [LXI à la Table], folio 28, verso.)

Poitiers, 29 mai 1307.

Quod nuncii et exequtores Episcopi, ubi causa necessitatis contingetj possint arma portare.

Philippus, Dei gratia Francorum Rex, Senescallo et Vicario Tholose salutem. Ex parte dilecti et fidelis nostri Episcopi tholosani[1] percepimus quod, cum nuncii seu exequtores curie sue ecclesiastice pro capiendis clericis malefactoribus, ipsorumque exequtorum deffensione, propter instans periculum ne a maleficiis seu eorum fautoribus invadantur, frequenter armis indigeant, gentes nostre dictos exequtores arma portare impediunt, et sic, ab exequtione debiti officii perturbantur.

Quare vobis mandamus quatinus non permittatis impediri dictos nuncios seu exequtores, ubi casus necessitatis continget, arma portare : precaventes ne, sub colore officii exequtionis predicte, dicti exequtores alias continue arma portare attemptent, nec domos que non sunt dicti Episcopi temporali jurisdictioni subjecte violenter invadant; sed cum pro exequtione justicie occurret necessitas, ad curiam nostram curent habere recursum, maxime cum sic alias per nostram curiam fuerit ordinatum.

Datum Pictavis, XXIX^a die maii, anno Domini M° CCC° septimo.

1. Gaillard de Preyssac.

82

(Ancien LXVII [LXIII à la Table], folio 29, verso.)

Poitiers, 29 mai 1307.

Quod episcopus (tholosanus) in parte sibi restituta de episcopatu Appamiensi deffendatur, non obstantibus litteris aliis concessis.

Philippus, Dei gratia Francorum Rex, Senescallo tholosano vel ejus locum tenenti salutem. Significavit nobis dilectus noster Episcopus tholosanus [1] quod, cum inter ipsum et dilectum et fidelem nostrum Episcopum appamiensem [2], super quadam parte seu portione tholosane diocesis, per quosdam Sedis Apostolice commissarios indebite et excessive assignata, questio verteretur, dictus appamiensis episcopus, lite predicta pendente, fructus et proventus dicte partis seu portionis, una cum aliis redditibus episcopatus sui predicti, mercatoribus societatis de la Guilheramina et Alamandinorum [3], ad duos annos certo pretio dicitur vendidisse, — literis nostris, ut in bonis et possessionibus suis quas in appamiensi dyocesi noscuntur habere ex contractu predicto, per manum nostram a quibuscumque tuerentur, a predictis mercatoribus optentis; — cumque pars ipsa seu portio in excessu, indebite dicto episcopo appamiensi per dictos commissarios assignata, eidem episcopatui Tholose per sententiam et ordinationem Summi Pontificis fuerit restituta : Mandamus vobis, si est ita, tholosanum episcopum, super parte sibi et ecclesie per Sedem Apostolicam restituta, quominus fructibus, exitibus et proventionibus ipsius partis

---

1. Gaillard de Preyssac.
2. Bernard Saisset.
3. Il paraît probable que ces Alamandi et Cⁱᵉ, fermiers des revenus de l'évêché, ont laissé leur nom à la commune des Allemands, voisine de Pamiers.

restitute gaudere valeat integre et libere, litteris ab ipsis mercatoribus optentis non obstantibus; nullatenus molestetis seu molestari ab aliquo permittatis insuper prefatum episcopum, in suis aliis justis possessionibus et bonis manuteneatis, necnon ab injuriis manifestis, novitatibus, oppressionibus ac violenciis indebitis deffendatis.

Datum Pictavis, XXIX[a] die maii, anno Domini M° CCC° septimo.

83

(Ancien XCIX [XCV à la Table], folio 48, verso.)

Poitiers, 29 mai 1307.

Quod clerici capti per curiam secularem, gentibus episcopi requirentibus restituantur, non expectato superiorum mandato.

Philippus, Dei gratia Francorum Rex, Senescallis Tholose, Carcassone et ballivis, ceterisque justiciariis regni nostri vel eorum loca tenentibus, salutem. Mandamus vobis et vestrum cuilibet quatinus clericos justiciabiles dilecti et fidelis nostri Episcopi tholosani[1], occasione criminum vel alias per vos captos, cum eos in possessione clericatus repereritis, non expectato mandato vestrorum superiorum, eidem episcopo seu suis gentibus reddatis, pro cognitione et exequtione debita facienda, maxime cum per eundem episcopum seu suos super hoc fueritis sp(eci)aliter requisiti.

Actum Pictavis[2], XXIX[a] die maii, anno Domini millesimo CCC° septimo.

1. Gaillard de Preyssac.
2. Mss. : *Parisius*.

84

(Ancien CX [CVI à la Table], folio 52, recto.)

Poitiers, 29 mai 1307.

Quod Vicarius (Tholose) bona mobilia clerici capti per episcopum non occupet.

Philippus, Dei gratia Francorum Rex, Senescallo Tholose salutem. Significavit nobis dilectus et fidelis noster Episcopus tholosanus[1] quod, cum aliquis clericus capitur a gentibus dicti episcopi, et super aliquo crimine inquiratur contra ipsum, inquesta pendente, Vicarius Tholose capit et occupat bona mobilia clerici predicti, nec ea vult restituere episcopo predicto vel ejus officiali seu gentibus, in dicti episcopi prejudicium non modicum et gravamen. Quare mandamus vobis quatinus, si est ita, prefatum vicarium a premissis, ut rationis fuerit, cessare et desistere faciatis.

Datum Pictavis, XXIX^a die maii, anno Domini M° CCC° VII°.

85

(Ancien [XLII [XLI à la Table], folio 22, recto.)

Loches, 7 juin 1307.

Quod Rex concedit Ramondum de Lomanha gardiatorem specialem Episcopo tholosano.

Philippus, Dei gratia Francorum Rex, universis presentes litteras inspecturis salutem. Notum facimus quod nos, plu-

---

1. Gaillard de Preyssac.

ribus ex causis verisimilibus inducti, dilecto et fideli nostro G(aillardo), episcopo tholosano[1], in nostra speciali gardia existenti, dilectum Raymondum de Lomanha, valletum nostrum, exhibitorem presentium, specialem ipsius gardiatorem concedimus, et cum tenore presentium duximus deputandum, ad manutenendum et conservandum ipsum episcopum in sui episcopatus et aliorum jurium et bonorum suorum justis possessionibus et saysinis, in quibus ipsum esse invenerit et fuisse, et ad deffendendum eundem ab omnibus injuriis, oppressionibus, violenciis et novitatibus indebitis quibuscumque, necnon ad precavendum et exequendum quecumque alia que spectant et incumbunt officio gardie specialis, quamdiu nostre placuerit voluntati; dantes omnibus justiciariis et subditis nostris, presentibus, in mandatis, quatinus prefato Raymundo, tanquam speciali gardiatori dicti episcopi, in omnibus et singulis predictis et ea tangentibus pareant et intendant, proviso quod ad ea que judicialem requirunt indaginem manum suam extendere non presumat.

Actum Lochis, die VII[a] junii, anno Domini M° CCC° septimo.

86

(Ancien LXXII [LXIX à la Table], folio 34, verso.)

Paris, le samedi avant la fête de la Chaire de Saint-Pierre (20 janvier) 1307 (1308 n. s.)

Quod littere seu mandata regia emanata pro Episcopo tholosano celeriter exequantur.

Philippus, Dei gratia Francorum Rex, Senescallo Tholose vel ejus locum tenenti salutem. Mandamus vobis quatinus litteras et mandata que vobis direximus pro dilecto et fideli

---

1. Gaillard de Preyssac.

nostro Galhardo, nunc Episcopo tholosano, prout in eis videbitis contineri, exequsioni debite celeriter et cum diligentia demandetis, ita quod, in vestri deffectum, non sit ad nos super hoc amplius recurendum.

Actum Parisius, die sabbati ante festum Cathedre sancti Petri, anno Domini millesimo CCC° septimo.

87

(Ancien LXIX [LXVI à la Table], folio 30, verso.)

Paris, le mardi après la saint Vincent (23 janvier) 1307 (1308 n. s.)

Quod inqueste de Roquavilla et de Serra de Malo (Consilio) compleantur.

Philippus, Dei gratia Francorum Rex, Senescallo tholosano salutem. Mandamus vobis quatinus inquestas de mandato nostro factas, ut dicitur, inter dilectum et fidelem nostrum Episcopum tholosanum[1] ex una parte, et gentes nostras ex altera, tam super justicia de Rocavilla quam super leuda loci qui dicitur Serra de Malo Concilio, si sit ita ut[2] perfecte non sint, vocatis qui fuerint evocandi, perfici faciatis et publicari, et de hiis copiam fieri partibus secundum quod, de patrie consuetudine, fuerit faciendum, easdem postmodum fine debito decidentes.

Actum Parisius, die martis post festum beati Vincentii, anno Domini M° CCC° septimo.

1. Gaillard de Preyssac.
2. Mss. : *et.*

88

(Ancien LXX [LXVII à la Table], folio 31, recto.)

Paris, le mardi après la saint Vincent (23 janvier) 1307 (1308 n. s.)

Littera contra Poncium de Prinhaco super furchis de Castaneto[1].

Philippus, Dei gratia Francorum Rex, Vicario Tholose et ejus judici salutem.

Cum quedam causa, occasione quarumdam furcarum, inter dilectum et fidelem nostrum episcopum Tholose[2], ex una parte, et Pontium de Prinhaco, civem Tholose, ex altera, in curia vestra, ut dicitur, incoata (fuerit), et propter contumatias et subterfugia dicti Pontii ac procuratoris nostri, qui se in hujusmodi (causa) opponit, dicta causa actenus fuerit, ut dicitur, plus debito prorogata, ita quod nundum lis est, ut dicitur, contestata : mandamus vobis quatinus, si est ita, vocatis qui fuerint vocandi, ad cognitionem et decisionem hujusmodi cause cum diligentia procedatis, dictos Pontium et procuratorem nostrum ad procedendum in ea, prout rationabile fuerit, compellentes.

Actum Parisius, die martis post festum beati Vincentii, anno Domini M° CCC° septimo.

1. Castanet, près Toulouse.
2. Gaillard de Preyssac.

89

(Ancien LXXI [LXVIII à la Table], folio 31, recto.)

Paris, le mardi après de saint Vincent (23 janvier) 1307. (1308 n. s.)

Quod territorium de Rocavilla et aliorum castrorum (episcopatus Tholosani) limitentur.

Philippus, Dei gratia Francorum Rex, Senescallo Tholose salutem. Cum in compositione quondam facta inter Bertrandum, quondam episcopum tholosanum, pro se et ejus successoribus, ex una parte, et inclite recordationis karissimum dominum et progenitorem nostrum, Philippum Francorum Regem, pro se et ejus successoribus Francorum regibus, ex altera, inter cetera contineatur expresse quod, de castris et locis ipsius episcopi, terre nostre et locis nostris vicinis, limitationem eidem facere debeamus, et dilectus et fidelis noster Episcopus tholosanus[1], qui nunc est, instanter requisierit ut, cum ipse habeat castra et loca de Rocavilla, de Monte-bruno, de Corensciaco, de Podio-bono et de Donavilla[2], cum eorum territoriis et pertinentiis, confinia et vicina castro nostro de Montegiscardo, et aliis castris et villis nostris et aliorum dominorum, — quorum locorum limitum ratione, inter nostras et ipsius gentes discordie frequenter, ut dicitur, oriuntur, — predictorum locorum limitationem fieri faciamus : mandamus vobis quatinus, vocatis procuratore nostro et aliis evocandis, dictorum locorum limitationem, secundum proborum et antiquorum virorum testimonia, prout rationabile fuerit, absque dilatione morosa, cum diligentia

---

1. Gaillard de Preyssac.
2. Roqueville, Montbrun, Corronsac, Péchabou, Donneville (Haute-Garonne).

faciatis, jus nostrum et ipsius episcopi nichilominus conservantes illesum.

Actum Parisius, die martis post festum beati Vincentii, anno Domini M° CCC° septimo.

90

(Ancien XLVI (XLIV à la Table), folio 23, verso.)

Cléry, 6 mars 1307 (1308 n. s.).

Quod Rex posuit Episcopum in sufferentia de prestando sacramento.

Philippus, Dei gratia Francorum Rex, universis presentes litteras inspecturis salutem. Notum facimus quod nos dilectum nostrum Galhardum, Episcopum tholosanum[1] in sufferentia posuimus prestandi nobis fidelitatem pro temporalitate sua et ecclesie tholosane, quamdiu nostre placuerit voluntati, sine omni nostro prejudicio et ecclesie supradicte. In cujus rei testimonium sigillum nostrum fecimus presentibus hiis apponi.

Actum apud Clariacum, die sexta martii, anno Domini M° CCC° septimo.

91

(Ancien XLVII [XLVI à la Table], folio 23, verso.)

Cléry, 6 mars 1307 (1308 n. s.).

Quod Rex posuit in sufferentia episcopum de sacramento ad certum tempus.

Philippus, Dei gratia Francorum Rex, Senescallo tholo-

---

1. Gaillard de Preyssac.

sano salutem. Cum nos dilectum nostrum Galhardum, tholosanum Episcopum, in sufferentia posuerimus prestandi nobis fidelitatem pro temporalitate sua et ecclesie tholosane, quamdiu nostre placuerit voluntati, sine omni nostro prejudicio et ecclesie supradicte, mandamus vobis quatinus, temporalitatem episcopi memorati, si forsan occasione dicte fidelitatis non prestite, ad manum nostram tenetis, eandem sibi, visis presentibus, deliberare curetis.

Actum apud Clariacum, die sexta martii, anno Domini M° CCC° septimo.

92

(Ancien CXXI [CXVII à la Table], folio 55, verso.)

Tours, le lundi après la fête d'été de saint Nicolas (13 mai) 1308.

Littera de debitis episcopi levandis.

Philippus, Dei gratia Francorum Rex, Senescallo et Vicario Tholose vel eorum loca tenentibus, ceterisque justiciariis nostris ad quos presentes littere pervenerint, salutem. Mandamus vobis et vestrum singulis quatinus debita bona et legalia, recognita vel probata, que dilecto nostro Episcopo tholosano[1] noveritis a justicialibus vestris deberi, justicia mediante, faciatis eidem persolvi, debitores ipsos ad hoc, prout rationabile fuerit, compellendo.

Actum Turonis, die lune post stivale festum beati Nicholay, anno Domini M° CCC° octavo.

1. Gaillard de Preyssac.

93

(Ancien XLIII [n'est pas à la Table], folio 22, verso.)

Poitiers, 8 août 1308.

Quod occasione juramenti non prestiti Episcopus (tholosanus) aut gentes vel subditi ejus non perturbentur.

Philippus, Dei gratia Francorum Rex, Senescallo Tholose vel ejus locum tenenti, aliisque justiciariis nostris ad quos littere iste pervenerint, salutem. Cum nos super juramento fidelitatis in quo dilectum nostrum G(alhardum), tholosanum Episcopum [1], nobis teneri dicimus, posuerimus ipsum episcopum in sufferentia usque ad voluntatem nostram, salvo in omnibus nostro et ipsius episcopi jure, vobis presentium tenore mandamus quatinus dictum episcopum, occasione dicti juramenti non prestiti, aut gentes vel subditos ejus non perturbetis in aliquo nec permittatis turbari, donec aliud super illius juramenti prestatione fuerit ordinatum a nobis.

Datum Pictavis, die VIII^a augusti anno Domini M°CCC°VIII.

94

(Ancien XX, folio 16, recto.)

Paris, le jeudi avant les Rameaux (20 mars) 1308 (1309 n. s.)

Quod Senescalli jurent in plenis assiziis quod ordinationes Regis observabunt; quod si, requisiti, facere recusent, ipso facto suo priventur officio; et plura alia bona (continet).

Philippus, Dei gratia Francorum Rex, Senescallo Tholose,

---

1. Gaillard de Preyssac.

ceterisque justiciariis nostris in eadem senescallia ad quos presentes littere pervenerint, salutem.

(Même lettre que celle qui se trouve au tome Ier du *Rec. des ordonnances*, p. 457, à l'adresse du bailli de Vermandois.)

Actum Parisius, in Parlamento nostro, die jovis ante Ramos Palmarum, anno Domini millesimo trecentesimo octavo.

95

(Ancien LXXIX [LXXVI à la Table], folio 34, recto.)

Saint-Denis en France, 9 octobre 1310.

Quod Rex ponit episcopum in sufferencia fidelitatis usque ad certum tempus.

Noverint universi quod, anno ab incarnatione Domini millesimo trecentesimo decimo, die jovis post festum beate Lucie Virginis (17 Décembre), Tholose, nos, Johannes Blayville, miles domini nostri Francorum Regis, Senescallus tholosanus et albiensis, vidimus et de verbo ad verbum transcribi fecimus quasdam patentes litteras regias sub hac forma :

Philippus, Dei gratia Francorum Rex, Senescallo tholosano vel ejus locum tenenti, et aliis justiciariis nostris ad quos presentes littere pervenerint, salutem. Cum nos dudum super juramento fidelitatis in quo dilectum nostrum G(alhardum), tholosanum Episcopum[1], nobis teneri dicimus, posuissemus ipsum episcopum in sufferencia usque ad voluntatem nostram, salvo in omnibus nostro et ipsius episcopi jure, et postmodum mandaverimus quod idem episcopus ad certum terminum ad nos veniat, hujusmodi fidelitatis juramentum presaturus, volumus et eidem episcopo concedimus

1. Gaillard de Preyssac.

quod, nostro ultimo mandato non obstante, dicta sufferencia duret usque ad instans festum Omnium Sanctorum quod erit anno Domini M° CCC° undecimo. Mandamus vobis et vestrum cuilibet quatinus dictum episcopum aut ejus gentes vel subditos, occasione dicti juramenti non prestiti, non molestetis interim, nec molestari aut impediri quomodolibet permittatis.

Actum apud Sanctum Dyonisium in Francia, die nona octobris, anno Domini M° CCC° decimo.

In cujus visionis et transcripti testimonium, nos Senescallus predictus presentibus litteris nostrum fecimus apponi sigillum.

96

(Ancien CII [XCVIII à la Table], folio 49, verso.)

Paris, le mercredi après la fête de l'Invention de la sainte Croix (5 mai) 1311.

Arrestum est factum quod, pretextu preconizationis ne laycus ad ecclesiasticam curiam iret, non impediatur episcopus in cognitione causarum que ad ipsum pertinent.

Philippus, Dei gratia Francorum Rex, Senescallo tholosano salutem. Cum procurator Episcopi tholosani[1] proponeret in curia nostra, quod vos publice feceritis proclamari ne aliquis ejus su(b)ditus, sub certa pena, curiam dicti episcopi adeat super causis spectantibus ad cognitionem curie nostre, requirens, cum plures sint cause que ad utramque scilicet[2] ad ecclesiasticam et secularem curiam pertinere noscuntur, dictam prohibitionem in prejudicium ecclesie factam revocari : audita super hoc procuratoris nostri

1. Gaillard de Preyssac.
2. Mss : *et.*

tholosani responsione, precepit curia nostra quod vos
et ministri nostri predictum episcopum et ejus officiales
nullatenus impediatis in cognitione causarum que ad
ipsum episcopum pertinere noscuntur; et in cognitione
causarum que ad nos tantummodo et non ad dictum episcopum pertinent, jus nostrum, prout rationabile fuerit, conservetis illesum. Mandamus vobis quatinus, viso arresto
super hoc per curiam nostram facto, et ejus tenore servato,
dictum episcopum non impediatis in predictis; impedi-
menta vero, si que sint apposita, penitus removentes; taliter inde facientes, quod, in vestri deffectum, non sit super
hoc ad nos amplius recurrendum.

Actum Parisius, die mercurii post festum inventionis
sancte Crucis, anno Domini M° CCC° undecimo.

97

(Ancien L [XLVII à la Table], folio 24, verso.)

Paris, 7 juillet 1311.

Littera super decima pro redditibus quos episcopus ad mensam revocavit.

Philippus, Dei gratia Francorum Rex, dilecto magistro
Johanni de Crispeyo, canonico Silvanectensi, clerico nostro,
salutem et dilectionem. Significavit nobis dilectus et fidelis
noster Episcopus tholosanus[1] quod, cum predecessores sui et
ipse, pro tota episcopatus sui decima, hactenus solvere consueverint certam pecunie summam, ad quam taxati fuerunt
redditus episcopatus predicti : quia dictus episcopus aliquos
redditus, quos ipse et predecessores sui certis concesserant
personis, nuper ad mensam suam revocasse noscitur, de

1. Gaillard de Preyssac.

redditibus eisdem decimam exigere ultra generalem summam predictam nitimini minus juste. Quare mandamus vobis quatinus, si vobis constiterit quod, tempore taxationis predicte, dicti redditus essent de mensa episcopi tholosani pro tempore, et in dicta taxatione fuerint comprehensi, decimam de eisdem exigere desistatis; et si tempore dicte taxationis, redditus predicti non fuerint ad mensam dicte episcopi nec comprehensi in taxatione predicta, aut si post taxationem ipsam fuerint acquisiti, de ipsis (decimam) curetis exigere et levare.

Actum Parisius, die VII^a julii, anno Domini M° CCC° undecimo.

98

(Ancien LI [XLVIII à la Table], folio 24, verso).

Lyon, 22 avril 1312.

Littera super portatione armorum facta per Lupum de Fuxo.

Philippus, Dei gratia Francorum Rex, Senescallo Tholose salutem. Sua nobis dilectus et fidelis noster Episcopus tholosanus [1] conquestione monstravit quod, cum nos punitionem et condempnationem super portatione armorum facta in terris et feodis ipsius episcopi et subditorum suorum per subditos et vassallos ejusdem, de gratia concesserimus speciali, vos, Lupum de Fuxo, vassallum ipsius episcopi, pro armorum portatione facta per ipsum in territoriis episcopo predicto subjectis, in trecentis libris turonensibus condempnastis, nec ipsum puniri per dictum episcopum permisistis. Quare vobis mandamus quatinus si, vocatis procuratore nostro et aliis evocandis, aliqua inveneritis de plano in prefati episcopi prejudicium contra nostrum predictum privi-

---

1. Gaillard de Preyssac.

legium attemptata in premissis, ea ad statum debitum reducatis.

Datum Lugduni, die XXII^a aprilis, anno Domini M° CCC° XII°.

99

(Ancien LII [XLIX à la Table], folio 25, recto).

Lyon, 22 avril 1312.

Littera contra vicarium (Tholose) super venditione salis in terra episcopi.

Philippus, Dei gratia Francorum Rex, Senescallo Tholose aut ejus locum tenenti salutem. Exposuit nobis dilectus et fidelis noster Episcopus tholosanus [1] quod, licet habitatores locorum et terrarum suarum sint et fuerint, a tanto tempore quod memoria de contrario non existit, in pacifica possessione vel quasi vendendi sal in locis, villis et terris episcopi memorati, vicarius noster Tholose omnes venditores salis in terris predictis ceperit, et injuste inhibuit ne de cetero sal vendere in terris predictis presumant, in ipsius episcopi, hominum suorum et terre ipsius prejudicium et gravamen. Quare mandamus vobis quatinus de hoc, vocato procuratore nostro et aliis evocandis, inquiratis cum diligentia veritatem, et si quid in ipsius episcopi vel jurium suorum prejudicium inveneritis attemptatum injuste, illud debite ad statum pristinum faciatis reduci.

Datum Lugduni, XXII^a die aprilis, anno Domini M° CCC° duodecimo.

1. Gaillard de Preyssac.

100

(Ancien LXXIV [LXXI à la Table], folio 32, recto).

Lyon, 22 avril 1312.

Quod prohibitio facta per Senescallum Judici Episcopi de non tenendum assisias in villa de Rocovilla revocetur.

Philippus, Dei gratia Francorum Rex, Senescallo Tholose salutem. Conquestus est fidelis noster Episcopus tholosanus[1] quod, licet senescallus et judex ipsius episcopi ac predecessorum suorum, in aula episcopali prope Montem Guiscardum assisias suas tenere et jus ibidem coram ipsis litigantibus reddere consueverint ab antiquo, et de hoc fuit et fuerunt tam ipse quam ejus predecessores predicti ab antiquis temporibus in pacifica possessione vel quasi : nichilominus, vos predicta fieri prohibuistis indebite, et de novo, in dicti episcopi prejudicium atque dampnum, ipsum episcopum impedientes in sua possessione predicta. Quocirca mandamus vobis quatinus, si vocato procuratore nostro, vobis constiterit legitime de premissis, dictam inhibitionem revocantes, non faciatis nec fieri permittatis dicto episcopo super predictis aliquam indebitam novitatem, dictumque episcopum gaudere pacifice permitatis sua possessione predicta.

Datum Lugduni, die XXII^a aprilis, anno Domini M° CCC° XII°.

1. Gaillard de Preyssac.

101

Ancien LXXV [LXXII à la Table], folio 32, verso).

Lyon, 22 avril 1312.

Quod feudum de Rocovilla limitetur.

Philippus, Dei gratia Francorum Rex, Senescallo Tholose salutem. Mandamus vobis quatinus feodum et territorium de Rocavilla prope Montem Giscardum, ad dilectum et fidelem nostrum Episcopum tholosanum[1] spectantia ac ad ecclesiam Tholose, limitare, vocato procuratore nostro et aliis evocandis, et metas in eis apponi, prout alias vobis mandavimus, faciatis, prout fuerit rationis. Thaliter (vos) super hoc habentes quod dictus episcopus ad nos de cetero non cogatur deffere querelam, in vestra negligentia aut deffectu.

Datum Lugduni, die XXII[a] aprilis, anno Domini Millesimo trecentesimo duodecimo.

102

(Ancien LXXVI [LXXIII à la Table], folio 33, recto).

Lyon, 22 avril 1312.

Quod bona Poncii Boerii de Bello Podio, condempnati pro falsa moneta, illi dimittantur in cujus territorio consistunt.

Philippus, Dei gratia Francorum Rex, Senescallo Tholose salutem. Ex parte dilecti et fidelis nostri Episcopi tholosani[2] fuit nobis expositum quod bona Pontii Boerii, qui, pro falsa

---

1. — 2. Gaillard de Preyssac.

moneta per gentes nostras fuisse dicitur condempnatus, in Bello Podio[1], quod est de feodo ipsius episcopali, consistunt. Quare mandamus vobis quatinus, licet cognitio false monete ad nos pertineat, bona tamen condempnati ipsius ex causa predicta, seu forisfacturam hereditatum ejusdem dimittatis illi, in cujus territorio et alta justicia bona predicta seu predicte hereditates consistunt.

Datum Lugduni, die XXII^a aprilis, an. Domini M°CCC°XII°.

103

(Ancien LXXVII [LXXIV à la Table], folio 33, recto).

Lyon, 22 avril 1312.

Quod per judicem Rivorum, qui abstraxit Petrum Rogerii de carcere Sancti Martini (d'Oydas), dictus carcer ressaysiatur.

Philippus, Dei gratia Francorum Rex, Senescallo Tholose salutem. Sua nobis fecit conquestione monstrari dilectus et fidelis noster Episcopus Tholose[2], quod judex noster Rivorum, de mandato vestro, ut asserit, Petrum Rogerii, malefactorem, de carceribus de Sancto Martino de Doydas[3] existenti de feodo dicti episcopi, in quibus erat ex ordinatione dicti Episcopi gentium et nostra, — donec essetis informatus an prime appellationes, ex concessione nostra, in feodis et terris spectantibus ad ipsum episcopum et ecclesiam Tholose, fieri deberent ad judicem ipsius episcopi, — abstraxit, et eum sic abstractum suspendit, dissaisiendo de eo indebite episcopum antedictum.

Quare mandamus vobis quatinus, si vobis constiterit ita esse, vocato procuratore nostro et aliis evocandis, loco dicti

1. Beaupuy (Haute-Garonne).
2. Gaillard de Preyssac.
3. Saint-Martin d'Oydes (Ariège).

capiti(s), ressaisina alicujus figure in eo statu in quo erat captus ipse dicto episcopo fieri faciatis, prout fuerit rationis.

Datum apud Lugdunum, die XXII[a] aprilis, anno Domini M°CCC° duodecimo.

104

(Ancien LXXIII [LXX à la Table], folio 32, recto).

Paris, 22 juillet 1312.

Littera quod in villis episcopi sal possit vendi, sicut fieri consuevit.

Philippus, Dei gratia Francorum Rex, Senescallo tholosano et Vicario dicti loci salutem. Ex parte dilecti nostri Episcopi tholosani [1] nobis extitit conquerendo mostratum quod, licet ejus homines et habitantes in castris et villis suis tholosanis sint, et, a tempore cujus contrarii memoria non existit, fuerint in possessione vel quasi vendendi sal, sive ad vendendum tenendi in castris et villis predictis : vos tamen, ne premissa facere valeant, de novo prohibetis eisdem seu facitis prohiberi. Quocirca mandamus vobis quatinus, si, vocato procuratore nostro et aliis evocandis, vobis constiterit ita esse, dicto episcopo seu ejus hominibus antedictis non faciatis nec fieri permittatis super hoc indebitas novitates, ipsos facientes prout justum fuerit sua possessione vel quasi predicta gaudere.

Actum Parisius, XXVIII[a] die julii, anno Domini M°CCC° duodecimo.

1. Gaillard de Preyssac.

105

(Ancien LIII [L à la Table], folio 25, recto.)

Compiègne, 4 novembre 1312.

Quod saysine in bonis Episcopi non ponantur nisi per Senescallum, et alia bona continet.

Philippus, Dei gratia Francorum Rex, Senescallis Tholose et Carcassone, vel eorum loca tenentibus salutem. Significavit nobis dilectus et fidelis noster Episcopus tholosanus[1] quod gentes et officiales nostri, indifferenter, etiam pro modico commisso ipsius episcopi et gentium suarum, bona ipsius episcopi sine vestro mandato, ad manum nostram ponunt; item, comestores sumptuosos et servientes stipendiarios ibidem ponunt. Quare, sicut alias districte mandasse recolimus, sic iterato vobis et vestrum singulis districtius precipiendo mandamus quatinus, in bonis que dictus episcopus infra civitatem tholosanam et in Senescalliis vestris habere dinoscitur, non permittatis poni saysinas tales nisi per vos vel locum vestrum tenentes, in absentia vestra tantum, vel de vestro vel tenentium locum vestrum mandato, nec comestores seu stipendiarios servientes ibidem poni, nisi in casibus per nostram curiam ordinatis et permissis; non permittentes insuper quod in hiis casibus, pretextu captionis bonorum temporalium dicti episcopi, capiantur decime non feodales vel res spirituales seu ecclesiastice, nec mobilia ipsius episcopi nisi provenientia ex temporalitate prius saysita, nec domus ipsius episcopi in quibus degit idem episcopus, dum tamen inveniatis aliam temporalitatem suam in qua justiciare possitis eundem, juxta qualitatem negocii seu delicti; nec in ecclesiis parrochialibus vel aliis, propter discenciones rectorum ecclesiarum ipsa-

---

1. Gaillard de Preyssac.

rum, saysinas aut servientes vel baculos, absque voluntate dicti episcopi vel suorum, ponatis vel poni permittatis ibidem.

Actum Compendii, die IIII novembris, anno Domini M° CCC° XII°.

106

(Ancien CXXXIV [CXXX à la Table], folio 59, recto.)
Poissy, 25 avril 1313.

Quod non molestetur Episcopus pretextu juramenti fidelitatis non prestiti.

Philippus, Dei gratia Francorum Rex, Senescallo Tholose aut ejus locum tenenti, ceterisque justiciariis nostris dicte Senescallie salutem. Cum nos dilecto nostro Episcopo Tholose[1], de prestando nobis fidelitatis sacramento, si quod nobis teneatur prestare, usque ad nostre beneplacitum voluntatis, dilationem de gratia concesserimus speciali : Mandamus vobis et cuilibet vestrum quatinus dictum episcopum, occasione predicti sacramenti nobis non prestiti, interim nullatenus molestetis seu permittatis quomodolibet molestari.

Actum Pissiaci, XXV die aprilis, anno Domini Millesimo CCC° tercio decimo.

107

(Ancien CXXXV [CXXXI à la Table], folio 59, recto.)
Poissy, 26 avril 1313.

Littera magistri Johannis de Crispeyo super V millibus quadringentis libris turonensibus, in qua est littera Regis.

Johannes de Crispeyo, illustris Regis Francorum cle

1. Gaillard de Preyssac.

ricus, dilecto Guillelmo Ademari, civi Tholose, locum nostrum tenenti in partibus tholosanis, salutem et dilectionem sinceram. Significamus vobis quod ex parte reverendi in Christo patris et domini, domini G(ailhardi), divina providentia Episcopi tholosani, quedam littere regie nobis ostense fuerunt tenorem qui sequitur continentes :

Philippus, Dei gratia Francorum Rex, dilecto magistro Johanni de Crispeyo, canonico Silvanectensi, clerico nostro super intendendis negociis tam Judeorum quam aliis, vel ejus locum tenenti salutem et dilectionem. Cum quinque milia et quadringente libre turonenses, — que per dilectum nostrum episcopum tholosanum[1] apud fratres Predicatores Tholose, pro B(ernardo) quondam episcopo Appamiensi[2] fuerant deposite certis temporibus, pro debito in quo idem appamiensis episcopus Camere Summi Pontificis tenebatur, — de ipsius mandato Summi Pontificis, camere sue fuerint assignata ; vosque seu gentes vestre aut deputati a vobis, super restitutione facienda a dicto episcopo tholosano de ipsa pecunie quantitate, in acquitationem debiti in quo nobis prefatus episcopus appamiensis teneri noscitur convertenda, predictum episcopum tholosanum compellitis, inpetitis et etiam molestatis : Mandamus vobis quatinus ab hujusmodi molestatione et compulsione cessantes, et ab aliis facientes desisti, dilectum nostrum episcopum appamiensem ad debitum, in quo nobis ratione sui predicti predecessoris tenetur, solvendum compelli debite procuretis, ad dictum episcopum tholosanum super hoc, occasione predicta, nullum penitus habituri recursum. Damus autem omnibus justiciariis nostris Senescallie tholosane presentibus, in mandatis, ut dictum episcopum tholosanum super restitutione dicte pecunie deinceps facienda, nullatenus molestare presumant ; si que de bonis ipsius propter hoc ceperint, ea dicto episcopo tholosano vel ejus mandato, absque difficultate qualibet liberantes.

1. Gaillard de Preyssac.
2. Bernard Saisset.

Datum Pissiaci, die XXVI^a Aprilis, anno Domini M° CCC° tercio decimo.

Quarum auctoritate litterarum, vobis mandamus quatinus manum regiam sive nostram ad bona dicti domini episcopi per vos vel per quoscumque commissarios nostros, pro causis in dictis litteris regiis contentis, appositam, visis presentibus, amoventes, prefatum dominum episcopum, occasione causarum ipsarum, et cujuscumque mandati per dictum dominum Regem super hoc alias facti, de cetero nullatenus molestetis; bona siquidem dicti domini episcopi occasione premissorum capta, si que sint, eidem vel mandato suo restitui faciatis.

Datum Parisius, die XII Junii, anno Domini M° CCC° tercio decimo.

108

(Ancien CXXXII [CXXVIII à la Table], folio 58, verso.)

Paris, 10 mai 1313.

Quod Regales non molestent parentes clericorum per eos captorum, quamvis procurent quod per curiam Episcopi censurentur.

Philippus, Dei gratia Francorum Rex, Senescallis Tholose et Carcassone salutem. Significavit nobis dilectus noster Episcopus tholosanus[1] quod bajuli nostri et arrendatores balliviarum nostrarum, cum dictus episcopus seu ejus officiales per censuram ecclesiasticam ipsos compellunt ad reddendum eidem clericos justiciabiles suos, quos captos detinent, ut justiciam debitam faciat de eisdem, — ipsi, parentes et amicos dictorum captorum qui hujusmodi compulsiones quandoque procurant, molestant, et dicti episcopi saisiunt temporalia donec a dicta compulsione desistat.

---

1. Gaillard de Preyssac.

Unde vobis et vestrum cuilibet precipimus et mandamus quatinus predicta fieri minime permittatis, clericos vero ipsius episcopi justiciabiles qui in vestris senescalliis, eorum meritis exigentibus per vos vel justiciarios nostros capti fuerint, ad ipsius episcopi vel officiales sui requisitionem, eis reddatis, absque difficultate quacumque.

Actum Parisius, X^a die maii, anno Domini M° CCC° XIII°.

109

(Ancien CXXIII [CXIX à la Table], folio 56, recto.)

Paris, 10 mai 1313.

Littera quod regales non compellant coram se respondere clericos clericaliter viventes super actionibus personalibus.

Philippus, Dei gratia Francorum Rex, Senescallis Tholose et Carcassone salutem. Mandamus vobis et vestrum singulis quatinus clericos clericaliter viventes, non uxoratos, aut mercatores, et alias personas ecclesiasticas jurisdictioni dilecti nostri Episcopi tholosani[1] subjectas, coram vobis vel coram vices vestras gerentibus, super actionibus mere personalibus respondere nullatenus compellatis nec compelli permittatis, sed easdem personas ecclesiasticas ad examen sui judicis ordinarii super dictis actionibus mere personalibus, si hoc petierint, remittatis : juridictionem nostram temporalem, prout, ad hoc tenemini, super hiis servantes illesam.

Actum Parisius, X^a die Maii, anno Domini M° CCC° XIII°.

1. Gaillard de Preyssac.

110

(Ancien CXXVIII, [CXXIV à la Table], folio 57, verso.)

Paris, 10 mai 1313.

Quod clerici, per eos qui eos captos tenent, Episcopo restituantur, non expectato superiorum mandato, si in possessione tonsure existant.

Philippus, Dei gratia Francorum Rex, Senescallis Tholose et Carcassone, baillivis, ceterisque justiciariis regni nostri, vel eorum loca tenentibus salutem. Mandamus vobis et vestrum cuilibet quatinus clericos justiciabiles dilecti et fidelis nostri Episcopi tholosani[1] occasione criminum vel aliter per (vos) captos, cum eos in possessione tonsure et habitus clericalis repereritis, non expectato mandato superiorum vestrorum, eidem episcopo seu ejus gentibus ipsos repetentibus reddatis, pro cognitione et exequtione debite facienda, maxime cum per eundem episcopum seu suos fueritis super hoc requisiti.

Actum Parisius, X^a die Maii anno Domini M° CCC° XIII°.

111

(Ancien CXXII [CXVIII à la Table], folio 56, recto.)

Paris, 12 mai 1313.

Quod Vicarius et consules (Tholose) non citent nec preconizari faciant clericum captum per Episcopum.

Philippus, Dei gratia Francorum Rex, Senescallo Tholose aut ejus locum tenenti salutem. Cum dilectus et fidelis nos-

---

1. Gaillard de Preyssac.

ter Episcopus tholosanus [1] nobis significari fecerit quod, quando contigit aliquem clericum pro crimine capi et in carcere dicti episcopi detineri, licet gentes seu officiales dicti episcopi, ut accepimus, sint parati dictum clericum existentem in carcere Vicario et justiciariis Tholose ostendere, fidemque facere captum fuisse in habitu clericali et possessione tonsure, nichilominus vicarius et justiciarii Tholose supradicti, in prejudicium ecclesiastice juridictionis, dictum clericum preconizari faciunt publice per villam, citantque vel citari faciunt coram ipsis. Mandamus vobis quatinus, si noveritis ita esse, vicarium et justiciarios supradictos a premissis desistere et cessare penitus faciatis.

Actum Parisius, XII die Maii, anno Domini Mº CCCº XIIIº.

112

(Ancien CXXVI (CXXII à la Table), folio 56, verso.)

Paris, le samedi après l'Ascension (26 mai) 1313.

Quod cum Senescallus manum apponit in bonis Episcopi, hoc faciat causa cognita, neque ad bona spiritualia extendat eandem.

Philippus, Dei gratia Francorum Rex, Senescallo et Vicario Tholose vel eorum loca tenentibus salutem. Ex conquestione dilecti et fidelis nostri Episcopi tholosani [2] accepimus quod, cum ad ipsius bona temporalia manum nostram aliquociens apponere vos contingit, manum ipsam quandoque, parte dicti episcopi non vocata, et sine cause cognitione, ibidem apponitis, et ad ejus decimas et alia spiritualia bona extenditis eandem, ac cum magnis et immoderatis expensis tenetis ibidem nimiam etiam multitudinem servientium.

1. Gaillard de Preyssac.
2. Gaillard de Preyssac.

Ideoque mandamus vobis quatinus, cum causa rationabilis appositionis dicte manus nostre ad ipsius episcopi bona temporalia emerserit, prius, de dicta causa, partibus vocatis, cognoscatis, nisi foret alias notoria dicta causa, et tunc cum de dicta causa rationabili constiterit, manum ipsam ad temporalia bona dicti episcopi apponendo, nequaquam ad ejus spiritualia extendatis eandem, ac immoderatas expensas ac multitudinem servientium illicitam in facto hujusmodi modis omnibus evitetis.

Actum Parisius, die sabbati post Ascensionem Domini, anno ejusdem millesimo CCC° XIII°.

113

(Ancien CXXIX [CXXV à la Table], folio 57, verso.)

Paris, le samedi après l'Ascension (26 mai) 1313.

Quod non impediatur Episcopus in cognitione legatorum et aliorum ad pios usus deputatorum.

Philippus, Dei gratia Francorum Rex, Senescallo et Vicario Tholose, vel eorum loca tenentibus, salutem. Significavit nobis conquerendo dilectus et fidelis noster Episcopus tholosanus[1] quod, licet ipse et officialis ipsius, ac predecessores sui, a tempore a quo memoria de contrario non existit, fuerint et sint in possessione et saysina pacifica cognoscendi de actionibus personalibus inter quascumque personas sue dyocesis, super legatis et causis dotalibus, ac aliis ad pios usus spectantibus quibuscumque, si conquerens curiam dicti episcopi prius super hoc adiverit : vos, seu alie gentes nostre, ipsos in hujusmodi possessione perturbare et impedire nituntur, de novo et indebite, quin cognoscere valeant de pre-

1. Gaillard de Preyssac.

dictis. Quare mandamus vobis quatinus, si, vocatis evocandis, vobis constiterit ita esse, ab impedimento et perturbatione hujusmodi desistatis; episcopum ipsum et ejus officiales cognoscere de premissis si prius super hiis adeantur, prout consueverint (et) ad eos pertinuerit, permittentes.

Actum Parisius, die sabbati post Ascensionem Domini, anno ejusdem M° CCC° XIII°.

114

(Ancien CXXXI [CXXVII à la Table], folio 58, recto.)

Paris, 26 mai 1313.

Quod non impediatur Episcopus quominus sua juridictione ecclesiastica uti possit.

Philippus, Dei gratia Francorum Rex, Senescallo et Vicario Tholose, vel eorum loca tenentibus, ceterisque justiciariis nostris salutem. Mandamus vobis et vestrum cuilibet, quatinus dilectum nostrum Episcopum tholosanum[1], seu officiales suos, jurisdictione sua ecclesiastica, eidem de jure vel de approbata consuetudine competenti, uti libere valeant, impedire nullatenus presumatis, aut ipsos a nostris subditis permittatis aliquatenus contra justiciam impediri, et si quid in prejudicium ecclesiastice libertatis vel jurisdictionis spiritualis ejusdem indebite fuerit attemptatum, id, prout ad vestrum quemlibet pertinebit, faciatis debite revocari.

Actum Parisius, XXVI die maii, anno Domini M°CCC°XIII°.

1. Gaillard de Preyssac.

115

(Ancien CXXXIII [CXXIX à la Table], folio 58, verso).

Paris, 28 mai 1313.

Litterà super debitis Episcopi exhigendis.

Philippus, Dei gratia Francorum Rex, Senescallis Tholose et Carcassone vel eorum loca tenentibus salutem. Mandamus vobis, et vestrum cuilibet ut ad eum pertinuerit, quatinus debita, bona et legalia, recognita legitime vel probata per testes, litteras seu instrumenta, aut alia legitima documenta que a justi[ci]abilibus et subditis nostris dilecto et fideli nostro Episcopo tholosano[1] deberi noveritis, vocatis evocandis, eidem episcopo vel ejus certo mandato cum celeris justicie complemento persolvi faciatis, debitores ipsius ad hoc debite compellendo; presentibus post annum minime valituris.

Datum Parisius, XXVIII[a] die maii, anno Domini M° CCC° XIII°.

116

(Ancien CXXIV [CXX à la Table], folio 56, verso).

Paris, le jeudi avant la Pentecôte (31 mai) 1313.

Quod clericus non compellatur in curia seculari facere testimonium, sed super hiis suus Ordinarius requiratur in juris subsidium.

Philippus, Dei gratia Francorum Rex, Senescallis et Vicario Tholose, vel eorum loca tenentibus salutem. Exposuit

---

1: Gaillard de Preyssac.

nobis procurator dilecti et fidelis nostri Episcopi tholosani [1] quod vos, in prejudicium ecclesiasticę libertatis, et contra arresti per nos super hoc facti tenorem, clericos compellitis ad testimonium in causis que in vestris aguntur curiis perhibendum. Quocirca mandamus vobis quatinus, viso arresto predicto, secundum ejus tenorem, a compulsione desistatis predicta; sed cum clericorum testimonio vos contigerit indigere, super hoc eorum Ordinarium, ne veritas occultetur, in juris subsidium requiratis.

Actum Parisius, die jovis ante Penthecosten, anno Domini M° CCC° XIII°.

117

(Ancien CXXV [CXXI à la Table], folio 56, verso).

Paris, le jeudi avant la Pentecôte (31 mai) 1313.

Quod notarii regii juramenta apponant in contractibus, de partium voluntate.

Philippus, Dei gratia Francorum Rex, Senescallo et Vicario Tholose, vel eorum loca tenentibus, ceterisque justiciariis nostris dicte Senescallie ad quos presentes littere pervenerint, salutem. Conquestus est nobis procurator dilecti et fidelis nostri Episcopi Tholosani [2] quod vos notariis nostris curiarum vestrarum prohibetis ne ipsi in suis instrumentis, de voluntate contrahentium, juramenta ab eis prestita super eorum contractibus observandis, apponant et scribant. Quocirca mandamus vobis et vestrum cuilibet quatinus, vocato procuratore nostro, a dicta prohibitione totaliter desistatis, nisi ex parte dicti procuratoris nostri aliud rationabile in contrarium proponatur; quod si fuerit, illud nobis remitta-

1. Gaillard de Preyssac.
2. Gaillard de Preyssac.

tis, ut super hoc, prout ad nos pertinuerit, rationabiliter ordinemus.

Actum Parisius, die jovis ante Pentecosten, anno Domini M° CCC° XIII°.

118

(Ancien CXXVII [CXXIII à la Table], folio 57, recto).

Paris, le jeudi avant la Pentecôte (31 mai) 1313.

Quod non impediantur arrendatores decimarum Tholose ad forum ecclesie (trahere) laycos super petitione decimarum et aliis ecclesiasticis.

Philippus, Dei gratia Francorum Rex, Senescallo et Vicario Tholose vel eorum loca tenentibus, salutem. Mandamus vobis quatinus rectores ecclesiarum, et alios clericos beneficiarios in dyocesi tholosana, ad quos pertinet perceptio decimarum, non impediatis quominus ipsi et eorum arrendatores seu firmarii ad forum ecclesie possint trahere subditos vestros, super petitione decimarum de rebus que consueverint ibidem ab antiquo decimari, et super aliis juribus ecclesiasticis que consueverint ibidem ab antiquo prestari. Et si aliquod impedimentum super hoc per vos fuerit appositum, illud, vocato procuratore nostro, studeatis rationabiliter amoveri.

Actum Parisius, die jovis ante Pentecosten, anno Domini M° CCC° XIII°.

119

(Ancien CXXX [CXXVI à la Table], folio 58, recto).

Paris, le jeudi avant la Pentecôte (31 mai) 1313.

Quod statuta et ordinationes facte pro libertatibus Ecclesie observentur.

Philippus, Dei gratia Francorum Rex, Senescallo et Vicario Tholose eorumque loca tenentibus, ceterisque justiciariis nostris dicte Senescallie ad quos presentes littere pervenerint, salutem. Ad requisitionem dilecti et fidelis nostri Episcopi tholosani[1] seu procuratoris ejusdem, mandamus vobis et vestrum cuilibet quatinus statuta et ordinationes per nos factas pro bono statu Regni nostri ac libertatibus Ecclesie conservandis, si et prout de eis vobis constiterit, faciatis, prout in eis contineri videbitis, observari.

Actum Parisius, die jovis ante Pentecosten, anno Domini Mᵃ CCCº XIIIº.

120

(Ancien LIV [LI à la Table], folio 25, verso).

Pontoise, 26 juin 1313.

Quod judex Rivorum non compellat homines de Sancto Martino (de Doidas) coram se litigare de causis ad dominos (Sancti Martini) pertinentibus.

Philippus, Dei gratia Francorum Rex, Senescallo Tholose aut ejus locum tenenti, salutem. Ex parte dilecti et fidelis nostri Episcopi tholosani[1] et dominorum Sancti Martini de Doidas[2] accepimus, quod judex noster Rivorum[3], homines

1. 2. Gaillard de Preyssac.
2. Saint-Martin d'Oydes (Ariège).
3. Rieux (Haute-Garonne).

dicti loci justiciabiles eorumdem, in casibus quorum cognitio debet ad ipsos de jure et consuetudine pertinere, coram se trahit et ipsos ad respondendum coram se compellit, in ipsorum dominorum Sancti Martini et jurisdictionis ipsorum ac ipsius episcopi, cujus sunt vassalli ratione loci predicti, prejudicium et gravamen. Quare mandamus vobis quatinus si, vocatis evocandis, inveneritis ita esse, dictum judicem ut a gravamine predicto desistat, et ipsos sua jurisdictione gaudere permittat, previa ratione, ut ad vos pertinuerit, compellatis.

Datum Pontisare, XXVI die junii, anno Domini M° CCC° XIII°.

121

(Ancien CXXXVII [CXXXIII à la Table, folio 60, verso).

Paris, 28 octobre 1314.

Littera directa Senescallo tholosano quod desistat levare financias ratione exercitus Flandrensis in terra domini Episcopi tholosani.

Philippus, Dei gratia Francie Rex, Senescallo tholosano, ceterisque ad levandum financias ratione nostre guerre Flandrensis in dicta Senescallia deputatis a nobis, salutem. Mandamus vobis et vestrum cuilibet quatinus financias ipsas in terra dilecti et fidelis nostri Episcopi tholosani[1], usque ad instans festum Purificationis beate Marie Virginis levare diferatis, valorem et summam financiarum ipsarum nobis rescribentes.

Datum Parisius, vicesima octava die octobris, anno Domini M° CCC° quarto decimo.

1. Gaillard de Preyssac.

ARCHIVES DE LA HAUTE-GARONNE

G 347

122

(Archiv. de la Haute-Garonne, G 347, f° 66, recto).

Paris, le lundi avant la fête de la Chaire de saint Pierre, 13 janvier 1286 (1287 n. s.)

Littera directa Senescallo et Vicario Tholose ut terram episcopalem quam ad manum regiam posuerant, cum fructibus inde perceptis deliberent.

Philippus, Dei gratia Francorum Rex, Senescallo et Vicario tholosanis, salutem. Mandamus vobis quatinus terram episcopalem dilecti nostri H(ugonis) Episcopi tholosani [1], quam ad manum nostram posueratis, cum fructibus per vos inde perceptis, visis presentibus, sine difficultate deliberetis eidem, et in ea saisina et possessione ipsius temporalitatis et aliorum jurium et bonorum ipsius episcopatus manuteneatis et deffendatis, in qua erat predecessor suus, tempore mortis sue.

Actum Parisius, die lune ante festum Beati Petri ad cathedram, anno Domini M° CC° octuagesimo sexto.

1. Hugues Mascaron.

123

(Archiv. de la Haute-Garonne, G 347, f° 65, recto).

Paris, le jeudi après la fête de saint Barthélemy, apôtre,
(25 août) 1289.

Ne pretextu litterarum impetratarum per aliquos clericos, impediatur Episcopus quin possit corrigere dictos clericos et bona capere.

Philippus, Dei gratia Francorum Rex, Senescallis Tholose et Carcassone, Vicario Tholose ceterisque justiciariis nostris dictarum Senescalliarum, locaque tenentibus eorumdem, ad quos presentes littere pervenerint, salutem. Mandamus vobis et vestrum cuilibet quatinus, pretextu litterarum quas à nobis vel justiciariis nostris impetraverunt abbates Lesatensis[1] et Appamiensis, Poncius Blancardi, canonicus tholosanus, et quidam alii clerici diocesis tholosane super eorum garda et deffensione, non impediatis nec impediri permittatis tholosanum Episcopum et officiales suos quominus in eos et bona eorum ecclesiastica jurisdictionem ecclesiasticam et spiritualem exerceant in casibus spectantibus ad eumdem, et sibi subditos, pro suis excessibus, cum oportuerit, corrigant, capiant, puniant et castigent; precaventes tamen quod illos qui cum bonis suis ab antiquo sunt de speciali garda nostra custodiatis, prout ad vos ratione dicte garde noveritis pertinere.

Item, mandamus vobis quatinus non intromittatis vos de hiis que ad forum ecclesiasticum tantummodo dicti episcopi et ejus curie pertinere noscuntur.

Item, mandamus vobis quatinus eumdem episcopum cum gentibus, familia, clericis et bonis suis ab indebitis novitatibus, violenciis et injuriis manifestis deffendatis, ipsumque in suis justis possessionibus manuteneatis, conservetis et

---

1. Lézat (Ariège).

deffendatis quociens opus fuerit et exinde fueritis ab eo re quisiti.

Item, nolumus quod illa pecunie summa quam Bertrandus, quondam episcopus tholosanus[1], carissimo genitori nostro dicitur mutuasse, alicui persolvatur sine nostro et ipsius episcopi speciali mandato, cum dictus episcopus illud mutuum asserat esse suum.

Actum Parisius, die jovis post festum Beati Bartholomei, apostoli, anno Domini M° CC° octuagesimo nono.

124

(Archiv. de la Haute-Garonne, G 347, f° 67, recto.)

Abbaye de Longchamp, le samedi après la fête de S. André, apôtre,
(2 décembre 1290).

Littera directa magistro Egidio Camelini ut perficiat limitationem inchoatam inter ipsum et Episcopum tholosanum.

Philippus, Dei gratia Francorum Rex, dilecto et fideli clerico, magistro Egidio Camelini, canonico Laudunensi, salutem et dilectionem. Mandamus vobis quatinus, vocatis ad hoc Vicario Tholose et aliis quorum interest, perficiatis limitationem inchoatam inter nos et Episcopum tholosanum[2], secundum tenorem compositionis inde facte tempore recordationis inclite carissimi genitoris nostri.

Actum apud abbatiam Longi Campi, sabbato post festum Beati Andree, apostoli, anno Domini M° CC° nonagesimo.

1. 2. Bertrand de L'Isle.

125

(Archiv. de la Haute-Garonne, G 347, f° 61, verso.)

**Paris, le jeudi après la fête d'hiver de Saint Martin
(15 novembre) 1291.**

*Quod judices de suis sigillis emolumenta sibi non
applicent.*

Anno Domini M° CC° nonagesimo primo, et die lune post festum Purificationis Beate Marie (4 février 1292 n. s.), in assisia Senescalli Tholose fuerunt littere regie que sequuntur publicate et perlecte :
Philippus, Dei gratia Francorum Rex, Senescallo Tholose salutem. Mandamus vobis quatinus non permittatis quod aliqui judices aut justiciarii vel officiales nostri de vestra Senescallia, de suis sigillis emolumenta sibi applicent, sed totale sigillorum talium emolumentum in augmentum valoris nostrorum sigillorum vestre Senescallie faciatis assignari et converti.

Item, ortos, terras, columbaria et alia nostra similia minuta vestre Senescallie conducatis, in emphiteosim detis vel ad firmam, aut vendatis prout ad utilitatem nostram videritis melius expedire, ita quod castellani vel alii nostri officiales nullum inde sibi applicent emolumentum, nec permittatis aliquam in predictis fraudem committi.

Actum Parisius, die jovis post yemale festum Beati Martini, anno Domini M° CC° nonagesimo primo.

126

(Archiv. de la Haute-Garonne, G 347, folio 61, verso),

Paris, le jeudi après la fête d'hiver de saint Martin
(15 novembre) 1291.

Quod tabelliones per Senescallos non instituantur, cum istud ad regiam dignitatem solummodo pertineat.

Anno Domini M° CC° nonagesimo primo, et die lune post festum Purificationis Beate Marie (lundi 4 février 1292 n. s.) in assisia Senescalli Tholose fuerunt littere regie que sequuntur publicate et perlecte :
Philippus, Dei gratia Francorum Rex, Senescallo Tholose salutem. Noveritis nos, hiis diebus, pro nostrorum utilitate subditorum provide statuisse et ordinasse quod, in terris Senescalliarum nostrarum, de cetero non ponantur seu instituantur aliqui tabelliones per aliquos senescallos vel justiciarios nostros, aut temporales dominos, subditos nostros, sed per nos solum prout et quando viderimus faciendum, cum istud ad nostram regiam dignitatem solummodo pertinere noscatur. Item, instrumentis tabellionum jam institutorum, et etiam instituendorum per nos, de cetero faciendis, fides non adhibeatur nisi sigillum autenticum in eis sit appensum. Unde mandamus vobis quatinus dictam ordinationem diligenter servantes, non permittatis contra eam aliquid attemptari.
Actum Parisius, die jovis post festum yemale Beati Martini, anno Domini M° CC° nonagesimo primo.

127

(Archiv. de la Haute-Garonne, G 347, folio 64, verso.)

Paris, le dimanche avant les Rameaux (15 mars) 1292 (1293 n. s.).

Littera directa Senescallis Tholose et Carcassone ut manuteneant, custodiant et deffendant Episcopum tholosanum, canonicos, clericos et familiam ejusdem, et bona et jura eorumdem.

Philippus, Dei gratia Francorum Rex, tholosano et carcassonensi Senescallis vel eorum loca tenentibus, salutem. Cum nos dilectum et fidelem nostrum tholosanum Episcopum [1], canonicos, clericos et familiam ejusdem, ac eorum beneficia ecclesiastica, bona et jura alia tam temporalia quam spiritualia, in nostra et sub nostra garda et custodia recepimus speciali, mandamus vobis et vestrum cuilibet quatinus ipsum episcopum, canonicos, clericos et familiam ejusdem, ac eorum beneficia ecclesiastica, bona et jura predicta manuteneatis, custodiatis et deffendatis ab omnibus injuriis, molestiis et violenciis indebitis vel manifestis; non permittentes eisdem aliqua inferri gravamina in predictis, nec aliquas sibi fieri indebitas novitates; tradentes etiam, si necesse fuerit, eisdem servientes nostros pro facienda deffensione et custodia antedicta. Ad predicta vero facienda et exequenda per totam suam diocesim tholosanam et alibi alter vestrum alterum non expectet, quandocumque et quocienscumque ab ipso Episcopo vel ejus procuratore, aut eorum altero super hoc fueritis requisiti.

Actum Parisius, die dominica ante Ramos Palmarum anno Domini M° CC° nonagesimo secundo.

1. Hugues Mascaron.

128

(Archiv. de la Haute-Garonne, G 347, folio 66, verso.)

Paris, le samedi avant les Rameaux (21 mars) 1292 (1293 n. s.).

Quod Senescalli et Consules Tholose litteras et arresta curie Regis facta pro Episcopo tholosano faciant integrari.

Philippus, Dei gratia Francorum Rex, Senescallis Tholose, Carcassone, ac consulibus Tholose eorumque loca tenentibus, et aliis nostris justiciariis in predictis Senescalliis constitutis, ad quos presentes littere pervenerint, salutem. Mandamus vobis et vestrum cuilibet quatinus litteras, arresta et judicata nostra et curie nostre facta pro dilecto nostro Episcopo tholosano [1], de quibus vobis constiterit, faciatis prout ad vos pertinere noveritis integrari et executioni debite demandari, prout in eisdem litteris, arrestis et judicatis videbitis contineri.

Actum Parisius, die sabbati ante Ramos Palmarum, anno Domini M° CC° nonagesimo secundo.

[1] Hugues Mascaron.

ARCHIVES DE L'ARIÈGE

FONDS DE L'ÉVÊCHÉ DE PAMIERS

129

(Archiv. de l'Ariège, Évêché de Pamiers, anc. cote n° 133).

1. Au camp devant Villanueva en Catalogne, septembre 1285. Villanueva d'Ampurias, vendredi, jour de la saint Mathieu, apôtre, (21 septembre) 1285.
2. Nimes, 26 octobre 1285.
3. Pamiers, dimanche, jour de la Saint-Martin d'hiver (11 novembre) 1285.

1. Littere tres Philippi Audacis jura regia in villa Appamie et cetera bona Comiti Fuxi concedentes.
2. Littere Philippi Pulchri concessionem hujusmodi confirmantes.
3. Approbatio concessionis predicte per consules et universitatem ville Appamie.

In Xpisti nomine. Notum sit cunctis quod anno Domini M° CC° LXXX° quinto, videlicet die dominica in festo beati Martini yemalis, nobilis vir dominus Rogerius Bernardi, Dei gratia Comes Fuxi, in platea communi Mercatalis Appamie, in qua consuevit pro publicis actibus universitas Appamie congregari, constitutus, — presentibus Arnaldo de Calmels, Bernardo Mezeni, Petro Andree, ypoticharío, Petro de Vilautone, Ramundo Faya, Guillelmo de Castlardo, Petro Brogalesii, Bernardo Fabri, Ramundo Gatiosta, Guillelmo Stephani, Guillelmo de la Escossa, Johanne de la Serra, et Ramundo-Bernardi de la Vila, consulibus Appamie, et magistro Ramundo David, eorum assessore, et toto eorum consilio jurato, per quos consules et consilium universitas regitur dicte ville, necnon et presente majori parte universitatis hominum dicte ville Appamie ad hoc specialiter, ut moris est, convocate, et me notario et testibus infrascriptis ad hoc similiter convocatis, — dixit se velle loqui cum eis, et presentare ac publicare et insinuare in presencia eorumdem quasdam litteras domini Philippi, quondam Regis Francie, et domini Philippi, ejus filii primogeniti, nunc Regis Francie. Et ibidem, dictus Arnaldus de Calmels respondit et dixit quod ipse et omnes alii consules Appamie ad hoc specialiter, ut moris est, convocati, erant ibi presentes parati audire et videre quicquid dictus dominus Comes vellet dicere, hostendere, presentare seu etiam publicare eisdem.

Et incontinenti, dominus Comes predictus hostendit et legi fecit publice in audiencia omnium predictorum, et insinuavit eisdem quandam litteram domini Regis quondam predicti, sigillatam sigillo cereo viridi ejusdem domini Regis, pendenti in corda de sirico, in quo erat ymago seu forma Regis sedentis in kathedra, tenentis in manu dextra signum floris lilii, et in sinistra, virgam regiam cum signo in capite virgue floris lilii; in dorso cujus sigilli est impressio scuti cum floribus lilii; in quo etiam sigillo erant hec littere circumscripte : « Philippus, Dei gratia Francorum Rex »; cujus littere tenor talis est :

Philippes, par la grace de Dieu Rois de France, nous fesons asavoir à toutz présenz et avenir que nous à nostre amé et fael Rogier Bernat, comte de Fois, donnons, otroions et délessons tout le droit et tout ce que nous avions et avoir devons en la vile de Paumers et ès appartenances, par reson de garde et par quel quautre reson, excepté le resort et la souveraineté que nous i retenons du défaut et de l'apel dudit conte et de sa cort, à tenir, à avoir et possoir à ycelui conte et à ses hoirs à mes touz jorz, emprès la fin de sep(t) anz, et des ores en avant, en la dite ville ne ès appartenances ne prendrons compaignie ne donation. Et (pour) que ce soit ferme et estable, nous avons fet seeller cetes letres de nostre seel.

Fet ès herberges devant Villenove en Catheloigne, l'an de grace mil dou cenz quatre vinz et cinc, ou mois de setembre.

Item, et quandam aliam litteram sigillatam sigillo cereo ejusdem domini Regis pendenti, cujus tenor talis est :

Philippus, Dei gratia Francorum Rex, dilectis suis abbati et conventui, ac hominibus ville Appamie, salutem et dilectionem. Scire vos volumus quod nos dilecto et fideli nostro Rogerio Bernardi, comiti Fuxi, dedimus et concessimus omne jus et quicquid habebamus in villa Appamie et ejus pertinentiis, tam ratione garde quam qualibet alia ratione, excepto resorto, tenendum, habendum et possidendum eidem Comiti et ejus heredibus in perpetuum post finem septem annorum. Et quia plurimum afectamus quod inter vos et illum pax et concordia reformetur, rogamus vos quatinus ad componendum seu pacificandum cum eo vos exhibeatis tractabiles, favorabiles ac benignos; scientes quod quocienscumque cum ipso pacificabitis seu componetis, ex tunc vos omnino absolvimus a sacramento et pactionibus quas habetis nobiscum; circa hoc vos habentes taliter quod id quod inde feceritis, gratum habere merito debeamus.

Actum in castris ante Villam Novam Inpuriarum, die veneris in festo beati Mathei, evangeliste, anno Domini M° CC° LXXX° quinto.

Item, et quandam aliam litteram, sigillatam sigillo cereo ejusdem domini Regis pendenti, sub hiis verbis :

Philippus, Dei gratia Francorum Rex, universis presentes litteras inspecturis salutem. Notum facimus quod nos dilecto et fideli nostro Rogerio Bernardi, comiti Fuxi, damus et concedimus, quolibet anno, usque ad septennium immediate futurum, ducentas libras turonenses percipiendas in bursa nostra, ita tamen quod, si infra dictum tempus contingat eumdem componere vel pacisci cum abbate, conventu, et hominibus ville Appamie, super hiis super quibus habebamus pactiones cum eisdem usque ad septennium memoratum à tempore compositionis seu pacis predicte, ad prestationem dictarum ducentarum librarum nullatenus teneamur.

Actum in castris ante Villam Novam Inpuriarum, die veneris in festo beati Mathei, anno Domini, Mº CCº LXXXº Vº.

Quibus predictis tribus litteris eisdem consulibus ac consilio et universitati publicatis, insinuatis eisdem, et per me Jacobum de Rozaldo notarium infrascriptum coram eis perlectis et expositis, predictus dominus Comes dixit quod ipse volebat componere et pacificare cum hominibus dicte ville Appamie, ita quod si unquam dicte universitati injuriatus fuit in aliquo, vel alicui de eadem universitate, vel aliqua dampna eidem universitati vel alicui de eadem universitate intulit sive dedit, quod ipse erat paratus eisdem et cuilibet eorum dampnum passis satisfacere de premissis, ac etiam emendare, voluntati et cognitioni eorumdem et cujuslibet ipsorum; et quod ipse in suis negociis volebat uti consilio eorumdem, sicut predecessores ejus consueverant temporibus retroactis, et quod eis placeret gratia quod dictus dominus Rex quondam eidem fecerat, in dictis litteris contenta.

Dictus vero Arnaldus de Calmels respondit et dixit pro se et aliis supradictis, ibidem presentibus, quod bene placebat eis gratia quam dictus dominus Rex quondam ei fecerat, prout in dictis litteris perlegi et contineri audiverant. Et ibidem dominus Comes predictus petiit et interrogavit a predictis hominibus de universitate predicta, si consentiebant paci et concordie ipsius, quod et nunc essent in perpetuum inter ipsum et homines predictos, et gratie quam dominus Rex predictus in dictis litteris suis sibi fecerat? Rogando eos quod consentirent predictis, et quod predicta placerent eisdem. Qui homines respondentes communiter, vel major pars eorumdem, dixerunt pluries alta voce : « Sic, sic, volumus, volumus. » Dictus vero dominus Comes respondit vice versa dictis hominibus et universitati predicte et dixit quod « ipse volebat semper habere pacem et concordiam cum eisdem, et quod illi paci et concordie in presenti consentiebat ».

Quibus ita peractis, predictus dominus Comes presentavit consulibus ac consilio et universitati predictis quandam aliam litteram domini Philippi, nunc Regis Francie, sub sigillo quo ante susceptam regni Francie gubernationem utebatur inclusam, quam petiit aperiri et publicari, ac insinuari eisdem. Que quidem littera fuit de voluntate omnium predictorum aperta, et publice coram eis perlecta per me Jacobum de Rozaldo, notarium supra et infrascriptum, cujus tenor talis est :

Philippus, Dei gratia Francorum Rex, dilectis suis consulibus et universitati hominum ville Appamie salutem et dilectionem.

Scire vos volumus quod nos dilecto et fideli nostro Rogerio Bernardi, Comiti Fuxi, dedimus et concessimus omne jus et quicquid habebamus in villa Appamie et ejus pertinentiis, excepto ressorto, tenendum, habendum et possidendum ab eodem Comite et ejus heredibus in perpetuum post finem septem annorum, et ante, quam cito vobiscum duxerit componendum. Et quia plurimum affectamus quod inter vos et illum pax et concordia reformetur, requirimus vos quatinus ad componendum statim, seu pacificandum cum eo vos exhibeatis tractabiles et favorabiles et benignos, scientes quod quocienscumque cum ipso pacificabitis seu componetis, extunc vos omnino absolvimus a sacramento et pactionibus quas habetis nobiscum. Et quia post susceptam regni Francie gubernationem, sigillum novum fieri non fecimus, sigillo quo prius utebamur presentes fecimus sigillari.

Datum apud Nemausum, die veneris ante festum Omnium Sanctorum (1285).

Qua quidem littera perlecta, dictus Arnaldus de Calmels, habito consilio et tractatu, in domo communi Appamie, super dicta littera et hiis que in ea continentur, cum predictis consulibus consociis suis et dicto consilio jurato, rediit una cum ipsis coram domino Comite predicto, in dicto loco, adhuc presente universitate predicta, et respondit eidem ac dixit, pro se et aliis predictis consulibus consociis suis et dicto consilio, ea que suprà aliàs dixerat et responderat, et plus, quod idem dominus Comes procuraret ut pax et concordia reformaretur et fieret inter ipsum et dominum abbatem et monasterium Sancti Antonini, et quod ipsi procurarent libenter pro posse quod pax et concordia esset inter ipsum et dominum abbatem et monasterium predictos, **juxta** tenores omnium predictarum litterarum. Et ibidem, dictus dominus Comes iterum petiit a dicta universitate et hominibus si consentiebant paci et concordie ipsius, et gratie quam dicti domini Reges sibi fecerant ?

Qui predicti homines communiter, vel major pars eorumdem, una voce clamaverunt pluries, dixerunt et responderunt alta voce quod « sic ». Qui dictus dominus Comes dixit quod ipse similiter consentiebat paci et concordie predictis, et quod volebat quod ex nunc sit pax et finis perpetuo inter ipsum et universitatem hominum ville Appamie supradicte, ut supra fecerat.

De quibus omnibus et singulis supradictis dominus Comes predictus requisivit me Jacobum de Rozaldo, notarium supra et infra scriptum, et omnes alios notarios ibidem presentes, quod inde reciperemus et conficeremus publica instrumenta.

Actum est hoc dicta die dominica, in festo beati Martini yemalis, et anno quo supra, in presentia et testimonio domini Imberti, Dei gratia abbatis Bolbone; domini Petri, officialis Appamie; dominorum Petri de Durbarano, Cicardi de Bellopodio, Isarni de Fanojove, Bertrandi de Varnhola, et Bernardi de Manso, militum; domini Arnaldi Novelli, legum doctoris; magistri Ramundi de Rozergue, et magistri Guillelmi Poncii, jurisperitorum; Jacobi Sancii, Bernardi Ramundi, Fabri Chauzardi, Bartholomei d'En Bos et Petri de Latone, notariorum publicorum Appa.nie; Bernardi del Congost, Ramundi de Durbarano et Bernardi de Lordato, domicellorum; et mei predicti Jacobi de Rozaldo, publici Appamie notarii, qui hiis interfui, et requisitus a dicto domino Comite cartam ipsam scripsi et in publicam formam redegi.

In quorum omnium premissorum testimonio, nos predicti Consules Appamie, sigillum nostre curie huic presenti publico instrumento duximus apponendum.

Item, et in omnium premissorum testimonio, nos predictus P., officialis Appamie, sigillum nostre curie huic presenti publico instrumento duximus apponendum.

Item, et in omnium premissorum testimonio, nos predictus Imbertus, abbas Bolbone, sigillum nostrum huic presenti publico instrumento duximus apponendum.

(Sceau de la Cour des Consuls de Pamiers sur cire blonde, pendant à un lacs de soie verte, à peu près entier. Les autres sceaux manquent; il n'en reste que les lacs, qui sont en soie verte.)

130

(Archiv. de l'Ariège. Évêché de Pamiers, anc. cote n° 122.)

1° Paris, le samedi avant la Purification (30 janvier) 1293 (1294 n. s.).
2° Pamiers, 17 février 1293 (1294 n. s.).

1° *Littere Philippi Pulchri abbatem et canonicos Appamie iterato monentes ut cum Comite Fuxi pacem promptè reforment.*
2° *Requisitio Comitis Fuxi abbati et canonicis Sancti Antonini, ut cum ipso componant bono modo.*

In nomine Xpisti, noverint universi presentes pariter et futuri quod anno et die infrascriptis, in presencia mei notarii et testium infrascriptorum, illustris vir dominus Rogerius Bernardi, Dei gratia Comes Fuxi, Vicecomes Bearni et Castriboni, in capitulo monasterii Sancti Antonini Appamie constitutus, presentavit et perlegi fecit in predicto capitulo reverendo patri in Xpisto domino B. Saxeti, Dei gratia abbati monasterii predicti, et conventui ejusdem loci, videlicet : dominis P. Morati, cellarario; Guillelmo de Sozpes, priori claustrali; Arnaldo de Lupanari, P. Amengau, P. Durandi, Guiniac*ius* de Saxis, Hugoni de Duroforti, Michaëli Baldrici, et Hugoni de Brolio, canonicis dicti monasterii ibidem presentibus, sedentibus et existentibus, quandam litteram sigillatam illustrissimi Philippi, domini nostri Regis Francie, non abolitam, non abrasam, non cancellatam, nec viciatam in aliqua sui parte in prima figura, cum sigillo cereo pendenti, cum quadam magestate regia sedente pro tribunali, habente in manu dextra ymaginem floris lilii, et in sinistra manu, habente quandam virgam regiam seu baculum habentem in capite florem lilii; et in dorso est quoddam scutum signatum, habens flores lilii plures, ut prima facie apparebat, et in litteris circumscriptis erat scriptum : « Philippus, Dei gratia Francorum Rex ». Cujus littere tenor noscitur esse talis :

Philippus, Dei gratia Francorum Rex, dilectis suis Abbati et Conventui, ac hominibus ville Appamie salutem et dilectionem. Cum, sicut alias vobis intimasse meminimus, nos dederimus et concesserimus dilecto et fideli nostro Rogerio Bernardi, Comiti Fuxi, omne jus et quicquid habebamus in villa Appamie et ejus pertinenciis, tam ratione garde quam qualibet alia ratione, excepto ressorto, tenendum, habendum et possidendum ab eodem Comite et ejus heredibus in perpetuum, vosque rogavisse ut ad componendum seu pacificandum cum eo vos exhiberetis tractabiles, favorabiles et benignos, affectantes quam plurimum inter vos et ipsum pacem et concordiam reformari, nec adhuc obtentu precum nostrarum est inter vos et ipsum concordia reformata, ymo ex hiis questionis materia insultavit : vos iterato attentius requirimus, rogamus et ortamur quatinus cum eodem Comite pacificetis seu componatis, et ad hoc vos exhibeatis tractabiles atque promptos. Nos enim cum super hoc conveneritis cum eodem, vos ex tunc a sacramento et pactionibus quibus nobis te(ne)mini absolvimus et quittamus.

Actum Parisius, sabbato ante festum Purificationis beate Marie Virginis, anno Domini millesimo ducentesimo nonagesimo tercio.

Qua littera perlecta et in romano exposita, ibidem et incontinenti, prefatus dominus Comes rogando requisivit predictos dominos abbatem et conventum, ut ad componendum cum eo se exhiberent tractabiles, favorabiles et benignos, asserens et affirmans se paratum esse cum eisdem componere et pacificare benigniter et bono modo, ad eorumdem et ecclesie monasterii predicti utilitatem; requirens me notarium imffra scriptum idem dominus Comes quod de predictis presentatione et requisitione facerem publicum instrumentum.

Actum est hoc XIII° kalendas marcii, regnante predicto domino Philippo, Rege Francorum, anno domini millesimo ducentesimo nonagesimo tercio. Hujus rey sunt testes : dominus Ysarnus Batalha, dominus Ramundus de Montelauro, dominus Jordanus de Bilhero, milites; P. B. de Astnava, Ramundus de Durbarano, Jordanus de Villamuro, B. de Lobt..chis, domicelli; magister Guillelmus Firmini, magister P. Pontonerii, Baudouinus, B. Moreni, Ramundus Boerii, Faber Flequerii, Bartholomeus de Boucenaco, Thomas Sancii, Ramundus Scuderii, Bartholomeus de Vallibus, Petrus de Planis, notarii; Guillelmus Montanerii, clericus; Michael de Nera, Ramundus de Falgario, Aymericus de Barbazano, Ciquardus de Lordato, Jordanus de Ravato, Guillelmus Ramundi de Bordis, domicelli; et Arnaldus Bruni publicus Appamie notarius, qui requisitus hoc feci et scripsi publicum instrumentum.

(Seing du notaire.)

131

(Archiv. de l'Ariège. Évêché de Pamiers, anc. cote n° 97.)

1° Paris, vendredi après la fête de saint Martin d'été (17 juin) 1294.
2° Toulouse, lundi après la fête des saints Pierre et Paul, apôtres,
(4 juillet 1300).

1° *Littere Philippi Pulchri Senescallo Carcassone ut Abbatem et Canonicos Appamie ad componendum cum Comite Fuxi efficaciter inducat, alioquin, eos adjornet ad futurum proximo Parlamentum.*

2° *Vidimus ex parte tenentis sigillum Senescallie et Vicarie Tholosane.*

Noverint universi quod nos Reginaldus de Dunhiaco, clericus, tenens sigillum Senescallie et Vicarie tholosane pro illustrissimo domino nostro Rege Francorum, anno Domini Mº CCCº, die lune post festum Apostolorum Petri et Pauli, vidimus, tenuimus et de verbo ad verbum legimus quandam patentem litteram illustrissimi principis domini nostri Regis Francie, ejusque sigillo cereo inpendente sigillatam, non viciatam, non cancellatam nec obolitam in aliqua sui parte, ut prima facie aparebat, tenorem qui sequitur continentem.

Philippus, Dei gratia Francorum Rex, Senescallo Carcassone, salutem. Cum pluries abbatem et conventum Appamiarum per nostras litteras, requirendos duxerimus et hortandos, ut cum dilecto et fideli nostro Comite Fuxensi, super donatione et concessione sibi per nos factis de hiis que habebamus in villa Appamiarum et ejus pertinentiis, componerent, pariagium cum eo super hoc faciendo : idem abbas et conventus, hujusmodi exhortationibus obauditis, id actenus, prout accepimus, facere non curarunt. Quare mandamus vobis quatinus dictos abbatem et conventum ex parte nostra requirere, et ortari ac efficaciter inducere studeatis ut cum dicto Comite componant juxta predictarum continenciam litterarum, alioquin, ajornetis eos ut ad diem Senescallie vestre futuri proximo Parlamenti intersint, si sua crediderint interesse, audituri declarationem seu determinationem requeste quam nobis facit Comes predictus super negocio supradicto ; intimantes eisdem quod sive ad dictam diem venerint sive non, in hujusmodi negocio prout justum fuerit procedetur, eorum absentia non obstante.

Actum Parisius, die veneris post estivale festum beati Martini, anno Domini Mº CCº XCº quarto.

In cujus visionis testimonium, nos predictus Reginaldus sigillum predictum Senescallie et Vicarie tholosane huic presenti transcripto duximus apponendum.

(Sceau de cire blonde : semis de fleurs de lis. Contre-sceau : grande fleur de lis cantonnée de quatre petites fleurs de lis. Pas de légende.)

132

(Archiv. de l'Ariège, Évêché de Pamiers, anc. cote n° 15.)

1° Paris, lundi avant les Brandons (14 février) 1294 (1295 n. s.).
2° Carcassonne, 13 mars 1294 (1295 n. s.).
3° Varilhes (Ariège), mardi après la fête de saint Grégoire, pape, (15 mars) 1294 (1295 n. s.).
4° Carcassonne, 16-17 mars 1294 (1295 n. s.).

1° Littere Philippi Pulchri Senescallo Carcassone ut faciat gaudere Comitem Fuxi juribus eidem Appamie concessis per D. Philippum quondam, progenitorem Regis.

2° Responsio locum tenentis Senescalli procuratori Comitis Fuxi, quod, sine mandato Senescalli ad negocium tam magnum non procederet.

3° Littere Comitis Fuxi locum tenenti Senescalli ut exequatur mandatum Regis.

4° Iterata responsio locum tenentis quod non procederet, etc.

Anno dominice incarnationis M° CC° nonagesimo quarto, tertio Idus Martii, Noverint universi quod magister Bernardus Pontonerii, procurator domini Comitis Fuxensis, presentavit nobili viro Ade de Merollis, militi domini Regis, Viccario Minerbesii, tenenti locum nobilis viri domini Johannis de Arreblayo, militis domini Regis, Senescalli Carcassone et Biterris, quandam litteram domini nostri Regis sigillo ipsius pendenti cereo sigillatam, cujus tenor talis est :

Philippus, Dei gratia Francorum Rex, Senescallo Carcassone vel ejus locum tenenti salutem. Cum nos, a villa et castro Appamiarum, et pariagio facto inter nos et abbatem Appamiensem in villa et castro Appamiarum et eorum pertinentiis, manum nostram ad instanciam abbatis ejus ibi appositam, non obstantibus quibuscumque ipsius abbatis rationibus in contrarium appositis, ad requisitionem dilecti et fidelis nostri Comitis Fuxensis, amoverimus, pariagium ibidem de cetero non facturi, salvis nobis et nostris successoribus superioritate et gardia generali, ac salvo jure quolibet alieno, Mandamus vobis quatinus castellanum et quoscumque alios nostros servientes, ibidem pro nobis appositos, amoventes, etiam si litteras nostras habeant super hujusmodi serviciis speciales, eundem Comitem Fuxensem, quocumque jure pertinente ad eum ex dono nostro vel alio quoquo modo, in predictis, gaudere permittatis in pace, juxta donationem per bone memorie dominum progenitorem nostrum sibi factam, et per nostras litteras postmodum approbatam, salvis et retentis superius nominatis.

Actum Parisius, die lune ante Brandones, anno Domini M° CC° nonagesimo quarto.

Presentate sunt predicte littere in presencia et testimonio magistrorum Rogerii Othonis, Jachobi Segnerii, jurisperitorum; Ramundi Ademarii, Bernardi Ademarii, mercatorum Carcassone, et magistri Isarni Fabri, notarii publici curie Carcassone domini Regis, qui hoc recepit.

Quibus litteris presentatis, dictus magister Bernardus Pontonerii requisivit dictum dominum locum tenentem quod compleat et exsequatur mandatum regium supradictum. Actum ut supra.

Consequenter, dictus dominus locum tenens, deliberato consilio, dixit et respondit quod cum dominus Senescallus Carcassone sit apud Burdagalam, prope satis Senescallie Carcassone, et negocium presens sit magnum, quod ipse locum tenens sine mandato vel sciencia dicti domini Senescalli vel domini Constabularii Francie, vel eis inconsultis, non procederet ad presens ad executionem mandati regii supradicti, et quod idem procurator domini Comitis eos certificet, si velit, super istis. Actum anno et die quo supra, in testimonio predictorum magistrorum Rogerii Othonis et Jacobi Senherii, jurisperitorum, et magistri Isarni Fabri, notarii predicti, qui hec recepit.

Post hec, anno quo supra, videlicet XVII° Kalendas Aprilis, magister Bernardus Pontonerii, procurator nobilis viri domini Rogerii Bernardi, Comitis Fuxi, Vicecomitis Bearni et Castri Boni, reveniens ad presenciam dicti domini locum tenentis domini Senescalli Carcassone et Biterris, presentavit eidem domino locum tenenti quandam litteram apertam in papiru scriptam, sigillatam sigillo ejusdem domini Comitis in dorso, quarum tenor dignoscitur esse talis :

Nobili viro et karissimo amico, domino Adam de Merollis, militi domini Regis, tenenti locum domini Senescalli Carcassone et Biterris, Rogerius Bernardi, Dei gratia Comes Fuxi, Vicecomes Bearni et Castri Boni, salutem et dilectionem sinceram cum honore. Meminimus ad vestram presenciam misisse magistrum Bernardum Pontonerii, fidelem clericum et procuratorem nostrum, cum quibusdam litteris domini nostri Regis super facto Appamiarum per ipsum procuratorem vobis presentandis, et pro requisitione facienda ut contenta in ipsis litteris, indilate, juxta earum continentiam, exsequtioni, veniendo apud Appamiam, ibidem mandaretis. Cui, ut per eundem intelleximus, respondistis quod, inconsulto dicto domino Senescallo et sine ejus mandato, ipsam exsequtionem nullathenus faceretis : de quo quamplurimum admiramur, quia littera predicta, nedum dicto domino Senescallo, ymo vobis, ut ejus locum tenenti, dirigitur, ut patet per ejus tenorem. Quocirca nobilitatem vestram modis quibus possumus deprecamur, et ex parte dicti domini Regis requirimus quatinus, visis presentibus, apud Appamiam personalitater venientes, dictam exsequtionem juxta contenta in dictis litteris regiis faciatis ; et nos invenietis paratos ipsam recipere, quia jam eri venimus, credentes vos invenire paratos complere requisitionem per dictum nostrum procuratorem vobis factam. Proposueramus insuper et adhuc proponimus, ipsa exsequtione facta, Deo dante, redire in Vaschoniam, ad nostram familiam, quam in servicio dicti domini nostri Regis dimisimus, facturi pro viribus honorem dicti domini Regis ; set donec sit facta ipsa exsequtio non intendimus recedere a Comitatu Fuxi. Sciatis insuper quod si forte, propter absenciam nostram, aliquid sinistrum seu dampnosum dicto domino Regi, in terra ipsius nobis custodienda comissa, per inimicos ipsius fieret, quod Deus avertat, vobis posset merito imputari, et nos diceremus quod factum est ob culpam et negligentiam vestri. Et de presentatione presentium et aliis requisitionibus per procuratorem nostrum super predictis vobis faciendis volumus fieri publicum instrumentum. Datum Varilhis, die martis post festum beati Gregorii, pape, anno domini M° CC° nonagesimo quarto. — Reddite litteras latori. — Constat nobis de interlineari « Fuxi ».

Ad que dictus dominus locum tenens dixit : se velle deliberare super contentis in littera domini Comitis antedicti, et crastina die, deliberatione habita, respondebit eidem super predictis. Actum in civitate Carcassone, in presencia et testimonio dominorum Petri Radimundi, judicis majoris dicti domini Senescalli; Guillelmi Boni Mancipii, patroni causarum domini Regis; Petri Effredi, militis, castellani Montis Regalis; Guillelmi Garrici, legum doctoris; Ramundi Abberani, militis; et magistrorum Arnaldi Helye, Stephani Guiffredi, Jacobi Senherii, Rogerii Othonis, Petri Othonis, jurisperitorum; et plurium aliorum, et magistri Ramundi de Pradali, notarii publici curie Carcassone domini Regis, qui hec recepit.

Postque, ibidem, in presencia testium predictorum, fuit ibidem lecta in publico per dictum dominum majorem judicem littera regia de qua in precedenti littera domini Comitis habetur mentio.

Consequenter, die crastina que fuit XVI Kalendas Aprilis, dictus dominus locum tenens dixit quod, cum negocium hujusmodi sit magnum, et dominus Senescallus sit satis proximus huic terre, quod ipse, sine mandato ipsius domini Senescalli vel domini Constabularii Francie, vel eis, vel altero eorum inconsultis, non procederet ipse dominus locum tenens pro in exsequendo mandato regio antedicto. Dixit etiam et respondit quod dominum Comitem, occasione predicta non oporteret remanere, nec se a servicio domini

Regis absentare, cum per alium possit explicari. Actum Carcassone, in domo in qua moratur dictus Viccarius Carcassone, in presencia et testimonio dominorum Petri Radimundi, judicis majoris dicti domini Senescalli; Guillelmi Garrici, legum doctoris, et magistrorum Jacobi Senherii, Rogerii Othonis, jurisperitorum; Petri de Parisius, Isarni Fabri, notariorum curie Carcassone domini Regis; et magistri Ramundi de Pradali, notarii publici curie Carcassone domini Regis, qui predictis interfuit et requisitus hanc cartam recepit, vice cujus et mandato, ego Guillelmus Rogerii de Carcassona, clericus, eandem scripsi. Et ego idem Ramundus de Pradali, notarius publicus antedictus, subscribo et signo, eodem domino Philippo Rege Francorum regnante.

133

(Archiv. de l'Ariège, Évêché de Pamiers, anc. cote n° 140).

Pamiers, samedi, lendemain de l'Annonciation (26 mars) 1295 [1].

Executio, per locum tenentem Senescalli Carcassone, mandati Philippi Pulchri ut manus regia a castro Appamie amoveatur, cum inhibitione Comiti Fuxi ne inferat abbati et monasterio violentias illicitas.

Noverint universi quod anno Domini M° CC° (nonagesimo quinto, videlicet die s)abbati in crastinum Annunciationis beate Marie, nobilis vir dominus Adam de Merollis, miles domini Regis, Vicarius (Minerbesii, tenens locum) nobilis viri domini Johannis de Arreblayo, militis domini Regis, Senescalli Carcassone et Biterris, existens apud Appamiam, in claustro domus Fratrum Predicatorum dicti loci, presentibus ibidem nobilibus viris dominis Rogerio Bernardi, Dei

[1]. Il résulte de cette date qu'à Pamiers l'année commençait le 25 mars.

gratia Comite Fuxi et Vicecomite Bearni et Castri-Boni; Johanne de Rubeo Monte, milite, castellano Appamiensi, et pluribus aliis nobilibus, et discretis viris Consulibus Appamie, necnon et pluribus aliis popularibus dicte ville, fecit ibidem legi in publico per venerabilem virum dominum Petrum Ramundi, judicem majorem dicti domini Senescalli, quasdam patentes et pendentes litteras bone memorie domini Philippi quondam regis Francorum, ejus sigillo cereo viridi sigillatas, quarum tenor talis est : Philippes, etc. Item et alias apertas (litteras) in dorso sigillatas sigillo ipsius domini locum tenentis, quarum tenor talis est : Adam de Merollis, etc. (Vide infra). Quibus litteris perlectis in publico per dictum dominum judicem majorem, idem dominus locum tenens amovit de dicta castellania dictum dominum Johanem de Rubeo Monte et omnes alios et servientes quoscumque domini Regis, etiam si litteras domini Regis habeant super hujusmodi serviciis speciales; permittens ex tunc dictum dominum Comitem quocumque jure pertinente ad eum, ex dono domini Regis vel alio quoquo modo, in predictis, gaudere in pace, juxta donationem per bone memorie dominum Philippum quondam, ipsius domini Regis progenitorem, ipsi domino Comiti factam, et per ejusdem domini Regis litteras postmodum approbatam, salvis tamen et retentis domino Regi et suis successoribus superioritate et gardia generali, et salvo etiam jure quolibet alieno.

Et inhibuit idem dominus locum tenens, et dictus dominus judex pro eo, ex parte domini Regis, eidem domino Comiti, ne dicto domino abbati seu monasterio vel eorum gentibus violencias illicitas vel offensas inferat vel inferri permittat, nec jura ipsius monasterii per violencias vel offensas illicitas indebite usurpet, vel faciat seu permittat usurpari.

Qui dictus dominus Comes dixit se velle uti et gaudere jure sibi competenti, juxta formam litterarum domini Regis, et se nolle nec intendere facere aliquas illicitas violencias vel offensas contra dominum abbatem seu monasterium vel gentes eorum, nec eorum jura indebite usurpare per se vel per alium quemcumque.

Acta fuerunt hec in presencia et testimonio nobilium dominorum : Arnaldi de Yspania, Vicecomitis Coseranensis; Ramundi Fortis, de Bello-Podio[1]; et Ramundi de Monte-Lauro, militum, et discretorum virorum dominorum judicis majoris antedicti; Guillelmi Garrici, legum doctoris de Carcassona; magistri Arnaldi Vilandeguti, jurisperiti; magistri Ramundi de Pradalli, notarii publici curie Carcassone domini Regis, qui de premissis similem cartam recepit, et mei Jacobi de Rozaldo, publici Appamie notarii, qui hiis interfui, et requisitus a dicto domino Comite, cartam istam scripsi et in publicam formam redegi.

133 bis.

(Archiv. de l'Ariège, Evêché de Pamiers, anc. cote n° 10.)

Pamiers, samedi, lendemain de l'Annonciation (26 mars) 1295.

Significatio castellano Appamiarum mandati regii super amotione ipsius a castro dicte ville, etc.

Anno dominice incarnationis Millesimo ducentesimo nonagesimo quinto, videlicet die sabbati in crastinum Annonciationis beate Marte, Fraynus, scutifer nobilis viri domini Ade de Merollis, militis domini Regis, Viccarii Minerbesii, tenentis locum domini Senescalli Carcassone et Biterris, accedens personaliter ad castrum Appamiarum, presentavit ibidem et obtulit nobili viro domino Johanni de Rubeo Monte, militi, castellano Appamie, quasdam ipsius domini locum tenentis patentes litteras, quarum tenor talis est :

Adam de Merollis, miles domini Regis, Viccarius Minerbesii, tenens locum domini Senescalli Carcassone et Biterris, nobili viro domino Johanni de Rubeo Monte, militi, castel-

---

1. Belpech de Garnagois (Aude).

lano Appamie, salutem et dilectionem. Litteras domini Regis recepimus, pendentes et patentes, in hec verba : « Philippus, etc. » Quarum auctoritate, vos de dicta castellania et servientes alios quoscumque domini Regis, etiam si litteras domini Regis habeant super hujusmodi serviciis speciales, amovemus juxta tenorem litterarum domini Regis predictarum. Nos enim ex nunc dictum dominum Comitem quocumque jure pertinente ad eum ex dono domini Regis, vel alio quoquo modo in predictis, gaudere permittimus in pace, juxta donationem per bone memorie dominum Philippum quondam, dicti domini Regis progenitorem, ipsi domino Comiti factam, et per ejusdem domini Regis litteras postmodum approbatam, salvis tamen et retentis domino Regi et suis successoribus superioritate et gardia generali, et salvo etiam jure quolibet alieno.

Datum apud Appamiam, sabbato in crastinum Annunciationis beate Marie, anno domini M° CC° nonagesimo quinto. — Reddite litteras latori earumdem.

Actum anno, die et loco predictis, in presencia et testimonio Guillelmi de Lantario, Robini, Colini Blanchabarba, Johannis Carbonelli, servientium Appamie; et magistri Ramundi de Pradali, notarii publici curie Carcassone domini Regis, (qui) hanc cartam recepit, vice cujus et mandato, ego Petrus Furnerii, clericus de Carcassona, eandem scripsi. Et ego idem Ramundus de Pradali, notarius publicus antedictus, subscribo et signo, domino Philippo Rege Francorum regnante. (*Seing du notaire.*)

134

(Archiv. de l'Ariège. Évêché de Pamiers, anc. cote nᵒ 241.)

1ᵒ Paris, mardi après l'Annonciation (26 mars)... (1303.
2ᵒ Pamiers, mercredi avant la fête de saint Marc, évangéliste
(24 avril) 1303).

1ᵒ *Littera Philippi Pulchri consulibus et universitati Appamie significantes quod grave in immensum gerit malum eis illatum per ecclesiasticum interdictum, et quod, hoc negocium cum aliis suis faciet in tractatu suo cum Summo Pontifice contineri.*
2ᵒ *Publicatio illius littere per consules et syndicos ville Appamie.*

Anno Domini Incarnationis Mᵒ CCCᵒ tercio, scilicet die mercurii ante festum beati Marche evangeliste intitulata VIIIᵒ kalendas madii, noverint universi quod dominus Bertrandus de Vernhola, miles, Ramundus Stephani, Petrus Sabaterii, Arnaldus Barta, Bartholomeus Baurt, Bernardus Cerdani, Ramundus Capnier, Bernardus Gras, Ramundus Picot, Guillelmus Aynier, Guillelmus Johannis, Bernardus Gailhardi, consules universitatis ville Appamie; et Arnaldus de Calmellis, Guillelmus de Articz, Guillelmus de Hospitali, Bonetus Davini, major dierum; Guillelmus Ademarii, Martinus Baudouini et Petrus de Vesis, sindici dicte universitatis Appamie, ut dicebant, existentes in ecclesia beati Johannis de Mercatali ville Appamie, in presentia mei notarii et testium infrascriptorum ac plurimorum aliorum hominum dicte ville, fecerunt publicari quandam litteram sub sigillo illustrissimi principis domini Philippi, Dei gratia Regis Francorum, clausam, et ibidem publice aperiri et legi tam in latino quam in romano, cujus littere de verbo ad verbum tenor talis est :

Philippus, Dei gratia Francorum Rex, dilectis suis consulibus et universitati ville Appamie, salutem et dilectionem. Nobis per procuratores vestros quos multis sensibus instructos probavimus, prudenter expositis scandalorum duriciis et malorum vobis illatis, potissimè per ecclesiasticum interdictum, quamvis nulla rationabili requirente materia meritorum, compatimur vobis, ex devotionis affectu quam ad nos fideliter vos habere percipimus, graveque in inmensum gerimus, quod hoc regiam sentimus contingere magestatem. Unde firmiter vos tenere volumus et habere quod nos, quanquam adhuc pro momentaneo sustinentes vobiscum, super hiis modo debito refformandis eo studiosius, quo plenius et non mediocriter ad nos spectat, quesitis brevi deliberatione remediis, ad solacium vestrum opportunum consilium apponemus; insuper, ex firmo habentes proposito idem negocium cum aliis nostris facere in tractatu nostro cum Summo Pontiffice contineri, unum finem recepturum simul, Deo disponente, prosperum et felicem [1].

[1]. J'appelle l'attention sur ce passage. Il prouve que Nogaret ne se rendit en Italie que pour débattre avec Boniface des questions dont le programme avait été soigneusement arrêté. L'hypothèse s'impose qu'il fut obstinément éconduit, et que ce fut uniquement pour forcer le Pape à l'entendre et à traiter, ou pour mieux dire, à capituler avec lui, qu'il s'empara du château d'Anagni. Les chroniques du temps, volontiers romanesques, prêtent d'autres intentions à l'ambassadeur de Philippe le Bel; et toutefois elles reconnaissent qu'il était depuis trois jours à Anagni, quand le peuple se retourna contre lui. Pourquoi faire? Qu'avait-il besoin de s'y arrêter? S'il voulait que Boniface fût jugé et déposé par un Concile, il n'avait qu'à l'enlever tout de suite et à le conduire en France. Rien ne l'en empêchait. — On lit ici dans le cœur de Philippe le Bel. Sa rancune est profonde, mais il sent vivement — la prudente patience qu'il s'impose, pour un temps, en est la preuve — ce que vaut dans le monde l'autorité du Saint-Siège. Il venait d'éprouver ce qu'elle pouvait, même en France, puisqu'en se raidissant de toutes ses forces, il n'avait pas empêché de se rendre à Rome, à l'appel de Boniface, deux de ses évêques les plus affidés, les deux primats des Gaules : Gilles Aycelin et Gilles Colonna, un membre de son Conseil et l'auteur de l'*Art de régner*. Mais s'il ne songe pas à mettre en péril l'existence d'une souveraineté que légitime l'obéissance passionnée de toute l'Eglise, il ne répugne aucunement à user

Datum Parisius, die martis post Annunciationem dominicam.

Quibus litteris sic appertis et publicatis et lectis, predicti consules et sindici requisiverunt me notarium infrascriptum ut de predictis eis facerem unum vel plura instrumenta publica. Acta fuerunt hec in dicta ecclesia beati Johannis ville Appamie, in presencia et testimonio fratrum Petri Guillelmi, gardiani; Petri de Benac, Ordinis Fratrum Minorum conventus Appamie; fratrum Arnaldi Guillelmi, prioris, Bernardi Blanchi, lectoris, Guillelmi Marie, Guillelmi Poncii, Ordinis Fratrum Predicatorum conventus Appamie; magistrorum Ramundi David, Guillelmi de Ispania, Guillelmi de Sancto Juliano, jurisperitorum; Petri Soquerii, Arnaldi Balciani, Johannis David, Boneti Fortis, Arnaldi de Hospitali, Jacobi de Verduno, de Appamia; magistrorum Marchi Revelli, Guillelmi Petri Flequerii, notariorum de Appamia; magistri Arnaldi Lasini, notarii curie Carcassone domini Regis, et plurium aliorum, et mei Guillelmi Maurini, notarii publici curie Carcassone domini Regis, qui predictis interfui, et requisitus a dictis consulibus et sindicis hanc cartam recepi, scripsi et signo meo signavi, regnante domino Philippo, Rege Francorum. *(Seing du notaire.)*

Et ad fidem faciendam quod dictus magister Guillelmus Maurini est notarius publicus curie Carcassone domini Regis, et in testimonium premissorum, nos Ramundus Costa, judex Carcassone domini regis, tenens sigillum magnum curie Carcassone ipsius domini Regis, ipsum sigillum magnum ad requisitionem dictorum consulum de Appamia huic presenti publico instrumento duximus apponendum. *(Le sceau manque.)*

---

du droit de guerre contre sa liberté. Il espère bien dicter des conditions au Pape; il entend néanmoins garder les apparences en ayant soin que les actes qui consacreront sa revanche soient rédigés et bullés dans toutes les formes par la chancellerie pontificale.

135

(Archives de l'Ariège. Évêché de Pamiers, anc. cote n° 81.)

Paris, 11 mars 1306 (1307 n. s.).

Littere Philippi Pulchri mandantes ut inquiratur de Judeis ville Appamiarum novissime captis et de bonis eorum, quos et que Comes Fuxi ad se pertinere contendit.

Philippus, Dei gratia Francorum Rex, dilecto et fideli Guillermo de Marcilliaco, militi nostro, et Senescallo Carcassone, salutem. Cum dilectus noster Comes Fuxi Judeos in villa Appamiarum et aliis terris suis, qui tempore novissime captionis eorum sub omnimoda juridictione dicti Comitis, ut asserit, morabantur, et bona quondam ipsorum ad se pertinere contendat, vobis committimus et mandamus quatinus vos, predicte Guillerme, ad partes Senescallie Carcassone, et vos ambo inde ad loca predicta personaliter accedentes, de jure in predictis Judeis et *de* eorum bonis, nobis et dicto Comiti competente, vocatis procuratore nostro et aliis evocandis, inquiratis cum diligentia veritatem, jus nostrum, prout de ipso vobis constiterit, illesum servantes, et gentibus nostris ad hoc deputatis liberantes, ac jus dicti Comitis, de quo limare inveneritis, deliberantes et deliberari facientes eidem, mandato in contrarium directo alias non obstante. Si quid dubium vobis merserit, negocium plene instructum nobis, quam citius poteritis, reportetis vel remittatis sub sigillis vestris inclusum. Bona vero et debita super quibus dubium fuerit utrum ad nos vel ipsum debeant pertinere, vos, Senescalle, interim in manu nostra tanquam superiori, absque nostro et dicti Comitis prejudicio, sub interdictione in qua Judei, quorum bona predicta fuerunt, dicto tempore morabantur, omni alienatione immobilium bonorum cessante, donec de jure nostro vel ipsius declaratum fuerit, teneatis; et si alibi portata fuerint, reducatis ibidem et explectetis, et debita levetis, vocatis et presentibus, si voluerint interesse, gentibus Comitis supradicti, ad utilitatem illius qui reperietur jus in premissis habere; eidem Comiti census pro bonis immobilibus dictorum Judeorum debitos, et alia deveria consueta de bonis eisdem, prout justum fuerit, facientes exsolvi. Damus autem superintendentibus in illis partibus negocio Judeorum, et aliis justiciariis et subditis nostris, tenore presentium, in mandatis ut in predictis et ad ea spectantibus vobis efficaciter pareant et intendant.

Actum Parisius, XI^a die marcii, anno Domini millesimo CCC° sexto.

136

(Archiv. de l'Ariège. Évêché de Pamiers, anc. cote n° 106.)

Monceau-lès-Pont-Sainte-Maxence, 2 juin 1310.

Littere Philippi Pulchri mandantes ut officiales regii certa loca, in pariagio cum episcopo Appamiensi facto declarata, non occupent, durante inquista super dictis locis que Comes Fuxi ad se pertinere dicebat tempore dicti pariagii.

Philippus, Dei gratia Francorum Rex, dilectis et fidelibus magistro Girardo de Cortona, canonico Parisiensi, et Bernardo de Meso, familiari, nostris, salutem et dilectionem. Significavit nobis dilectus et fidelis noster Comes Fuxensis quod, cum per arrestum curie nostre dictum fuerit et ordinatum, ad supplicationem dicti Comitis, quod vos super quibusdam articulis per dictum Comitem traditis contra pariagium factum, ut dicebatur, nobiscum per Episcopum et capitulum Appamiarum de certis locis, castris et villis in eodem pariagio declaratis, que idem Comes, tempore dicti pariagii, possidere et ad se pertinere dicebat, sub certa forma vobis data inquireretis cum diligentia veritatem, — officiales nostri in dicto pariagio instituti, contra tenorem dicti arresti et commissionis vobis facte, saisinam dictorum locorum indebite occuparunt, in prejudicium dicti Comitis, prout dicit. Quare mandamus vobis quatinus, visis arresto et commissione predictis, et eorum tenoribus observatis, quicquid, vocatis procuratore nostro et aliis evocandis, contra eorum tenores factum fuisse inveneritis, ad statum debitum reducentes, super predictis juxta formas arresti et commissionis hujusmodi, ratione previa procedatis.

Actum apud Moncellum juxta Pontem Sancte Maxencie, dii II^a junii, anno Domini M° CCC° decimo.

ARCHIVES DE LA VILLE DE TOULOUSE

LAYETTE 83

137

(Archiv. municip. de Toulouse. AA... (layette 83).

1° Paris, jeudi après l'oct. de l'Épiphanie (16 janv.) 1286 (1287 n. s.).
2° Toulouse (après 1314).

1° *Quod Senescallus desinat cognoscere de criminibus quorum pena est pecuniaria, in prejudicium consulum Tholose.*
2° *Vidimus ex parte Capituli nobilium Tholose.*

Noverint universi quod nos, Capitulum Nobilium regie urbis et suburbii Tholose, vidimus, tenuimus, et coram nobis perlegi fecimus quasdam patentes litteras serenissimi principis domini Philippi, olim Dei gratia Francorum Regis, quarum tenor talis est.

Philippus, Dei gratia Francorum Rex, Vicario Tholose salutem. Ex parte consulum Tholose accepimus quod, cum inclite recordationis karissimus dominus et genitor noster Philippus, Dei gratia quondam Francorum Rex, consulibus Tholose cognitionem criminum infra certos terminos commissorum, et sub certa forma jam pridem concesserit quamdiu sue voluntati placeret, vos, pro vestre libito voluntatis, de criminibus quorum pena est pecunia, et quorum pena in pecuniam converti potest, que ad vos per preventionem vel denunciacionem defferuntur, nitimini cognoscere, et eorum nuncios, et officiales ab eisdem creatos, etiam in officio delinquentes, non expectata cognitione eorum, nec expectato judicio, punire, in eorumdem consulum prejudicium et gravamen.

Unde nos volentes eosdem consules gaudere gratia sibi

facta, quamdiu nostre placuerit voluntati, vobis mandamus quatinus a dicta cognitione desistatis, mandato a nobis facto (in) contrarium non obstante. — De hiis autem criminibus que committi contingerit infra terminos infra quos asserunt dictam cognitionem eis esse concessam, — proprietatibus nostris infra utrosque terminos existentibus omnino exclusis, quarum cognitionem penes nos retinemus, — et ultra terminos infra quos dictam cognitionem asserunt non esse concessam, cognoscatur in manu nostra, ut superiori, quousque per illos quos ad partes Tholose propter hoc et propter alia destinare proponimus, aliquid fuerit ordinatum.

Nolumus insuper quod, interim, de criminibus commissis a Judeis nostris Tholose prefati consules se aliquathenus intromittant; volumus tamen quod de usu eorum, vocato procuratore nostro, inquiratur.

Actum Parisius, die Jovis post octabas Epiphanie Domini, anno ejusdem Millesimo ducentesimo octuagesimo sexto.

In cujus visionis testimonium nos, Capitulum predictum, sigillum nostrum autenticum quo utimur ad causas, huic presenti *vidimus* duximus apponendum.

138

(Archiv. municip. de Toulouse, AA... (layette 83.)

Paris, dimanche avant la Conversion de saint Paul,
19 janvier 1286 (1287 n. s.).

Ne a pedagiariis patrie Tholosane, pro qualibet sommata piscium venientium de mari apud Tholosam, plus uno denario tholosano exigatur.

Philippus, Dei gratia Francorum Rex, Senescallis, prepositis et aliis justiciariis et pedagiariis nostris ad quos presentes littere pervenerint, salutem. Significaverunt nobis consules tholosani quod, cum per gentes bone memorie Alfonsi quondam Comitis tholosani, que pro tempore fuerunt pro ipso in partibus tholosanis, datum fuisset intelligi magistris Fulconi de Lauduno et Thome de Parisius, clericis quondam karissimi domini et genitoris nostri, et Senescallo nostro tholosano, quod per dictum Comitem fuerat ordinatum seu constitutum ut pro qualibet sommata piscium venientium de mari apud Tholosam ad usum dicte ville, non solveretur in locis ubi consuetum est pedagium solvi in Tholosano nisi unus denarius tholosanus, ac per dictos magistros Fulconem et Thomam et dictum Senescallum Tholose, per eorum patentes litteras universis leudariis et pedagiariis in Tholosano constitutis mandatum fuerit, sub pena decem librarum turonensium nobis applicanda, ut constitutionem servarent predictam, — quod, ut dicitur, facere neglexistis, vos pedagiarii antedicti vel aliqui vestrum, contra tenorem ordinationis vel constitutionis predicte, — vobis mandamus quatinus dictam ordinationem seu constitutionem servetis et faciatis servari prout in litteris continetur ordinationis predicte; ac vos, Senescalli et alii justiciarii, dictos pedagiarios ad premissa tenenda et observanda compellatis juxta formam ordinationis premisse.

Actum Parisius, dominica ante Conversionem sancti Pauli, anno Domini M° CC° octogesimo sexto.

(Original.)

139

(Archiv. municip. de Toulouse, AA... (layette 83)

1° Montargis, le mercredi, jour de l'Exaltation de la Sainte-Croix (14 septembre) 1289.
2° Toulouse, le lundi après la fête de saint François (9 octobre 1301).

1° *Quod a servientibus, statutum domini Regis observetur ne quis in domibus debitorum garnisiones.*
2° *Vidimus littere prescripte ex parte Vicarii Tholose.*

Noverint universi quod nos Guillelmus Ysarni, serviens armorum domini nostri Regis Francorum, ejusque Vicarius Tholose, vidimus patentes domini nostri Regis litteras, continentie que sequitur :

Philippus, Dei gratia Francorum Rex, dilectis et fidelibus nostris tenentibus Parlamentum nostrum Tholose, salutem. Cum servientes nostri de senescalliis nostris Tholose, Carcassone, Belliquadri, Ruthenensi et Caturcensi, multipliciter, per excogitatas malicias, plura gravamina imposuerint nec cessant plures extorsiones facere subditis nostris, omni die, contra statutum a nobis jam dudum generaliter promulgatum, videlicet : « Ne quis pro debitis non solutis baculos, garnisiones, vel comestores seu bonorum vastatores et etiam consumptores in domibus debitorum apponat » :

Mandamus vobis quatinus predictum statutum faciatis et precipiatis firmiter observari ab omnibus Senescallis, et servientibus senescalliarum predictarum, sub pena amissionis suarum servientariarum ; inhibentes nichilhominus predictis omnibus Senescallis ne dictos servientes mittant ad domos aliquorum debitorum, causa ibidem faciendi expensas seu bona ipsorum consumandi, nec vadia seu stipendia recipiendi a servientibus supradictis.

Actum apud Montem Argi, die mercurii in festo Exaltationis Sancte Crucis, anno Domini M° ducentesimo octuagesimo nono.

In cujus visionis testimonium, nos Guillelmus Ysarni, Vicarius predictus, sigillum curie nostre huic transcripto fecimus apponi, die lune post festum beati Francisci, sub anno Domini M° CCC° primo.

140

(Archiv. municip. de Toulouse. AA... (layette 83).

Paris, jeudi avant l'Annonciation (22 mars) 1291 (1292 n. st.).

Quod revocatur ordinatio nuper facta ne notariorum instrumentis aut signis sine appensione sigilli autentici fides adhibeatur.

Philippus, Dei gratia Francorum Rex, Tholosano, Bellicadri, Carcassonensi, Ruthenensi, Petragoricensi Senescallis, salutem. Licet nuper, pro subditorum nostrorum utilitate communi et ad tollendum omnem falsitatis materiam, duxerimus ordinandum quod tabellionum seu notariorum terre nostre litteris, instrumentis aut signis sine appensione sigilli autentici fides non adhibeatur, et quod tabelliones seu notarii per aliquos non ponantur nec instituantur nisi per nos solum, nostre tamen intentionis non fuit nec est juridictioni baronum, dominorum, universitatum seu consulum per hoc in aliquo derogare, sed jus eorum illesum servare; et sigillum autenticum intelleximus et intelligimus unius cujuscumque judicis et universitatis seu consulum in sua juridictione. Et quanquam per hoc ipsis terrarum dominis et judicibus esset sufficienter consultum, populus tamen a clamoribus non cessabat pro eo quod, tabellionum seu notariorum officii facultate adempta, difficilis et dispendiosa contractuum suorum expeditio et probatio relinquebatur eisdem, si propter fidem ipsorum contractuum haberent necesse recurrere ad sigillum.

Ea propter, nos qui utilitati subjectorum nostrorum vigilanti animo providere intendimus, non difficultatem ingerere nec aliquam lesionem, officium tabellionum seu notariorum et omnia supradicta ad fidem et statum pristinum reducentes, ipsorum instrumentis sub forma debita et solita confectis aut conficiendis, absque sigillo, vos ad fidem gestorum contentos esse volumus, donec super hiis et aliis communem subjectorum nostrorum utilitatem tangentibus aliud nos contigerit ordinare. Unde vobis Senescallis, tenore presentium, mandamus quatinus predicta in vestris assisiis, et in locis aliis de quibus videritis expedire, publicetis, seu publicari et ea servari faciatis.

Actum Parisius, die jovis ante festum Annuntiationis beate Marie Virginis, anno Domini M° CC° nonagesimo primo.

(Original.)

141

(Archiv. municip. de Toulouse, AA... (layette 83).

Paris, 20 décembre 1294.

Quod non obstante statuto nuper edito, cives Tholose forraturis variis et grisis uti licite valeant nec ad vendendum vasa sua argentea coartentur.

Philippus, Dei gratia Francorum Rex, Senescallo Tholose vel ejus locum tenenti salutem. Scire vos volumus nos dilectis nostris civibus tholosanis de speciali gratia concessisse quod, non obstante statuto nuper auctoritate nostra edito, torciciis cereis uti, et, tam ipsi quam eorum uxores, pellibus seu forraturis variis sive grisis, et vestibus pannorum excedentium precium in statuto predicto contentum uti licite valeant; nec ad vendendum vel tradendum vasa vel alia ornamenta argentea argentariis nostris, ipsius statuti pretextu aliquatenus coartentur; Mandantes vobis quatinus ipsos vel eorum aliquem, contra hujusmodi nostre concessionis gratiam nullatenus molestetis, nec permittatis aliquatenus molestari.

Actum Parisius, die XX^a decembris, anno Domini M° CC° nonagesimo quarto.

(Original.)

142

(Archiv. municip. de Toulouse AA..., layette 83.)

Paris, le mardi, veille de Saint-André, apôtre (29 novembre) 1295.

Quod vicarius Tholose sit contentus cognoscere de causis servientium domini Regis, nec in prejudicium consulum, cognitionem hujusmodi extendat ad familiam non propriam eorumdem servientium.

Philippus, Dei gratia Francorum Rex, Senescallo Tholose vel ejus locum tenenti salutem. Conquesti sunt nobis consules et universitas civitatis Tholosane, quod, cum cognitio causarum et negociorum gentium et servientium nostrorum ad Vicarium nostrum Tholose pertineat, idem vicarius cognitionem hujusmodi ad familiam servientium et officialium nostrorum nititur prorogare, in ipsorum conquerentium prejudicium et gravamen, cum cognitio hujusmodi ad illos dumtaxat extendi debeat qui nostris obsequiis sunt astricti, etiam et jurati. Ideoque mandamus vobis quatinus appellationem gentium et servientium nostrorum restringatis ad propriam familiam et gentem servientium et gentium competentem et necessariam, secundum statum, omni fraude exclusa.

Actum Parisius, die martis in vigilia festi sancti Andree apostoli, anno Domini M° CC° nonagesimo quinto.

(Original.)

143

(Archiv. municip. de Toulouse AA..., layette 83.)

Paris, 18 décembre 1295.

Quod obligationes facte in curia vicarii vel consulum Tolose ad sigillum executioni mandentur, et quod debitores suis creditoribus satisfacere postponentes detineantur, nisi bonorum suorum offerant cessionem.

Philippus, Dei gratia Francorum Rex, Senescallo Tholose vel ejus locum tenenti salutem. Mandamus vobis quatinus obligationes debitorum que fient in curia vicarii vel consulum Tholose ad sigillum, faciatis executioni mandari juxta tenorem litterarum super hujusmodi obligationibus confectarum, non admittendo appellationes illorum quos in litteris ipsis appellationis beneficio renunciasse constiterit, nisi quatenus admittende fuerint renunciatione hujusmodi non obstante : In quo casu, causas appellationum talium, sine strepitu, summarie et de plano, cum qua fieri poterit celeritate, volumus expediri; debitores, suis creditoribus satisfacere postponentes, juxta statutum civitatis Tholose, prout justum fuerit, detinendo, nisi bonorum suorum offerant cessionem, quos, etiam cessionem offerendo predictam, nolumus liberari, ubi presumptio fraudis esset; sed de fraude inquiri volumus, et ulterius, fieri quod jus erit.

Actum Parisius, die XVIII Decembris, anno Domini M° CC° nonagesimo quinto.

(Original.)

144

(Archiv. municip. de Toulouse AA..., layette 83.)

Paris, 20 décembre 1295.

Quod inquiratur si vicarius Tholose consulum Tholose jus usurpaverit ordinandi et destituendi bajulos in mecanicis officiis, et rerum venalium ponendi mensuras et pondera.

Philippus, Dei gratia Francorum Rex, Senescallo Tholose vel ejus locum tenenti salutem. Conquesti sunt nobis dilecti nostri consules Tholose quod, cum ordinatio, institutio, destitutio et correctio bajulorum in mecanicis officiis, necnon jus ponendi mensuras et pondera rerum venalium pertineat ad eosdem, et in possessione hujusmodi fuerint ab antiquo, Vicarius noster Tholose ipsos super hiis impedit indebite et perturbat, jus eorum in aliquibus de premissis, pro suo libito, usurpando. Ideoque mandamus vobis quatinus, vocatis et auditis gentibus nostris, ut super hiis diligentius informetis, et si quid in prejudicium dictorum consulum factum inveneritis in hac parte, reformari et in debitum statum reduci faciatis sine strepitu et de plano. Ceterum, Vicarium Tholose qui pro tempore fuerit faciatis prestare coram vobis, presentibus consulibus, juramentum, in nova creatione ipsius, de consuetudinibus antiquis laudabilibus, libertatibus, et statutis rationabilibus et approbatis civitatis Tholose servandis, si Vicarii Tholose qui fuerunt pro tempore consueverint ab antiquo hujusmodi juramenta prestare.

Datum Parisius, die XX Decembris, anno Domini M° CC° nonagesimo quinto.

(Original.)

145

(Archiv. municip. de Toulouse AA..., layette 83.)

Vendeuil, 25 janvier 1297 (1298 n. st.)

Quod cives Tholose non compellantur ad ponendum extra manum suam ea que a nobilibus acquisiverunt, vel ad prestandum de eis financiam.

Noverint universi quod nos, Capitulum nobilium regie urbis et suburbii Tholose, vidimus, tenuimus, et, de verbo ad verbum, in nostri presencia perlegimus seu perlegi fecimus quoddam vidimus, impendenti sigillatum sigillo majori nostro, cujus tenor sequitur in hec verba.

Noverint universi presentes, pariter et futuri, quod nos consules urbis Tholose et suburbii, videlicet Ramundus Arnaldi de Villa nova, domicellus, Johannes Barba, Guillelmus Marquesii, mercator; Guillelmus Sicredi, Johannes Gausberti, campsores; Ramundus Geraldi de Portali, Peregrinus Signarii, Johannes Jordani, Ramundus d'Esqualquenquis, Vitalis de Forgiis, Arnaldus Blazini, mercator, vidimus, tenuimus et diligenter inspeximus et de verbo ad verbum coram nobis legi fecimus quandam litteram patentem, sigillatam sigillo pendenti illustrissimi domini nostri Regis Francorum, non viciatam, nec cancellatam, nec abolitam in aliqua sui parte, cum vero et integro sigillo cere quasi crosei coloris. Tenor vero dicte littere talis est.

Philippus, Dei gratia Francorum Rex, dilectis magistro P. de Latilliaco, canonico Suessionensi, clerico, et R. de Brulliaco, militi, nostris, ac Senescallo Tholose salutem et dilectionem. Mandamus vobis et vestrum cuilibet quatinus, pretextu ordinationis nostre super financiis edite, cives tholosanos, contra ipsorum consuetudines approbatas, compelli, a quibusvis illarum partium nobilibus, ad ponendum extra manum suam ea que ipsi cives ab aliquibus predictarum partium nobilibus emisse vel alias acquisisse dicuntur, aut ad prestandum de eis financiam, ullathenus permittatis.

Actum apud Vendolium, XXV die januarii, anno Domini M° CC° nonagesimo quinto.

In cujus rei testimonium, nos, consules predicti, sigillum nostrum autenticum presentibus duximus apponendum.

In cujus visionis et inspexionis testimonium, nos, Capitulum predictum, sigillum nostrum autenticum quo utimur ad causas huic presenti transcripto seu vidimus, impendens duximus apponendum.

146

(Archiv. municip. de Toulouse AA..., layette 83).

Paris, 7 mai 1298.

Quod in quolibet pedagio, pro quolibet animali onerato piscibus, de quacumque parte maris apportentur Tholose, unus tantum denarius tholosanus solvatur.

Philippus, Dei gratia Francorum Rex, Senescallis, ballivis, pedagiariis, et aliis officialibus regni nostri ad quos presentes littere pervenerint, salutem.

Cum inclite recordationis dominus et progenitor noster Rex Francorum civibus Tholose concessisset dudum, de gratia speciali, ut quicumque de mari posset pisces Tholose facere apportari ad usum Tholose, et solveret tantum unum denarium Tholose nomine pedagii in quolibet pedagio, pro quolibet animali piscibus onerato, prout in litteris inde confectis plenius continetur; nos intelligentes quod pisces de quacumque parte maris apportari valeant Tholose, solvendo tantum unum denarium Tholose in quolibet pedagio pro quolibet animali onerato piscibus, ut dictum est, mandamus vobis et vestrum singulis quatinus quoscumque apportari facientes pisces Tholose ad usum Tholose, contra tenorem dicte gratie non impediatis nec permittatis aliquatenus impediri.

Actum Parisius, die VII^a maii, anno domini M° CC° nonagesimo octavo.

(*Original.*)

147

(Archiv. municip. de Toulouse AA..., layette 83).

Neaufle, samedi après la Saint-Martin d'été (17 juin) 1301.

Quod causa super possessione scindendi ligna in foresta de Beccona, inter consules Tholose et Jordanum de Insula quam citius terminetur.

Philippus, Dei gratia Francorum Rex, Senescallo tholosano salutem. Mandamus vobis quatinus in causa que inter Consules, universitatem et singulos homines civitatis Tholose, ex parte una, ac dilectum et fidelem nostrum Jordanum de Insula, militem, ex alia, super possessione vel quasi scindendi ligna, pascendi pecora in foresta de Beccona, vertitur, quam citius de jure poteritis, procedatis, et eam, observatis jure et consuetudine patrie, terminetis.

Actum apud Nealpham, sabbato post estivale festum beati Martini, anno domini M° CCC° primo.

(*Original.*)

148

(Archiv. municip. de Toulouse AA..., layette 83).

Vincennes, 10 juillet 1303.

Quod de recepta omnium reddituum suorum et vicesime pro defensione regni, visitatori Templi commissa, Rex excepit receptam Senescalliarum Tolosane et Ruthenensis.

Noverint universi quod anno Domini millesimo trecentesimo tercio, die lune post festum beati Jacobi apostoli, nos Nicholaus Fulconis de Tornaco, tenens sigillum Senescallie et Vicarie Tholosane, judexque curie ejusdem, vidimus, tenuimus et de verbo ad verbum legimus quamdam patentem litteram domini Regis Francorum, ejusque sigillo cereo impendenti sigillatam, ut prima facie apparebat, non viciatam, nec cancellatam, nec in aliqua sui parte abolitam, tenorem qui sequitur continentem.

Philippus, Dei gratia Francorum Rex, universis presentes litteras inspecturis salutem. Notum facimus quod, cum nos fratri Hugoni de Pareio, visitatori Templi in Francia, receptam generaliter omnium reddituum et proventuum nostrorum, ac vicesime, et aliarum quarumcumque subventionum nobis pro regni nostri deffensione concessarum vel concedendarum in posterum, per nostras duxerimus litteras comitendam, ac post modum, de commissione illa exceperimus et retinuerimus nobis receptam senescalliarum Tholosane seu (*sic*) Ruthenensis, ex causa : Nos dilectis Richo Symonis dicto Tenalha, et Tinguino Baldoineti, vaylletis nostris, receptam ipsam omnium reddituum, exituum et proventuum nostrorum dictarum senescalliarum Tholosane et Ruthenensis, ac earum ressortum, nec non vicesime, et quarumlibet aliarum subventionum nobis pro deffensione regni nostri concessarum et in posterum concedendarum ibidem, comitimus per presentes, ipsosque et eorum quemlibet receptores nostros reddituum, exituum et proventuum vicesime et aliarum subventionum predictarum specialiter deputamus : Dantes Senescallis, receptoribus et aliis quibuscumque justiciariis nostris senescalliarum ipsarum, tenore presentium, in mandatis ut ipsi quicquid habent penes se de predictis receptum eisdem receptoribus vel eorum alteri, seu deputato vel deputatis ab eis vel eorum altero, plene et integre deliberent et assignent, eisque copiam rotulorum, scriptorum et registrorum suorum tradant, ut per hoc certiorari valeant de premissis, ac ipsis receptoribus nostris vel eorum cuilibet, deputato seu deputatis ab eis vel eorum altero in hiis que ad dictum spectant officium efficaciter obediant, pareant et intendant, comissione generali predicta prefato fratri Hugoni facta, sicut premittitur, non obstante, quamdyu nobis placuerit ipsos in officio remanere predicto.

Actum apud Vicennas, decima die julii, anno Domini M° CCC° tercio.

In cujus visionis et inspectionis testimonium, nos Nicholaus predictus sigillum Senescallie et Vicarie predictum huic presenti transcripto duximus apponendum.

149

(Archiv. municip. de Toulouse AA..., layette 83.)

Vincennes, le jeudi après la Sainte-Madeleine (25 juillet) 1303.

Quod floreni auri, etc., ob guerrarum necessitatem facti, in sua valore remaneant et solitum cursum habeant.

Philippus, Dei gratia Francorum Rex, Senescallo tholosano salutem. Mandamus vobis quatinus faciatis ex parte nostra publice preconizari quod intentionis nostre est quod floreni auri, magni et parvi, quos fieri et cudi fecimus, oboli albi parisienses, et turonenses duplices, ob guerrarum nostrarum necessitatem facti, suum solitum cursum habeant, et in suo valore remaneant, donec aliud super hiis duxerimus ordinandum, super quo ordinare intendimus de bono et salubri consilio ac maturo.

Actum apud Vicennas, die jovis post festum beate Marie Magdalene, anno domini M° CCC° tercio.

Per dominum Narbonensem, Dol.....

(*Original.*)

150

(Archiv. municip. de Toulouse AA..., layette 83.)

Paris, mercredi avant Saint-Pierre-aux-Liens (31 juillet) 1303.

Quod denunciato calumniosè restituat denunciator expensas.

Philippus, Dei gratia Francorum Rex, Vicario nostro tholosano salutem. Mandamus vobis, ad supplicationem consulum Tholose, quod, cum aliquis aliquem de universitate Tholose non diffamatum super aliquo crimine denunciaverit calumpniose, dictum denunciatorem ut eidem denunciato de dampnis et expensis quas eum propter hoc incurrisse et fecisse, vocatis evocandis, constiterit, satisfaciat, mediante justicia compellatis, nisi appareat aliqua causa propter quam idem denunciator a dictis dampnis et expensis debeat relevari.

Actum Parisius, die mercurii ante festum Beati Petri ad vincula, anno domini M° CCC° tercio.

(*Original.*)

151

(Archiv. municip. de Toulouse AA.., layette 83.)

1° Paris, le lundi après la Saint-Laurent (12 août) 1303.
2° Toulouse, 8 novembre 1344.

1° *Quod si consules Tholose aliquem denunciatum cognoverint recredendum, datis ab eo fidejussoribus, talem denunciatum, causa pendente, vicarius non capiat.*
2° *Vidimus ex parte senescalli Tholosani.*

Noverint universi quod nos Aguotus de Baucio, miles, Brantulii et Plasiani dominus, gubernator et senescallus Tholosanus et Albiensis domini nostri Regis, vidimus et de verbo ad verbum perlegi fecimus quasdam regias litteras quarum tenor talis est :

Philippus, Dei gratia Francorum Rex, vicario Tholose salutem. Mandamus vobis quatinus, cum consules Tholose aliquem de aliquo crimine denunciatum, vobis vel procuratore nostro domus communis Tholose presente, cognoverint recredendum, datis ab eo fidejussoribus, dictum denunciatum seu preventum pro crimine predicto, causa denunciationis seu preventionis coram dictis consulibus super hoc pendente, non capiatis nec per subvicarium nostrum, aut procuratorem predictum, vel aliquem alium capi permittatis.

Actum Parisius, die lune post festum beati Laurentii, anno Domini millesimo CCC° tercio.

Per (dominos) Narbonensem, et Autissiodorensem, et Meldensem.

In cujus visionis ac perlectionis testimonium, nos gubernator et senescallus predictus sigillum regium dicte nostre senescallie autenticum huic presenti transcripto seu vidimus nuncupato duximus apponendum. Datum Tholose die VIII novembris anno Domini M° CCC XLIIII°.

152

(Archiv. municip. de Toulouse AA..., layette 83.)

Toulouse, mardi avant la Saint-Vincent (21 janvier) 1303 (1304 n. st.).

Quod cives Tholose contribuant Tholose tantum et non alibi, nisi in reparatione pontium et itinerum, et solutione messagariorum et alberge consuete.

Noverint universi quod nos, Capitulum Nobilium regie urbis et suburbii Tholose, vidimus, tenuimus, et, de verbo ad verbum, coram nobis perlegi fecimus quasdam litteras serenissimi[1] principis domini Philippi bone memorie Francorum Regis quondam, non viciatas, non cancellatas, nec in aliqua sui parte abolitas, quarum tenores tales sunt :

Philippus, Dei gratia Francorum Rex, Senescallo et Vicario Tholose vel eorum loca tenentibus salutem. Cum cives Tholose judicatum curie nostre habere se dicant quod ipsi, pro omnibus bonis que habent in Senescallia et Vicaria Tholose, contribuunt et contribuere tenentur Tholose tantum et non alibi pro omnibus pro quibus est contributio facienda, nisi in reparatione pontium, itinerum, et solutione messagariorum et alberge consuete dumtaxat, eodemque judicato aut secundum illud se hactenus inconcusse usos fuisse pretendunt, mandamus vobis quatinus si est ita, judicatum et usum hujusmodi servetis et servari, prout justum fuerit faciatis. Datum Tholose, die martis ante festum beati Vincentii, anno Domini M° CCC° III°.

In cujus visionis testimonium, huic vidimus nos, Capitulum supradictum, sigillum nostre curie autenticum quo utimur ad causas duximus apponendum, die sabbati ante festum apostolorum Simonis et Jude.

1. Mss. *serelicimi*.

153

(Archiv. municip. de Toulouse AA..., layette 83.)
Paris, 1er février 1304 (1305 n. st.).

Quod notarii et alii officiales regii contribuant talliis Tholose, dummodo eligantur seu possint eligi in consules, et ad alia vocari ad que vocantur alii cives Tholose.

Philippus, Dei gratia Francorum Rex, Senescallo et Vicario Tholose vel eorum loca tenentibus salutem. Mandamus vobis et vestrum cuilibet quatinus, si vobis legitime constiterit quod in ordinationibus quas fecimus, dum eramus in Tholosanis partibus, ordinaverimus quod notarii, actarii, servientes et alii officiales nostri Tholose cum consulibus et aliis dicte ville, communibus expensis et talliis ejusdem ville contribuerent et contribuere tenerentur, et quod dicti notarii, actarii, servientes et alii officiales nostri, quibus tallie hujusmodi imponentur, eligerentur seu possent eligi in consules civitatis predicte, ad consilia Capituli ejusdem vocarentur, eisdem de receptis et expensis factis per dictum Capitulum et universitatem compotus redderetur, impositionibusque et collectionibus hujusmodi talliarum interessent, et ad alia ad que possunt et debent vocari cives alii Tholose, — dictas ordinationes pro dictis notariis, actariis, servientibus et officialibus faciatis servari firmiter et teneri, prout de ipsis vobis constiterit et rationabiliter fuerit faciendum, contradictores et rebelles ad hoc juxta ordinationes dilectorum fidelium clericorum nostrorum, magistrorum J. de Auxeyo, cantoris Aurelianensis, et N. de Lusarchis, prepositi de Auvers in ecclesia Carnotensi, olim in partibus Tholosanis pro nobis existentium, quas super hoc factas rationabiliter fuisse noveritis, ad hec, ratione previa, compellentes.

Actum Parisius, die prima febroarii, anno Domini millesimo trecentesimo quarto.

(Original.)

154

(Archiv. municip. de Toulouse AA..., layette 83.)

1° Athies, 15 juin 1305.
2° Toulouse, lundi après la Saint-Barnabé (13 juin) 1306.

1° *Quod consules Tholose possint compellere notarios et alios officiales regios ad contribuendum expensis et sumptibus communibus dicte ville.*
Vidimus ex parte Judicis ordinarii Tholose.

Noverint universi quod nos Yvo de Laudunaco, legum doctor, illustris Regis Francorum clericus, judex ordinarius Tholose et totius Vicarie tholosane, custosque sigilli Senescallie et Vicarie tholosane et albiensis pro eodem domino nostro Rege, vidimus, tenuimus, et de verbo ad verbum perlegimus quamdam patentem litteram serenissimi principis domini nostri Regis Francorum, ejusque sigillo cere crocee impendenti sigillatam, non viciatam, non cancellatam, nec in aliqua sui parte abolitam, ut prima facie apparebat, tenorem qui sequitur continentem :

Philippus, Dei gratia Francorum Rex, Senescallo et Vicario Tholose et aliis justiciariis nostris dicte senescallie, salutem. Cum nos dudum, dum in partibus Tholosanis eramus, Consulibus et universitati Tholose gratiose duxerimus concedendum quod notarii, actitatores et alii officiales nostri Tholose, expensis et sumptibus communibus dicte ville, quibusdam de predictis officialibus dumtaxat exceptis, contribuere teneantur, prout in nostris super hoc confectis litteris plenius dicitur contineri, Mandamus vobis et districte precipimus quatinus ipsos consules, quominus possint compellere prefatos officiales nostros juxta tenorem dicte gratie, sicut ceteros homines dicte ville Tholose, ad solvendum ea ad que ratione contributionis predicte debent teneri, non presumatis aliquatenus molestare.

Actum apud Athias, XV^a die junii, anno Domini M° CCC.° quinto.

In cujus visionis et inspectionis testimonium, nos Yvo de Laudunaco, judex predictus, sigillum predictum senescallie et vicarie Tholosane, presenti transcripto seu vidimus duximus apponendum.

Actum Tholose, die lune post festum beati Barnabe apostoli, anno domini M° III° VI°.

155

(Archiv. municip. de Toulouse AA..., layette 83.)

1° Lorris, 13 juin 1307.
2° Verdun-sur-Garonne, 14 juillet 1307.
3° Toulouse, jeudi avant la Sainte-Madeleine, 20 juillet 1307.

1° *Quod officiales regii clamores et justicias debitos antequam ordinaretur bonam monetam debere currere, in forti moneta non exhigant.*
2° *Vidimus ex parte Senescalli Tolosani.*
3° *Vidimus ex parte Judicis ordinarii Tolose.*

Noverint universi quod nos Yvo de Laudunaco, legum doctor, judex ordinarius Tholose, tenensque sigillum Senescallie et Vicarie Tholosane, vidimus, tenuimus, et de verbo ad verbum perlegimus quamdam patentem litteram, sigillatam sigillo impendente nobilis et potentis viri domini Johannis de Maloquenchis, militis, senescalli Tholosani et Albiensis, non viciatam, non cancellatam, nec in aliqua sui parte abolitam, ut prima facie apparebat, tenorem qui sequitur continentem.

Johannes de Maloquenchis, dominus Blayville, miles

domini nostri Francorum Regis, senescallus Tholosanus et Albiensis, universis et singulis officialibus nobis subditis ad quos presentes pervenerint, vel eorum loca tenentibus, salutem. Litteras regias nos recepisse noveritis sub hac forma :

Philippus, Dei gratia Francorum Rex, Senescallo tholosano salutem. Ex parte Capituli urbis et suburbii Tholose nobis fuit expositum quod officiales nostri ad clamores et justicias levandas deputati, clamores et justicias nobis debitas de tempore preterito, videlicet antequam ordinaremus bonam monetam debere currere, in forti moneta nituntur exhigere et levare, debitores ipsorum super hiis multipliciter molestantes. Quare mandamus vobis quatinus, si est ita, dictos officiales nostros a predictis desistere, et moneta que currebat temporibus de quibus debentur dicti clamores et justicie, vel alia equivalenti moneta contentos fore faciatis, prout fuerit rationabiliter faciendum.

Actum apud Loriacum, die XIII^a junii, anno Domini M° CCC° septimo.

Quarum auctoritate, mandamus vobis et vestrum cuilibet quatinus nichil a subditis, contra predictarum litterarum regiarum tenorem, levare seu exhigere presumatis.

Datum Verduni, die XIII^a julii, anno Domini millesimo trecentesimo septimo. Reddite litteras.

In cujus visionis et inspectionis testimonium, nos Yvo de Laudunaco, judex predictus, sigillum Senescallie et Vicarie tholosane presenti transcripto seu vidimus duximus apponendum.

Actum Tholose, die jovis ante festum beate Marie Magdalene, anno domini millesimo CCC° VII°.

156

(Archiv. municip. de Toulouse AA..., layette 83.)
Paris, 8 avril 1309.

De modo procedendi in causa possessionis usagii quod consules Tholose in nemore de Boscona habere pretendunt.

Philippus, Dei gratia Francorum Rex, Senescallo tholosano vel ejus locum tenenti salutem. Mandamus vobis quatinus, si consules ville Tholose et homines dicte ville fuisse et esse in possessione seu saisina vel quasi habendi usagium et adimprivium in nemore de Boscona pretendant, ac super hujusmodi possessione seu saisina turbari vel impediri indebite et de novo, — ipsos, vocatis evocandis et auditis, per viam requeste et de plano audiatis ; alias, per viam ordinariam super premissis, ipsis consulibus ac hominibus dicte ville exhibeatis celeris justicie complementum.

Actum Parisius, VIII^a die aprilis, anno domini M° CCC° nono.

(Original.)

157

(Archiv. municip. de Toulouse AA..., layette 83.)
Cachant, le samedi après la Saint-Georges (26 avril) 1309.

Quod Consules Tholose poterunt cognoscere de nobilibus delinquentibus in civitate et districtu Tholose. — Quod Senescallus inculpatos non ducat in prisionem extra Tholosam. — Quod deputati per Consules ad custodiam ville de nocte, non possint portare arma de die, etc., etc.

Philippus, Dei gratia Francorum Rex, universis presentes

litteras inspecturis salutem. Notum facimus quod, super debato pendente inter procuratorem nostrum in Senescallia tholosana, ex una parte, et procuratorem Consulum Tholose ex altera, ratione murorum et fossatorum ville Tholose, auditis partibus, per arrestum nostre curie dictum fuit quod commissio super hoc alias facta renovabitur ad certos auditores per curiam nostram deputandos, et interim, nil novi super predictis attemptabitur per gentes nostras contra dictos consules vel singulares personas dicte ville.

Item, inter easdem partes, ratione preconis seu cride vel incantatoris ponendi in dicta villa, auditis partibus, dictum fuit quod dicte partes procedent in causa super hoc inchoata et pendente coram Senescallo Tholose, seu judice curie appellationum.

Item, cum procurator consulum Tholose proponens quod, virtute cujusdam littere prioris eis concesse a nobis, quamdiu nobis placuerit, ipsi erant in saisina cognoscendi de nobilibus delinquentibus in civitate Tholose et ejus territorio seu districtu, et eos pro delictis hujusmodi condempnandi vel absolvendi ut alios non nobiles, et quod gentes nostre eos impediebant super hoc de novo, occasione cujusdam littere secundario eis concesse a nobis, continentis quod ipsi quamdiu placuerit nobis possint cognoscere de delinquentibus tam in civitate et ejus territorio quam infra Vicariam Tholose, no bilibus et personis ecclesiasticis exceptis, auditis super hoc partibus : per arrestum curie nostre dictum fuit quod dicti consules secundum formam dicte prioris littere quamdiu placuerit nobis, cognoscere poterunt de nobilibus delinquentibus in civitate et territorio seu districtu Tholose, et impedimentum super hoc eis appositum amovebitur, et attemptata contra hoc per gentes nostras reducentur ad statum debitum et revocabuntur, et quod dictarum personarum nobilium et ecclesiasticarum delinquentium exceptio locum habebit, secundum tenorem predicte littere secunde, tantummodo infra Vicariam, extra civitatem et territorium seu destrictum Tholose, et non infra dictam civitatem, territorium vel districtum ejus.

Item, super eo de quo conqueritur dictorum consulum procurator, videlicet quod Senescallus Tholose gravat et dampnificat habitatores dicte ville de maleficiis inculpatos, ducendo eos in prisionem extra villam Tholose : per curiam nostram dictum fuit quod, sine causa justa et rationabili, Senescallus non ducat eos extra Tholosam ; et de hoc habent litteram ; servet eam Senescallus, et fiet nova, si voluerint, secundum hanc formam.

Item, super eo quod proponit procurator dictorum consulum quod gentes nostre impediebant indebite et de novo quominus deputati per dictos consules ad custodiam ville de nocte, possent portare arma de die, procuratore nostro dicente quod juste hoc fiebat, et quod esset valde prejudiciale nobis et ville dampnosum, et res mali exempli si omnes qui pro tempore deputati sunt vel deputabantur in posterum, possent arma portare de die, maxime quia non fuerat hactenus consuetum, quod erat valde prejudiciale nobis et ville : — auditis partibus, per curiam nostram dictum fuit quod Senescallus hoc fieri non permittat ; poterunt tamen dicti consules habere servientes suos cum armis pro captione malefactorum et executione justicie facienda tam de die quam de nocte, prout hactenus consueverunt habere.

Item, super eo quod dicti consules nituntur ordinare de victualibus, et artificiis, et rebus aliis in villa Tholose, dictis partibus plura facta et usagia contraria super hoc proponentibus : — per arrestum nostre curie dictum fuit quod ipsi faciant facta sua, et super eis inquiretur veritas et fiet jus.

Item, super eo quod proponitur quod ministri nostri majorem leudam quam sit consuetum pro rebus venditis faciunt levare, et de pedagiis et aliis redditibus nostris similiter plus quam levari debeat et sit consuetum : — per curiam nostram dictum fuit quod de usagio super hoc veritas inquiretur, et commissio quam de hoc habebant renovabitur, nec permittat Senescallus quod ultra quam consuetum est pro predictis levetur.

In cujus rei testimonium presentibus litteris nostrum fecimus apponi sigillum.

Actum apud Cachant, die sabbati post festum beati Georgii, anno Domini Millesimo trecentesimo nono.

(*Original.*)

158

(Archiv. municip. de Toulouse AA..., layette 83.)

Paris, 14 mai 1309.

Quod custos carceris Castri Narbonesii Tholose ab indebitis extorsionibus compellatur cessare.

Philippus, Dei gratia Francorum Rex, Senescallo tholosano ejusque locum tenenti salutem. Consulibus Tholose nobis conquerentibus accepimus quod, contra ordinationum tenorem per dilectos et fideles nostros quondam R. Biterrensem episcopum et J. vice dominum Ambianensem, dum pro nobis in illis partibus presiderent, factarum, geolarius seu custos carceris aut porte Castri Narbonesii Tholose a predictis consulibus aliisque civibus et incolis Tholose multa nititur extorquere. Quare vobis mandamus quatinus ordinationes predictas in hac parte, si et prout de eisdem vobis legitime constiterit, et rationabiles fuerint, facientes strictius observari, prefatum geolarium seu custodem ab hujusmodi indebitis extorsionibus compellatis cessare.

Actum Parisius, die XIII^a maii, anno Domini M° CCC° nono.

(*Original.*)

159

(Archiv. municip. de Toulouse AAA..., layette 83.)

Paris, 2 décembre 1309.

Quod officiales regii in curia consulum Tholose ad causas criminales deputati, officia sibi commissa celeriter exequi compellantur, ut innocentes non affligantur carceribus diuturnis.

Philippus, Dei gratia Francorum Rex, Senescallo et Vicario tholosanis, vel eorum loca tenentibus, salutem. Mandamus vobis et vestrum cuilibet quatinus officiales nostros in curia consulum Tholose ad causas criminales deputatos, sic eorum officia sibi commissa sic diligenter et celeriter exequi et continuare compellatis in personis eorum, nisi legitime excusati fuerint, quod propter eorum negligentiam, absenciam, seu substitutorum subrogationem, quod innocentes non affligantur carceribus diuturnis, nec cause plus debito protrahantur, ac jeolarios nostros tholosanos, competentibus et alias ordinariis ex parte nostra jeolagiis faciatis esse con tentos.

Datum Parisius, II^a die decembris, anno Domini M^o CCC^o nono.

Per dominum G. de Plesiano : Jac.....

(Original.)

160

(Archiv. municip. de Toulouse AA..., layette 83.)

Paris, 15 février 1309 (1310 n. st.).

Quod procuratori regis in curia consulum Tholose locum judicis tenere ac examinationi testium adesse non permittatur.

Philippus, Dei gratia Francorum Rex, Senescallo tholosano aut locum ejus tenenti salutem. Exposuerunt nobis consules tholosani quod, licet secundum eis gratiam per nos factam, in causis prevencionum seu denunciacionum, procurator noster partem judicis non posset nec debeat obtinere, nichilominus, procurator noster Tholose in causis criminalibus, qui pro jure nostro partem facit contra preventos seu denunciatos, vult et nititur se ingerere et adesse examinationi testium, contra jus et justiciam, ac contra tenorem dicte gratie, prout dicunt. Quare mandamus vobis quatinus, si vocatis vocandis, et visa dicta gratia, vobis constiterit ita esse, predictum procuratorem, locum judicis tenere ac examinationi testium adesse in causis in quibus pro nobis partem faciet, nullatenus permittatis.

Datum Parisius, die XV februarii, anno Domini M°CCC° nono.

. In R. In. B.de Perellis.

(Original.)

161

(Archiv. municip. de Toulouse AA..., layette 83.)

Paris, 23 février 1309 (1310 n. st.).

Quod inquiratur, audito Procuratore Regis, de jure quod pretendunt habere Consules Tolose ordinandi de victualibus et artificiis.

Philippus, Dei gratia Francorum Rex, dilectis et fidelibus magistro Gerardo de Cortonna, canonico Parisiensi, clerico, Bernardo de Meso, consiliario, nostris, et Senescallo Tholose, salutem. Cum super eo quod consules Tholose nituntur ordinare de victualibus et artificiis, et rebus aliis in villa Tholose, procuratore nostro Senescallie Tholose se in hujusmodi opponente, auditis partibus predictis, et plura facta et usagia contraria super hoc proponentibus, per arrestum nostre curie dictum fuerit, quod ipsi super hiis faciant facta sua, et super eis inquiretur veritas et fiat jus : Mandamus vobis quatinus vos tres, vel duo vestrum, tercio non expectato, secundum quod premissum est, vocatis qui fuerint evocandi, super articulis partium predictarum vobis ad patriam tradendis, et per vos concordandis, inquiratis cum diligentia veritatem, et inquestam quam inde feceritis, sub vestris inclusam sigillis, curie nostre mittatis ad futurum proximo Parlamentum.

Actum Parisius, die XXIII^a februarii, de consensu dicti procuratoris nostri et procuratoris partis adverse, anno Domini M°CCC° nono.

162

(Archiv. municip. de Toulouse AA..., layette 83.)

Lyon, 14 mars 1311 (1312 n. st...

Quod omnes de Tolosa et de locis et villis ejusdem diocesis contribuant expensis illorum quos civitas Tholose, pro negocio fidei Christiane seu Templariorum, misit dudum Turonis, Pictavis, et modo de novo, apud Lugdunum et Viennam.

Philippus, Dei gratia Francorum Rex, Senescallo Tholose vel ejus locum tenenti salutem. Mandamus vobis quatinus ad contribuendum expensis illorum — quas universitas civitatis Tholose et suburbii pro negocio fidei Christiane seu Templariorum, de mandato nostro, dudum Turonis, Pictavis, et modo, de novo, apud Lugdunum et Viennam misit, quas in dictis missis pro veniendo, morando et redeundo fecerunt — non solum illos de dicta universitate, sed alios omnes tam ville Tholose quam dyocesis tholosane, locorum et villarum ejusdem dyocesis ubi sunt consules, qui non venerunt vel miserunt, — juxta cujuslibet facultates compellatis, attentius provisuri ne contributio hujusmodi metas rationis excedat, quodque in ea facienda fraus aliqua minime intercedat. Nolumus tamen quod per predicta in ceteris impositionibus, talliis vel oneribus seu expensis quibuslibet dicte ville cuiquam fiat novitas, vel prejudicium generetur.

Actum Lugduni, die XIIII^a martii, anno Domini millesimo trecentisimo undecimo.

(Original.)

163

(Archiv. municip. de Toulouse AA..., layette 83.)

Paris, 18 juin 1312.

Quod per geolerium Castri Narbonensis Senescallus restitui faciat quod ultra debitum ab incarceratis exactum fuerit.

Philippus, Dei gratia Francorum Rex, Senescallo et Vicario Tholosanis nostris salutem. Ex parte consulum Tholose fuit nobis expositum conquerendo : quod geolerius seu custos carceris Castri nostri Narbonensis civitatis Tholose a prisoneriis et incarceratis in dicto castro, pro suo geolagio, ultra summam in arresto nostro seu ordinatione nostra facta super hoc contentam et contra eam, exigere nititur et levare. Quare mandamus vobis et vestrum cuilibet quatinus si, vocatis evocandis, vobis constiterit de premissis, arrestum seu ordinationem nostram predictam quatenus de ipsa vobis constiterit, juxta sui tenorem facientes firmiter observari, non permittatis contra eam per geolerium predictum ab incarceratis predictis aliquid indebite recipi, quin potius, si jam ceperit, id quod ultra debitum exactum et receptum fuerit reddi et restitui faciatis.

Actum Parisius, XVIII^a die junii, anno Domini M° CCC° duo decimo.

(Original.)

164

(Archiv. municip. de Toulouse AA..., layette 83.)

Paris, 7 mars 1312 (1313 n. st.).

Quod inquiretur de jure ordinandi de victualibus et artificiis quod habere pretendunt consules Tolose.

Même mandement que celui du 23 février 1310 (n. st.), mais adressé « dilectis Senescallo, et Hugoni Geraudi curie appellationum Judici Tholose, militibus, ac magistro Fulconi de Tornaco, judici majori Carcassone, clerico, nostris. »

. . . .

Actum Parisius, VII^a die martii, anno Domini M^o CCC^o duo decimo.
 Reviso et duplicato.

(*Original.*)

165

(Archiv. municip. de Toulouse AA..., layette 83.)

Paris, 11 mai 1313.

Ne carceragium exigatur in Castro Narbonensi ab illis quorum criminum cognitio notorie pertinet ad Consules Tolose, a tempore quo dicti consules tales incarceratos sibi reddi petierint.

Philippus, Dei gratia Francorum Rex, Senescallo Tholosano aut ejus locum tenenti salutem. Ex querimonia dilectorum nostrorum Consulum civitatis Tholose accepimus, quod frequenter contingit quod servientes Vicarii Tholose aliquos malefactores, quorum cognitio et punicio notorie pertinet ad eosdem consules, capiunt et ducunt ad Castrum, et cum ipsi consules suos justiciabiles petunt sibi restitui, commentariensis et janitor dicti castri carceragium et porteragium exigunt ab eisdem, antequam velint restituere incarceratos predictos, in ipsorum prejudicium et gravamen. Quare vobis mandamus et precipimus quatinus commentariensi, portario et servientibus supradictis ex parte nostra inhibeatis districte ne, a tempore quo dicti consules tales incarceratos pro criminibus, quorum criminum cognitio notorie pertinet ad eosdem, petierint sibi reddi, carceragium seu porteragium exigant vel levent ab eis, contra voluntatem ipsorum ; ipsos qui contrarium fecerint per amocionem serviciorum suorum vel alias, prout expedire videritis, punientes.

Actum Parisius, XI^a die maii, anno Domini M°CCC° tercio decimo.

(*Original.*)

166

(Archiv. municip. de Toulouse AA..., layette 83.)

1° Paris, 24 novembre 1313.
2° Toulouse, vendredi après l'Exaltation de la Sainte-Croix (21 septembre) 1314.

1° *Quod propter nimias inundationes et caristiam que nuper in partibus Tholosanis extiterunt, barragium conceditur civibus Tholose exigendum, pro reparatione et refectione dicte ville.*

2° *Vidimus ex parte judicis ordinarii Tholose.*

Noverint universi quod nos, Guillelmus de Molanis, legum doctor, clericus domini nostri Regis Francorum, judex ordinarius Tholose, custosque sigilli **Senescallie** et Vicarie tholosane, vidimus, tenuimus et de verbo ad verbum perlegimus quamdam patentem litteram, sigillo dicti domini nostri Regis Francorum cere albe impendente sigillatam, non viciatam, nec cancellatam, nec in aliqua parte sui abolitam, ut prima facie apparebat, tenorem qui sequitur continentem :

Philippus, Dei gratia Francorum Rex, universis presentes litteras inspecturis salutem. Notum facimus quod nos dilectorum nostrorum civium et habitatorum civitatis et ville Tholose supplicationibus inclinati, eisdem pro refectione et reparatione pontium civitatis et ville predicte, non obstante quod ad refectionem et reparationem hujusmodi faciendam suis propriis sumptibus teneantur, tamen, quia dicti cives et habitatores, propter nimias inundationes aquarum nunc in dictis partibus plus solito contingentes, et etiam propter caristiam que nuper ibidem extitit, adeo sunt oppressi quod, sine nostro adjutorio, refectionem et reparationem pontium hujusmodi facere non valerent, barragium seu panagium usque ad duos annos colligendum et exigendum, ut in locis circumvicinis extitit consuetum, hac vice, de speciali gratia duximus concedendum : Mandantes Senescallo tholosano ut duos aut tres probos viros ad colligendum dictum panagium seu barragium deputet, qui provideant .ne emolumentum panagii hujus in usus alios convertatur, ac de emolumento hujus compotum et rationem legitimam reddere teneantur. In cujus rei testimonium, presentibus litteris nostrum fecimus apponi sigillum.

Actum Parisius, die XXIIII[a] novembris, anno Domini M° CCC° terciodecimo.

In cujus visionis testimonium, nos Guillelmus de Molanis, judex predictus, anno Domini millesimo CCC° quartodecimo, die veneris post festum Exaltationis Sancte Crucis, sigillum Senescallie et Vicarie Tholosane predictum huic presenti *vidimus* duximus apponendum.

ARCHIVES DE LA VILLE DE TOULOUSE

AA 3 (CARTULAIRE)

167

(Archiv. municip. de Toulouse, AA 3, page 238, n° 151.)

Senlis, le jour de la Sainte-Trinité (13 juin) 1294.

Quod cum pro servicio Regis communis exercitus Tholose ad partes Aquitanie iverit, novus modus nove subjectionis contra consules et cives Tholose Regi non acquiritur.

Philippus, Dei gratia Francorum Rex, universis presentes litteras inspecturis salutem. Notum facimus quod, cum dilecti nostri consules urbis et suburbii ac universitatis Tholose, tanquam veri subditi et fideles nostri devoti, zelantes more solito nostrum commodum et honorem, ad requisitionem dilecti et fidelis nostri *Ramundi* (Radulphi) de Claromonte, domini Nigelle et Constabularii Francie, eis factam pro nobis, cum eodem Constabulario, communi exercitu seu cavalcata cum armis iverint ad partes Aquitanie, ibidemque cum eodem Constabulario continuam moram traxerint quo usque de ejus licentia recesserunt exinde, sicut hoc ex ipsius Constabularii relatione tenemus : Nos, eorumdem in hac parte fidelitatem, devotionem ac servicium acceptantes, nolumus, per communem exercitum et cavalcatam predictas, libertatibus communitatis et consulum ac universitatis predictorum diminutionem aut prejudicium aliquid generari, novum modum nove subjectionis contra ipsos aut successores eorum dictamque civitatem et suburbium nobis in futurum acquiri, salvo tamen in hiis et aliis jure nostro.

In quorum testimonium, presentibus litteris nostrum fecimus apponi sigillum.

Actum Silvanectis, in festo Sancte Trinitatis, anno Domini M° CC° nonagesimo quarto.

168

(Archiv. municip. de Toulouse, AA 3, page 287, n° 202.)

Vendeuil, 23 janvier 1297 (1298 n. st.).

De civibus Tholose quibus ab officialibus Regis falso imponitur quod sunt homines de corpore et casalagio.

Philippus, Dei gratia Francorum Rex, dilectis magistro P. de Latilliaco, canonico Suessionensi, clerico, et R. de Brulliaco, militi, nostris, salutem et dilectionem. Ex querimonia quorumdam civium Tholosanorum accepimus, quod servientes et alii officiales nostri compellunt cives predictos, per captionem corporum et bonorum suorum, ut faciant compositiones invicti[1], super eo quod imponitur eis quod sunt homines de corpore et casalagio, vel de corpore seu casalagio tantum, licet ostendere rationes predicti cives offerant ob quas non subsunt hujusmodi servituti. Quare mandamus vobis quatinus rationes hujusmodi audiatis, vos vel alter vestrum, si ambo presentes non fueritis, non permittentes cives predictos indebite molestari.

Actum apud Vendolium, XIII^a die januarii, anno Domini M° ducentesimo nonagesimo septimo.

1. Mss. *reduci.*

169

(Archiv. municip. de Toulouse, AA 3, page 298, n° 224.)

Vendeuil, 24 janvier 1297 (1298).

Contra quosdam nobiles qui transferunt potentioribus personis cives Tholosanos, quos esse falso asserunt suos homines de corpore et casalagio.

Philippus, Dei gratia Francorum Rex, dilectis magistris P. de Latilliaco, canonico Suessionensi, clerico, et R. de Brulliaco, militi, nostris, ac Senescallo tholosano salutem et dilectionem. Ex querimonia civium Tholose accepimus, quod quedam persone nobiles et alie Senescallie tholosane et partium vicinarum eosdem cives esse suos homines de corpore et casalagio seu de corpore et casalagio tantum, et habere alia jura in personis et rebus ipsorum asserentes, eosdem cives ac jura hujusmodi transferunt in potentiores personas ac officiales nostros, et cedunt eisdem; occasione cujusmodi translationis et concessionis, cives prefati per captiones corporum et bonorum suorum compelluntur invicti ad faciendum compositiones indebitas, et alias multipliciter impetrantur. Quare mandamus vobis quatinus, vos vel alter vestrum si omnes ad hoc non fueritis, translationes seu cessiones in potentiores personas vel officiales nostros, ut premittitur, factas, et compositiones indebitas subsecutas exinde, vocatis gentibus nostris et aliis quorum intererit, ut justum fuerit, revocetis, nec consimiles fieri cessiones, aut dictos cives alias molestari indebite permittatis.

Actum apud Vendolium, XXIIII^a die januarii, anno Domini M° CC° nonagesimo septimo.

170

(Archiv. municip. de Toulouse, AA 3, page 287, n° 203.)

Pouilly (Aisne), 26 janvier 1297 (1298 n. st.).

Quod a maritis mulierum quibus imponitur corporis aut casalagii servitus, ultra vires bonorum ipsarum mulierum queste et collecte non exigantur.

Philippus, Dei gratia Francorum Rex, dilectis magistro P. de Latilliaco, canonico Suessionensi, clerico, et R. de Brulliaco, militi, nostris, ac senescallo Tholosano salutem et dilectionem. Ex querimonia quorumdam civium Tholose accepimus, quod gentes nostre pro eo quod mulieribus eorumdem civium imponitur corporis aut casalagii servitus, ultra vires bonorum ipsarum mulierum questas, collectas, et redibencias alias exigunt a maritis earum, ac etiam propter hoc ad bona maritorum ipsarum manus suas extendunt : quare mandamus vobis quatinus vos aut alter vestrum, si omnes ad hoc presentes non fueritis, dictos cives, maritos hujusmodi mulierum, ad exhibendas questas, collectas aut redibencias alias occasione servitutis predicte, ultra vires bonorum mulierum ipsarum compelli, aut manus gentium nostrarum ad bona maritorum earum extendi propter hoc minime permittatis, cum propter hoc maritus pro uxore non debeat conveniri.

Actum apud Polliacum, XXVI^a die januarii, anno Domini M° CC° nonagesimo septimo.

171

(Archiv. municip. de Toulouse, AA 3, page 238, n° 150.)

Paris, 7 mai 1298.

Quod senescallus Tholose de causis ordinariis habitato rum Tholose nullatenus se intromittat, quamdiu partes in curiis ordinariis, parate fuerint stare juri.

Philippus, Dei gratia Francorum Rex, Senescallo Tholose salutem. Mandamus vobis quatinus de causis ordinariis que inter habitatores, contrahentes, delinquentes vel quasi, in villa Tholose, seu ejus terminis, emergunt, que in curiis ordinariis, videlicet Vicarii et consulum Tholose, sunt tractande, vos nullatenus intromittatis nec eos coram vobis respondere compellatis, quamdiu parati fuerint in altera de dictis curiis stare juri, nisi in causis ad vos per appellationem devolutis, vel in deffectum Vicarii seu consulum predictorum; sed super hiis observetis quod est hactenus consuetum.

Actum Parisius, die VII^a madii, anno Domini M° ducentesimo nonagesimo octavo.

172

(Archiv. municip. de Toulouse, AA 3, page 288, n° 205.)

Paris, 7 mai 1298.

Quod officiales regii non recipiant donationes et cessiones in prejudicium civium Tholose qui in possessione libertatis esse et per longa tempora fuisse dicuntur.

Philippus, Dei gratia Francorum Rex, Senescallo Tholose

salutem. Ex parte consulum Tholose nobis extitit intimatum, quod officiales nostri Senescallie vestre donationes et cessiones recipiunt nostro nomine super homagiis, contra cives Tholose qui in possessione libertatis esse et per longa tempora fuisse dicuntur, in ipsorum civium prejudicium et gravamen. Quocirca mandamus vobis quatinus, si ita est, donationes et cessiones hujusmodi recipi non permittentes, eisdem officialibus districte prohibeatis ne eas recipiant, donec gentes nostre quas ad partes Tholose in proximo mittere intendimus, ad partes affuerint antedictas.

Actum Parisius, die VII^a maii, anno Domini millesimo ducentesimo nonagesimo octavo.

173

(Archiv. municip. de Toulouse, AA 3, page 288, n° 204.)

Fontainebleau, 10 mai 1298.

Quod corpora et bona nonnullorum civium Tholose non capiantur, donec de servili conditione eorumdem Senescallo constiterit.

Philippus, Dei gratia Francorum Rex, Senescallo Tholose, salutem: Significaverunt nobis consules Tholose quod, quanquam nonnulli cives Tholose, sicut ipsique et eorum predecessores, fuerint ab antiquo in possessione libertatis, gentes nostre asserentes eos esse nobis servili conditione (astrictos), antequam de hoc constet, eos capere cum bonis suis et detinere presumunt injuste, in ipsorum prejudicium et gravamen. Quocirca mandamus vobis quatinus, illorum corpora sive bona quibus super statu suo mota fuerit questio a gentibus nostris, si dubium sit an ipsi predecessoresque sui a quibus traxerunt originem, sint et fuerint servilis conditionis, capere vel detinere non presumatis, donec de servili conditione constiterit eorumdem. Volumus enim quod per liberos, papiros, registra et alios modos quibus melius fieri poterit, ipsorum servitus a gentibus nostris valeat comprobari.

Actum apud Fontem Bliaudi, die X maii, anno domini M° (CC°) nonagesimo octavo.

174

(Archiv. municip. de Toulouse, AA 3, page 298, n° 223.)

Saint-Germain-en-Laye, le dimanche de la Passion (5 avril) 1298.
(1299 n. st.).

Quod ordinationes facte pro utilitate et regimine civitatis Tholose firmiter observentur.

Philippus, Dei gratia Francorum Rex, Senescallo et Vicario Tholose salutem. Mandamus vobis quatinus statuta et ordinationes, pro utilitate et regimine civitatis Tholose facte, teneri et firmiter observari faciatis, dum tamen super hoc jus nostrum vel alienum quomodolibet non ledatur.

Actum apud Sanctum Germanum in Laya, dominica in Passione Domini, anno ejusdem millesimo ducentesimo nonagesimo octavo.

175

(Archiv. municip. de Toulouse, AA 3, page 294, n° 217.)

Vincennes, le jeudi après la fête de sainte Marie-Madeleine
(25 juillet) 1303.

Quod senescallus requirat illos de Tholosa et Senescallia ut de stipendiis curent providere pro certo numero servientium qui in exercitu flandrensi servient.

Philippus, Dei gratia Francorum Rex, Senescallo tholosano salutem. Consideratis serviciis que in facto guerrarum nostrarum, illi de Tholosa et de Senescallia vestra nobis fideliter impenderunt, volumus et vobis presentium tenore mandamus quatinus ipsos, pretextu submonitionis, mandati, aut preconizationis cujuslibet ex parte nostra factorum, ad exercitum nostrum Flandrensem venire vel mittere nullatenus compellatis, nec super his molestetis eosdem. Ipsos tamen ex parte nostra requiratis, et viis et modis quibus melius poteritis, efficaciter inducatis ut de stipendiis pro certo numero servientium qui nobis in predicto exercitu servient, curent suis sumptibus providere, prout hoc per dilectos et fideles archidiaconum Algie in ecclesia Lexoviensi, et magistrum Petrum de Latilliaco, canonicum Parisiensem, clericos, vicedominum Ambianensem, dominum Pinconii, et Jordanum de Insula, milites nostros, vel alterum eorum, fieri et requiri recolimus alias mandavisse. Speramus enim quod hec, ad preces nostras, ipsi fideles nostri (Tholose) et de senescallia vestra citius adimplere curabunt quam alii nostri subditi facerent, ad mandata.

Actum apud Vicennas, die jovis post festum beate Marie Magdelene, anno Domini M° CCC° tercio. — Per dominum Narbonensem.

176

(Archiv. municip. de Toulouse, AA 3, page 294, n° 210.)

Paris, le samedi après l'Assomption de la B. V. Marie (17 août) 1303.

Quod ratione submonitionis armorum pro exercitu flandrensi facte in civitate et senescallia Tholose, cives Tholose et totus populus Senescallie non molestentur.

Philippus, Dei gratia Francorum Rex, Senescallo et Vicario Tholosanis, vel eorum loca tenentibus, salutem. Dilectis et fidelibus nostris Capitulo et universitati civitatis et suburbiorum, ac toto populo Senescallie Tholose nos eo promptius favorabiles exhibere volentes quo eos ad nostra invenimus beneplacita promptiores, submonitionem armorum factam ex parte nostra in civitate et senescallia predictis, ad presens exigi nolumus nec levari; et subventiones in eisdem civitate et senescallia pro nostro exercitu flandrensi, nostro nomine petitas, relaxamus omnino; necnon emendas quascumque et penas (quas) dicte submonitioni non parentibus personis civitatis et senescallie predictarum infligere possemus, remittimus et quittamus eisdem de gratia speciali; mandantes vobis quatinus, ratione submonitionis exercitus et subventionum predictarum, in aliquo non molestetis aut molestari permittatis eosdem.

Actum Parisius, sabbato post festum Assumptionis beate Marie Virginis, anno Domini M° CCC° tercio.

177

(Archiv. municip. de Toulouse, AA 3, page 277, n° 187.)

Paris, 22 février 1307 (1308 n. st.).

Quod condemnati tempore quo moneta debilis currebat, clamores et emendas solvant monete in valore que currebat tempore predicte condemnationis.

Philippus, Dei gratia Francorum Rex, Senescallo Tholose vel ejus locum tenenti salutem. Mandamus vobis quatinus clamores et emendas in quibus nonnulli cives Tholose, tempore quo moneta debilis cursum habebat, in nostra Francie curia condempnati (fuerunt), monete solum in valore que tempore condempnationis predicte currebat, exhigatis ab eis, dum tamen dicti condempnati in mora seu contumacia non fuerint de solvendo; non obstante alia quavis littera, si qua forsan emanaverit, que contrarium injungere videatur.

Actum Parisius, vicesima die febroarii, anno Domini millesimo trecentesimo septimo.

178

(Archiv. municip. de Toulouse, AA 3, page 289, n° ....)

Tours, 18 mai 1308.

Quod inquiratur de usu et saisina Consulum Tholose, an ullus qui consul fuerit aut filius consulis, quacumque causa questionari non debeat.

Philippus, Dei gratia Francorum Rex, universis presentes litteras inspecturis salutem. Notum facimus quod, cum dilecti et fideles Hugo de Cella et Petrus de Blanosco, milites nostri, deputati a nobis ad inquirendum super facto mortis Bernardi Sedasserii, de quo Johannes Jordani suspicabatur propter quasdam presumptiones contra dictum Johannem repertas, interloquendo pronunciassent dictum Johannem fore questionandum, idemque Johannes asserens quod virtute privilegiorum consulum civitatis Tholose, quibus hactenus usi sunt pacifice, nullus qui consul aut filius consulis fuerit, quacumque causa questionari debebat, quodque ipse consul fuerat et filius consulis existebat, propter quod dictis privilegiis gaudere debebat, a dicta pronunciatione tanquam ab iniqua ad nos appellasset, consulesque ville predicte, in quantum dicta pronunciatio suorum ledebat libertatem privilegiorum, ad nos similiter appellassent; postmodum vero dicto Johanne, de mandato nostro, carceri Castelleti nostri Parisius addicto, auditis in curia nostra dictis partibus, et uxore relicta dicti interfecti factum mortis ejus prosecuta, que premissa ex parte dictorum Johannis et consulum propter ea esse vera negabat, contrarium asserendo : quia causa hujusmodi in Parlamento, de consuetudine curie nostre terminari debebat, nos, eisdem partibus terminum ad hoc assignavimus ad diem senescallie Tholosane proximi Parlalamenti, et interim, de libertatibus privilegiorum dictorum consulum ac de usu et saisina eorum, et utrum dictus Johannes consul et filius consulis extiterit, ac de omnibus circumstanciis ad hoc facientibus, veritatem faciemus inquiri per certos commissarios deputandos a nobis, et ad dictam diem referri; dictusque Johannes, loco ubi expedire viderimus, interim remanebit nostro carceri mancipatus.

In cujus rei testimonium presentibus litteris nostrum fecimus apponi sigillum.

Actum Turonis, XVIII^a die maii, anno Domini M° trecentesimo octavo.

179

(Archiv. municip. de Toulouse, AA 3, page 297, n° 222.)

Paris, 26 février 1308 (1309 n. st.).

Quod litterarum executio suspenditur Petro de Columpna, Cardinali, concessarum, ut a XII personis regni male acquisita exigere posset.

Philippus, Dei gratia Francorum Rex, Tholosano et Carcassonensi Senescallis et Vicario, eorumque loca tenentibus, ac omnibus aliis Senescallis, ballivis, vicariis, prepositis et justiciariis aliis regni nostri, ad quos presentes littere pervenerint, salutem.

Olim amico nostro carissimo Petro de Columpna, sancte Romane ecclesie Cardinali, gratificari volentes, consideratione dampnorum, excidiorum et gravaminum que pro quibusdam guerris et injuriosis persecutionibus sustinuerat, ad relevamen dampnorum hujusmodi et debitorum multiplicium que ab hoc contraxerat, eidem Cardinali graciose concessimus ut a duodecim personis tantum regni nostri, quas Cardinalis ipse vel suus legitimus procurator seu nuncius nominaret male ablata et adquisita incerta quecumque, penes personas ipsas sine proprio, sine successorio, vel executorio aut alio nomine existentia, per se vel per suos legitimos procuratores et nuncios exigere et levare posset, et exinde, quittationes libere et plene facere personis a quibus ea recepisset vel exegisset; et postmodum, dum Pictavis essemus, pro executione gratie hujusmodi, nostras concessimus litteras Cardinali predicto. Verum, quia plures nobiles, divites, et potentes diversarum partium regni nostri, cum clamore multiplici asserunt (esse) coram nobis fidem facere super hoc parati, quod procurator et nuncii Cardinalis ejusdem gratia et executione predictis abutentes, in tot et tam diffusis regni nostri partibus, et contra tot et tantas personas, executiones super dicta gratia facta jam ceperunt, quod, nisi circa hoc celeri provideatur remedio, gratia predicta que ultra numerum duodecim personarum extendi non debet, circa ad majorem personarum numerum, in duplo, triplo vel quadruplo extendetur. Nec procurator et nuncii Cardinalis predicti in hac parte, debita et licita sunt executione contenti, quinimo personas contra quas executiones hujusmodi facere jam ceperunt, ad confitendum et faciendum multa et componendum cum ipsis, que alias confiteri vel facere non deberent, vi et compulsione carceris ac cum multiplicibus et variis penis, cordalibus et flagellis compellunt.

Nos itaque subjecti nobis populi in hac parte volentes gravaminibus et dampnosis dispendiis providere, executiones dicte gratie ex nunc duximus suspendendum, vobis et vestrum singulis districte precipiendo mandantes, quatinus donec prefatus Cardinalis illas duodecim personas contra quas executiones, juxta tenorem dicte gratie, fieri voluerit, vobis nominaverit, et eorum nomina in scriptis tradiderit, infra numerum quarum, personas contra quas jam facte sunt executiones includi intendimus, et donec etiam alias propter hoc vobis scripserimus, executionem dicte gratie teneatis et teneri faciatis totaliter in suspenso. In predictis interim prefati Cardinalis procuratoribus et nunciis procedi nullatenus permittatis, et personas captas vel arrestatas propter hoc cum bonis, etiam si super hiis aliquas compositiones fecerint, facientes recredi.

Actum Parisius, die XXVI^a febroarii, anno Domini M° CCC° octavo.

180

(Archiv. municip. de Toulouse, AA 3, page 244, n° 160.)

Montargis, 30 janvier 1311 (1312 n. st.).

Quod Senescallus ordinationes super facto usurarum factas publicari faciat et firmiter observari.

Philippus, Dei gratia Francorum Rex, Senescallo nostro Tholosano aut ejus locum tenenti salutem. Mittimus vobis quasdam ordinationes super facto usurarum per nos editas pro utilitate publica regni nostri[1]; vobis mandamus quatinus eas publicari, teneri et inviolabiliter observari, necnon registrari faciatis in omnibus et singulis castris, bonis villis et locis insignibus Senescallie vestre, certos, ydoneos et probos viros in singulis castris, bonis villis et locis predictis, existentes de locis eisdem, deputantes, qui videant et attendant ac etiam provideant ne contra dictas ordinationes aliquid attemptetur.

Datum apud Montem Argi, die XXX januarii, anno Domini M° CCC° undecimo.

1. (L'ordonnance précitée est imprimée au *Recueil des Ordonnances*, t. Ier, p. 494.)

ARCHIVES DE LA VILLE DE TOULOUSE

AA

(Registre coté provisoirement n° 147.)

181

(Archiv. municip. de Toulouse, AA... Reg. coté provis. 147, page 124.

Poitiers, le lundi avant l'Ascension (9 mai) 1306.

Quod si inter barones Senescallie moveantur cause in quibus vadium duelli incidere debeat, Senescallus, nullo habito processu, partes ad examen curie Parisius remittat.

Philippus, Dei gratia Francorum Rex, Senescallo Tholosano salutem. Cum non sit intentionis nostre, si inter barones Senescallie vestre moveantur seu moveri videantur cause in quibus debeat seu videatur vadium duelli incidere, quod vos causas hujusmodi debeatis in assisiis vestris aut coram vobis qualicumque modo audire seu qualitercumque tractare, nos, subditorum nostrorum quietem et pacem totis desideriis affectantes, et in eorum tranquillitate letantes, mandamus vobis, et ex causa, quatinus quandocumque tales cause movebuntur seu moveri incipient coram vobis, in eis nullatenus procedatis, nec aliquem coram vobis processum in causis hujusmodi, etiam ab initio, fieri permittatis, sed in hujusmodi casibus et similibus, nullo coram vobis habito super eis processu, partes ad examen curie nostre Parisius remittatis.

Datum Pictavie, die lune ante Ascensionem Domini, anno ejusdem M° CCC° sexto.

ARCHIVES DE LA VILLE DE TOULOUSE

AA 4 (CARTULAIRE)

182

(Archiv. municip. de Toulouse, AA 4, f° 10, recto.)

Saint-Germain-en-Laye, le vendredi après la quinzaine de Pâques (29 avril) 1289.

Quedam responsiones super certis articulis proprium Regis negocium tangentibus : de debitoribus Regis, de mercaturis captis que portabantur in Aragoniam, etc.

Philippus, Dei gratia Francorum Rex, Senescallo Carcassonensi salutem. Mittimus vobis sub contrasigillo nostro quasdam ordinationes, quas fieri fecimus super certis articulis nostrum proprium negocium tangentibus : mandantes vobis quatinus ipsas, secundum responsiones singulis articulis subpositas, diligenter exequtioni mandetis, Guillelmum de Carreollis, procuratorem nostrum super factis in articulis comprehensis, si que vobis de hiis dubia occurrerint, ad vestram instructionem audientes et per eum ad Parlamentum, processum hujusmodi accelerando, remittentes ea que videritis remittenda.

Datum apud Sanctum Germanum in Laya, die veneris post quindenam Pasce.

1. De respectu dato per dominum Regem super diversis debitoribus suis in Senescallia Carcassonensi sine terminorum assignatione, quod de talibus mandarentur levari debita, quia thesauraria melius habundaret, et sunt quidam qui non indigent sufferentia antedicta : — OMNIA hujusmodi debita, de quibus data fuit dilatio sine prefixione temporis,

exigantur, et alia, quibus tempus fuit adjectum, dummodo preterierit; et hoc faciat sine tarditate Senescallus.

2. De rebus et mercaturis captis que portabantur in Aragoniam vel reportabantur, contra deffensum domini Regis, ille videlicet que sunt sine questione alicujus alterius domini, quod mandentur explectari, quia magna pecunia poterit inde haberi : — Levet emendas seu explectet mercaturas indilate Senescallus.

3. De quibusdam qui in dicta Senescallia terras suas tenent ex dono Regis, et jura regia ultra suas assizias occupant et usurpant, et quantumcumque hoc faciant de novo et repetantur ab eis, dicunt se esse in saysina, et petunt libellum eis tradi, nec sua privilegia per que deberent se tueri exhibere volunt, cum sciant in eis usurpata per eos non contineri : — Isti summarie compellantur hostendere cartas suas, et quicquid ultra usurpaverint capiatur ad manum Regis; ac super usurpatis ab illis qui cartas non habent vel habitas celant, summarie similiter procedatur, et quicquid usurpatum apparebit, ad manum regiam ponatur.

4. De quibusdam aliis qui pensiones annuales et alias redebencias domino Regi negant, quia, a necligentia firmariorum qui redditus domini Regis emunt, fuerunt aliquo tempore in saysina non solvendi, quanquam ipsi vel eorum antecessores predictas pensiones coram gentibus Regis recognoverint et longis temporibus solverint, et quanquam in registris reperiantur : — Isti qui consueverunt solvere vel se debere cognoverunt, ipsi aut predecessores sui, aut de quibus constabit per registra, de plano cogantur ad solvendum, non obstante malicia vel necligentia firmariorum in talibus exhigendis.

183

(Archiv. municip. de Toulouse, AA 4, f° 9, r°.)

Paris, août 1289.

Que les tornes pelatz els parazis pelatz sian pres e mes cominalment per tot lo regeyme, etc.

Phelip, per la gracia de Dyeu Rey de Fransa, a totz senescalz, ballieus, prevostz, vescomtes, majors, cossous, eschavis, e a totz autres justiciers establitz en nostre regeyme, salut. Nos vos mandam e comandam destreytament que vos fasatz tener e gardar fermament, ses frau, las orde nansas de las monedas, say en reyre faytas, don vos avetz avas las letras. E volem e comandam que les tornes pelatz els parazis pelatz sian pres e mes cominalment per tot lo regeyme, e que nuls no sia auzat, sobre pena de cors e d'aver, de refudar parazis ni tornes, per tan que els aran conoysenza, devays la crotz e devays la pila, que els sian parazis o tornes, e que no hi falha pessa. E volem que aytals monedas coma nos comandam a prendre sian recebudas al Temple a Paris, e a totas nostras rendas de nostre regeyme. E volem e comandam que las monedas de nostres baros no sian prezas ni mezas, ni no aian nulh cors en nostra terra propria ni en autres locs de nostre regeyme, fors que la ont elas an lor dreyt cors; e si las ditas monedas sian trobadas, prenen o meten, els lox on elas no an acostumat a corre de lor dreyt cors, apres dus ves que sera cridat, elas seran perdudas e forfaytas.

Item, nos volem e comandam que totas las monedas del Empiri quenhas que sian, esterlis contrafaytz, sia autras monedas blancas o negras, si elas no son perseyas, que elas sian perdudas e forfaytas, e d'aysi avant, ses punh de respieyt, per totz los lox o elas poyran estre trobadas, sia als cambis o en autres lox.

Altressi volem e comandam que totz los esterlis redonhatz sian persyetz, d'aysi avant, ses punh de respieyt, per totz los lox on poyran estre atrobatz : e si els son *trovez* e *il* no son persyeytz, que els sian perdutz e forfaytz.

Item, nos volem que les esterlis d'Anglaterra que son de dreyt pes no sian pres ni mes en tot nostre regeyme que per IIII tornes tan solament, tan com a nos plazera; e qui les pendria ni les metria per pus nos volem qu'els sian perdutz e forfaytz a cels quels auran pres ni mes.

Item, nos comandam que nulh argent en plata, ni nulh bilho de monedas perseyas ni de monedas defendudas no sian traytz ni portatz fora de nostre regeyme, sobre pena de perdre l'argent el bilho.

Item, nos volem e comandam que vos metatz e establisatz en cascuna bona vila dos o tres promes que se prengan garda de las emendas e de las monedas forfaytas, e que las ordenansas sian be tengudas e gardadas; et qu'els sian per lo sagrament establitz.

E vos mandam e comandam que vos costrengatz les baros els prelatz de vostras senescalcias e de vostras baylias, que an justicia de moneda en lors terras, aso tener e gardar fermament, per la preza de lors cauzas, se aysi era qu'els ne fossan necligens e dezobediens.

E vos mandam e comandam, sobre pena de vostres corses e de vostres avers, e de perdre vostres offices, e de rendre o de pagar totz los cotz e totz los dampnatges qu'en nos hy poyriam aver per vostras necligensas, ni per vostras defautas, que vos las ditas ordenansas e totas las cauzas desus dichas fasatz tenir e gardar fermament e entyerament en vostras senescalsias e baylias, prevostatz e autres justicias, ses enfranhdie, e ses nulha corupcio, en la forma e en la maniera desus dicha.

So fo fayt a Paris, l'an de gracia M° CC° IIII^{xx} VIIII, el mes d'aost.

184

(Archiv. munic. de Toulouse, verso AA 4, f° 10, v°.)

Ferrières en Gâtinais, le vendredi après l'Exaltation
de la Sainte-Croix (16 septembre) 1289.

Quedam ordinationes super diversis negociis domini Regis in Senescallia Carcassonensi : de feodis alienatis; de religiosis et templariis qui post constitutionem « Ecclesiarum utilitati, » acquirere non cessarunt, etc.

Philippus, Dei gratia Francorum Rex, Senescallo Carcassone salutem. Mittimus vobis sub contrasigillo nostro quasdam ordinationes, quas fieri fecimus super certis articulis nostrum proprium negocium tangentibus; mandantes vobis quatinus ipsas, secundum responsiones singulis articulis subpositas, diligenter exequtioni mandetis, Guillelmum de Carreolis, procuratorem nostrum super factis in articulis comprehensis, si que vobis de hiis dubia occurrerint, ad vestram instructionem audientes, et per eum ad Parlamentum proximum, processum hujusmodi accelerando, remittentes ea que videritis remittenda, tali modo et qualiter de aliis ordinationibus hoc anno factis similiter peregistis.

Datum apud Fererias in Gastineyo, die veneris post exaltationem Sancte Crucis (M° CC° LXXX° IX°).

Ordinationes vero domini Regis misse sub suo contrasigillo, de quibus fit mentio in predictis domini Regis litteris, sunt tales :

Hii sunt articuli Senescallie Carcassonensis super diversis negociis domini Regis.

1. De feodis alienatis et ad modum censuum reductis per illos qui ad plenum feudum tenent a domino Rege vel ex dono suo, et utilitatem et emolumentum inde recipiunt, et

Regem nichil guirentizant, etiam et taliter feodum diminuunt, vel ad retrofeodum reducunt, et transferunt in personas innobiles et alias qui postmodum vendunt aliis libere et prout volunt : — ILLA que alienata sunt in prejudicium sive dampnum domini Regis, ipso inscio et ignorante, ad statum pristinum reducantur.

2. De viris religiosis, templariis et aliis qui post constitutionem « *Ecclesiarum utilitati* » in feodis, retrofeodis et alodiis acquirere non cessarunt, tam ex emptionibus quam legatis et diversis donationibus eis factis; preterea, in hiis que tenent, occasione hujusmodi vel alias, justiciare et dominare nituntur, in prejudicium juris Regis et suorum feodatariorum et retrofeodatariorum, et quando per aliquos reperiuntur, citant eos coram diversis judicibus ecclesiasticis pretextu injuriarum, et sic citati et afflicti coguntur componere cum eisdem, vel omnino cedere jura sua compelluntur : — TALES ponere extra manum, et interim, acquisita habere in manu regia teneantur, nec permittantur dominare vel justiciare in prejudicium domini Regis vel suorum feodatariorum et retrofeodatariorum.

3. De confratria et conjurationibus que olim in pace Parisiensi et aliis statutis prohibite fuerunt, nunc de novo, clandestine et alias suscitantur, et fiunt in villis et locis magnis et alibi, et ex hoc homicidia et alia facinora aliquotiens perpetrantur : — NON permittantur fieri, et jam facte tollantur, et secundum pacem Parisiensem qui deliquerint puniantur.

4. De pluribus nobilibus et viris religiosis qui, a paucis citra temporibus, judices in terris suis posuerunt ad cognoscendum de primis appellationibus quas nullathenus habere solebant : — NON permittantur judices appellationum creari vel fieri, nisi ubi fuerunt ab antiquo.

5. De homicidis clericis et malefactoribus notoriis qui per officiales episcopales curie liberantur, et postmodum, monent gentes Regis ut bona Regi deventa propter delicta clericorum hujusmodi manifesta, vel de quibus ad plenum constat curie seculari, talibus clericis restituant, et eos in

terra Regis secure faciant permanere, de quo Terra reputat se destructam, videns facinorosos et interfectores clericos contra Deum et justiciam liberari, et laïcos rigide puniri, cum eos in similibus delinquere contingit : — Si facta sunt notoria aliquo de tribus modis statutis, licet manus Episcopi quoquo modo evaserint, bona immobilia talium clericorum saysiantur et teneantur, nec talibus in terra domini Regis commorandi securitas prestetur aliqua, et si propter hoc processum fecerint contra gentes Regis, per bonorum suorum temporalium captionem desistere compellantur.

185

Archiv. municip. de Toulouse AA, 4, f° 23, verso.)

Toulouse, janvier 1303 (1304, n. st.).

Quod executio in bonis maritorum pro clamoribus uxorum, vel e contra, non fiat de cetero.

Philippus, Dei gratia Francorum Rex, notum facimus universis tam presentibus quam futuris quod, cum per Capitulum nostre regie urbis Tholose et suburbii coram nobis fuisset propositum, quod receptor clamorum seu justiciarum Tholose exequtionem in bonis maritorum pro uxorum clamoribus sive justiciis, et e contra, necnon in bonis patris pro filio, et e contra, minus debite faciebat; quodque cum pignus alicujus debitoris pro clamore sive justicia vendere contigerat, dictus receptor id quod ultra clamoris sive justicie quantitatem, ex precio pro quo pignus vendebatur, supererat, id irrationabiliter retinebat, asserens se posse premissa facere et debere de consuetudine approbata. Tandem, per gentes nostras de dicta consuetudine ab aliquibus dicte ville Tholose fide dignis et antiquioribus inquisito; registris etiam dicti receptoris et predecessoris sui inspectis; consideratis etiam et attentis rationibus ac circumstanciis que curiam nostram movere potuerant : *per eamdem* extitit judicatum quod exequtio pro clamoribus sive justiciis uxorum in bonis mariti, vel e contra in bonis uxoris dotalibus aut parafernalibus pro maritorum clamoribus sive justiciis, non fieret de cetero, proviso quod in hoc (non) interveniat fraus vel dolus. Et hoc idem de patre et filio extitit declaratum, excepto casu in quo unus in bonis alterius de jure aliquid habere contigeret, in quo declarationem hujusmodi nolumus observari; volentes insuper quod dictus receptor pignoribus que pro dictis clamoribus sive justiciis ceperit uti non possit, nec alteri concedere sive permittere quod eisdem utantur.

Preterea, judicatum fuit quod de precio venditi pignoris ultra id quod pro clamore sive justicia receptum fuerit seu levatum, si quid superfuerit, debitori redderetur, nec dicto receptori ex eo aliquid retinere licebit. Mandamus itaque Senescallo et Vicario Tholose modernis, et qui pro tempore fuerint, per presentes, quatinus judicata predicta observent et sine alterius expectatione mandati faciant observari. Quod ut firmum et stabile perseveret, fecimus nostrum presentibus apponi sigillum.

Actum Tholose, anno Domini M° CCC° tercio, mense januarii.

186

(Archiv. municip. de Toulouse AA, 4, f° 25, verso.)

Toulouse, le mardi avant la Saint-Vincent (21 janvier) 1303.
(1304 n. st.)

Quod concessiones et gratie consulibus et civibus Tolose facte serventur diligenter.

Philippus, Dei gratia Francorum Rex, Senescallo et Vicario Tholose salutem. Mandamus vobis quatinus concessiones et gratias dilectis nostris consulibus, civibus, ac civitati nostre regie Tholose per nos diebus hiis factas, prout in diversis aliis nostris litteris inde confectis plenius videbitur contineri, diligenter et firmiter servetis, et servari faciatis easdem, et exequtioni debite demandari, juxta earumdem continentiam litterarum ; ac super articulis pro cohartandis litibus sibi gratiose concessis a nobis registra duo fieri faciatis, quorum unum penes Vicarium, et aliud, penes consules volumus remanere.

Datum Tholose, die martis ante festum beati Vincentii, anno Domini M° CCC° tercio.

187

(Archiv. municip. de Toulouse, AA 4, f° 25, verso.)

Toulouse, le mercredi jour de Saint-Vincent (22 janvier) 1303 (1304 n. s. t.)

Quod judex Vicarii et judex criminum Senescallie Tholose inquirant de leudis quas dominus Rex percipit Tholose.

Philippus, Dei gratia Francorum Rex, dilectis nostris magistris Yvoni de Laudunaco, judici curie Vicarii nostri, et Bardino, judici criminum Senescallie Tholose salutem et dilectionem. Vobis committimus et mandamus quatinus, vocato procuratore nostro, vos diligenter et sollicite informetis et etiam inquiratis de leudis quas Tholose percipimus, videlicet quantum et de quibus rebus, tempore predecessorum nostrorum, a quibus civibus Tholose empte fuisse dicuntur, et circumstanciis omnibus premissorum : de informatione seu inquesta hujusmodi registra duo fieri facientes, quorum unum penes Vicarium, et aliud penes consules Tholose volumus custodiri, ut pro tollendis dubiis, cum emergent, declaratione plenarie veritatis possit ad ea recursus haberi.

Datum Tholose, die mercurii in festo beati Vincentii, anno Domini M° CCC° tercio.

ANNEXES

Annexe n° 1

(Archiv. de la Haute-Garonne, G 699.)

1° Montauban, jeudi après la Pentecôte (9 juin) 1251.
2° Saint-Sernin-en-Rouergue, le 9 mars 1647.

1° *Littera pro remissione homagii castri Fani Jovis pro domino Comite ab episcopo Tolosano.*
2° *Copie de cette lettre délivrée par le juge de Saint-Sernin-en-Rouergue.*

Alfonsus, filius Regis Franciæ, Comes Pictaviæ et Tolosæ, universis præsentes litteras inspecturis salutem in Domino. Noveritis quod cum venerabilis pater Raymundus, Episcopus Tolosanus, fidelitatis juramentum et homagium pro castro Fani Jovis[1], tolosanæ diœcesis, quod ab ipso tenemus in feudum, a nobis exigeret, prout eidem fecisse prædecessores nostros Comites tolosanos per exhibita nobis instrumenta constabat, Nos tandem cum eo quem in omnibus invenimus gratiosissimum (concordavimus) in hunc modum : videlicet quod, sine præjudicio ipsius Episcopi et successorum suorum in posterum, a fidelitate juranda et homagio faciendo, Nobis quamdiu vixerimus pepercit et parcet, ita tamen ut pro dicto castro Senescallus noster Tolosanus fidelitatem loco nostri juret eidem, et ad eam jurandam et homagium faciendum successores nostri, nonobstante gratia nobis facta, perpetuo teneantur.

In cujus rei testimonium præsentibus litteris sigillum

[1] Fanjaux (Aude).

nostrum duximus apponendum. Actum apud Montem Albanum anno Domini millesimo ducentesimo quinquagesimo primo, die jovis post octavam Pentecostes.

Pierre Dupuy, conseiller du Roy nostre sire et juge pour Sa Majesté en la ville de Saint-Sernin-en-Rouergue[1], à tous que besoin sera savoir faisons et attestons la copie cy dessus escripte avoir esté de mot à mot tirée d'un ancien cartulaire manuscript sur parchemin, de lettre fort vieille et ancienne, et sans aucun soupçon de fraude ny supposition; contenant ledict cartulaire plusieurs donnations d'Alphonse comte de Poictiers et de Tolose, et de Jeanne de Tolose sa femme, et diverses transactions par lesdicts mariés faictes avec plusieurs habitans de la comté de Tolose. Lequel cartulaire, messire George Gralhenc, prestre et vicaire perpétuel en l'esglise de Montels[2], au présent diocèse de Vabres, comme gardien dudict cartulaire, nous a exhibé, et après deüe collation d'icelluy faicte en nostre présance d'avec ladicte copie, retiré.

En foy de quoy nous avons faict expédier les présantes, et à icelles, signées de nostre main, faict apposer le scel royal de nostre cour. Audict Saint-Sernin, le neufviesme jour du mois de mars mil six cens quarante sept.

Signé : DUPUY, *juge*.

De mandement dud. sieur juge,
DUMAS, *greffier*.

Le sceau manque.   (Papier.)

1. Saint-Sernin (Aveyron).
2. Montels, aujourd'hui village de la commune de Saint-Sernin.

Annexe nº 2

Archives de la Haute-Garonne, G 347, fº 35, verso.)
Balma, 21 avril 1270.

Sentencia lata per dominum R(amundum) bone memorie Episcopum Tholosanum contra omnes impedientes et perturbantes jurisdictionem Episcopi Tholosani.

Noverint universi presentes pariter et futuri quod venerabilis pater dominus Raymundus, Dei gratia tholosanus episcopus, tulit generalem excommunicationis sententiam contra omnes clericos et laycos qui possessiones, honores, loca et jura sua seu episcopatus tholosani et ecclesie tholosane occupare, invadere seu perturbare satagebant et minabantur, vel hoc in futurum presumerent, in hec verba :

Nos, frater Raymundus, permissione divina Tholosanus Episcopus, quia nonnulli clerici et laïci qui nomen Dei in vanum recipere non formidant, querentes predam in bonis et patrimonio Crucifixi, quod potius deberent cum sua virtute deffendere et tueri, moliuntur et preparant, et conceptum perversitatis sue et malicie jam prodere incipiunt in effectum, possessiones, honores, jura et bona nostra, seu episcopatus nostri et ecclesie tholosane, occupare, invadere, seu perturbare satagunt et minantur : et nos quibus cura et tuitio pertinet predictorum, prefatas violencias et jacturas non possumus absque fame nostre et salutis eterne, quod gravius est, dispendio, sub silentio preterire : Idcirco, communicato prudentium virorum consilio, religiosorum et aliorum, — in omnes illos et singulos cujuscumque gradus, conditionis, status vel ordinis existent, qui in predictis bonis, juribus, honoribus vel possessionibus qualitercumque violenciam intulerint, vel inferrent etiam in futurum, per se vel per alium aut alios, invadendo, occupando, perturbando, banniendo, saysiendo, questando, talliendo, questam, talliam, commune fogagium vel aliud quodcumque onus sordidum, extraordinarium vel superindictum inferendo, vel quoquo alio modo agravando, aut alio quovis modo injuriando, cum eorum fautoribus, auxiliatoribus, et consiliatoribus,

In nomine Patris et Filii et Spiritus Sancti, Amen,

Excommunicationis sententiam in hiis scriptis, licet non absque cordis amaritudine, Promulgamus; decernentes omnes predictos et qui eis in predictis vel aliquo predictorum, consilium, favorem, vel auxilium prestiterunt, predicte excommunicationis sentencie subjacere.

Hec sententia fuit lata decima die exitus mensis aprilis, apud Balmarium[1], in camera prefati domini Episcopi Tholosani, Regnante Lodoïco Rego Francorum, Alfonso Comite Tholosano, et predicto domino R(aymundo) episcopo, ab incarnatione Domini M° CC° LXX°, in presencia et testimonio domini Bernardi de Saisses, archidiaconi Villelonge, et Guidonis de Turribus, canonicorum ecclesie Sancti Stephani Tholosani, et fratris Petri Vitalis, et fratris Ramundi Guillelmi, de ordine Fratrum Predicatorum, et magistri Petri de Alta ripa, et magistri Athonis, et magistri Petri de Plano, notariorum dicti domini Episcopi, et mei Johannis de Sancto Romano, publici Tholose notarii qui, mandato predicti domini Episcopi, cartam istam scripsi.

Annexe n° 3

(Archiv. municip. de Toulouse AA... Reg., coté provis. 147, p. 32.)

Toulouse, 1278.

Ordinationes et arresta, etc., lata Tholose in Parlamento, etc., anno Domini M° CC° LXXVIII°.

P. 33. De petitione domini episcopi Tholosani quod, cum aliquis capitur per curiam Senescalli, et dubitetur an sit clericus, ne recusetur eidem reddi : Mandatur Senescallo,

---

[1]. Balma, près Toulouse, où se trouvait la maison de campagne des évêques.

Vicario, et Consulibus quod, si appareat vel dubitetur an sint clerici, dum tamen in possessione fuerint clericatus, quod statim illos restituant dicto Officiali vel ejus mandato. Si vero sint in possessione laicatus, vel non appareant clerici, remanebunt penes senescallum, vicarium, vel consules, et inquiretur per magistrum Sicardum de Vauro, et magistrum Guillelmum de Vicinis Albics, judices Tholose, quid super contentione talium fuerit usitatum.

P. 34. De petitione ejusdem dicentis quod clericos captos in Castro recusat Vicarius restituere Officiali, licet sepius requisitus : MANDATUR Vicario et Consulibus quod, si appareant clerici vel dubitetur, dum tamen in possessione fuerint clericatus, quod statim illos restituant Officiali vel ejus mandato. Si vero sint in possessione laïcatus et non appareant clerici, remanebunt penes vicarium vel consules, et inquiretur per predictos quid super contentione talium fuerit usitatum.

P. 34. De petitione Arnaldi de Ponte, civis Tholose, et consortium ejus, dicentium se vexatos a magistro Arnaldo, clerico conjugato, coram judicibus ecclesiasticis per litteras papales, super terris et rebus quarum cognitio spectat ad Regem : MANDATUR Vicario Tholose quod, partibus vocatis coram se, si constiterit eos vexatos pro rebus quarum cognitio est curie domini Regis, faciat illum desistere et emendare, et super hoc faciat jus.

P. 35. Super statutis factis per episcopum in prejudicium consulum et civium Tholose : VICARIUS requiret episcopum quod statuta prejudiciabilia faciat amoveri, et ejus responsionem afferet proximo Parlamento. Et super statutis factis per ipsos consules in prejudicium ecclesie, REQUIRENTUR ut revocent, et responsiones afferent proximo Parlamento.

P. 36. De petitione Johannis de Lengleda dicentis : patrem suum, una cum aliis, obligatum fuisse domino Episcopo Tholosano quondam, pro Boneto de Rivis ; et se per Senescallum Tholose compulsum fuisse ad obligandum se sigillo Senescallie et Vicarie Tholose, ad solvendum quamdam summam pecunie (debitam) dicto Episcopo quondam, licet ipse sit clericus et esset tempore obligationis ; et Vicarius ad requestam executorum dicti episcopi, ipsum per captionem bonorum temporalium compellit ad solvendum dictam pecunie quantitatem : INJUNCTUM EST Vicario quod, secundum antiquum usum sigilli, eidem jus faciat.

P. 36. De petitione syndici Capituli ecclesie Sancti Stephani quod senescallus et vicarius Tholose satagebant in exercitu et contributionibus talliare homines ecclesie tholosane, contra libertates et privilegia a quondam Francorum Rege concessa : INJUNCTUM EST Senescallo et Vicario Tholose ne aliquas indebitas exactiones faciant dictis hominibus contra libertates eorum, observando in predictis quod diu extitit observatum, et si aliquod sit dubium, referant ad proximum Parlamentum.

P. 37. De petitione syndicorum capitulorum et conventuum ecclesiarum Sancti Stephani, Sancti Saturnini, Deaurate et Sancti Petri Coquinarum[1], super jure quod dicunt ratione claustrorum se habere : AGANT ordinarie si voluerint, et mandatur Senescallo et Vicario Tholose quod nullas permittant fieri novitates.

P. 38. De petitione syndici capituli Sancti Stephani et rectoris Dealbate super cimeterio porte Castri Narbonensis claudendo : RESPONDETUR quod fiat clausura, tamen in solio civitatis apponenda.

P. 38. De petitione Ramundi de Savarduno, civis Tholose, dicentis quod Guillelmus Petri Furgo quondam, ratione societatis quondam cum ipso Ramundo inite, fuit eidem, super ratione reddenda (ad) aliquam summam pecunie pro expensis, sententialiter condempnatus, — cujus bona sive domum dicit tenere monasterium Sancti Saturnini Tholose, occasione filii dicti Guillelmi Petri, canonici dicti loci, — et petentis mandari judicatum predictum executioni in bonis seu domo predicta, quod transivit judicatum : MANDATUR judici Tholose quod dictam sententiam exequatur in dictis bonis seu domo, prout fuerit rationis.

1. Saint-Étienne, Saint-Sernin, la Daurade, Saint-Pierre-des-Cuisines, la Dalbade, églises de Toulouse.

Annexe n° 4

(Archiv. municip. de Toulouse AA... Reg. coté provis. 147, page 32.)

Toulouse, 1278.

Ordinationes et arresta seu appunctamenta lata Tholose in Parlamento per dominos Arnaldum (sic) de Monte Acuto, abbatem Moyssiacensem, et magistros Laurencium Vicini, canonicum Carnotensem, et Johannem de Vasconia, canonicum Laudunensem, clericos domini Regis, de anno Domini M° CC° LXX° VIII°.

(Page 32.) De petitione hominum de Colomeriis[1] qui capti sunt in Castro Narbonensi Tholose, ratione vulnerum illatorum in personam servientis domini Regis de Plazentia[2], super quibus jam dicitur inquisitum : INJUNCTUM est Vicario Tholose quod inquestam perficiat celeriter, prout de jure erit, et referat proximo Parlamento.

(Page 35.) De petitione Eleazar de Falgario et consortium suorum, dominorum de Colomeriis, dicentium, inter cetera, quod Vicarius Tholose violenter extraxerat tres homines captos, de carcere dictorum dominorum de Colomeriis, unde petierunt prohiberi Vicario ne vim ejus inferat turbativam :

ORDINATUM est quod cognitio dictorum hominum penes dictum Vicarium remanebit, quia dicebantur servientes domini Regis de Plazentia vulnerasse, salvo jure domino Regi et ipsis supplicantibus super juridictione loci predicti in aliis casibus contingentibus ibidem, currente lite... que pendere dicitur super illa.

1. Colomiers près Toulouse.
2. Plaisance (Haute-Garonne).

Annexe n° 5

(Archiv. municip. de Toulouse AA..., Reg. coté provis. 147, page 32.)

Paris, 1279.

Arresta quedam per auditores deputatos in Parlamento Pentecostes pronunciata (Parisius?), anno Domini M° CC° LXXIX°.

Super supplicationibus consulum Tholose factis contra Vicarium Tholose : Et primo, quod Vicarius Tholose non admitteret indifferenter denunciationes criminum, et occasione hujusmodi, denunciatos non caperet nec detineret incarceratos, quamdiu parati essent fidejubere stare juri : INJUNCTUM EST Vicario predicto quod faciat juxta constitutionem domini Regis que incipit : « Nec occasione criminis, etc. »

Item, super eo, quod dictus vicarius ab hujusmodi denunciatis et captis per viam compositionis exigebat et extorquebat pecunias : INJUNCTUM EST Vicario quod faciat super hoc juxta constitutionem domini Regis que incipit : « Emendas autem », etc.

Item, super eo quod, super injuriis quas apparitores dicti Vicarii asserunt sibi factas, statur et creditur eis solum, licet contrarium appareret forte si inquireretur ; RESPONSUM EST quod creditur servientibus et apparitoribus super his que faciunt ut servientes utentes suo officio ; super violentiis autem vel injuriis que eis contigerit inferri, non credatur eis solis, nisi probetur saltem per unum testem.

Item, super eo quod inhiberetur dicto Vicario ne de cetero villam Tholose custodiat, sed permittat dicte ville custodiam consulibus, cum ad eos solos, ut dicunt, spectet dicta custodia, quod eis negatur per Vicarium... RESPONSUM EST quod dicti Consules custodient villam, prout consueverunt, et nichilominus Vicarius vel subvicarius et servientes ipsorum eam custodiant, cum viderint expedire.

Item, super eo quod dicti consules proponebant quod dictus Vicarius per viam compositionis exigit et extorquet indebitas pecunias, occasione vulnerum et rixarum : Responsum est quod super hoc Vicarius fecerat prout in statuto regio continetur.

(Page 38.) Item, super eo quod dicti Consules proponebant quod dictus Vicarius et ejus judex nituntur defendere et defendunt notarios curie domini Vicarii Tholose taxatos contribuere collectis communibus Tholose : Respondetur quod adeant dictum Vicarium et emendent, et emendam solvant dicto Vicario quia ipsi, ipso prius non interpellato, venerunt super hoc ad curiam supplicandum.

Item, super eo quod idem significabant de Bartholomeo de Quimballo, receptore seu collectore incursuum heresis : Responsum est illud idem quod proximo, videlicet quod adeant Vicarium, et emendent et emendam solvant, pro eo quia ipsum prius super hoc non requisiverunt.

(Page 47.) Item, super supplicatione prioris Beate Marie Deaurate Tholose precipi dicto Vicario ut desistat a turbationibus et inquietationibus quas facit, ut dicitur, dicto Priori super cognitione et decisione causarum civilium inter claustrales suos : Respondetur quod non audiatur quia, cum appellasset, non venit ad diem Senescallie Tholose, et quia dictus Vicarius obtulit dicto priori vel procuratori suo quod, si idem prior habebat justam causam possessionis, prescriptum privilegium, vel aliud per quod vellet se juvare, paratus erat eum audire dictus Vicarius. Sed dictus prior vel procurator ejus allegare vel proponere coram dicto Vicario non curavit.

(Page 48.) Item, super eo quod dictus prior supplicavit, seu ejus procurator pro ipso, sibi provideri et consuli super banquis a quibus se dicebat et feudatarios suos amotos per dominum Guillelmum de Matiscone, tunc vicarium Tholose : Respondetur quod adeat dictum Vicarium et emendet, quia non ostendit hoc prius dicto Vicario.

Annexe n° 6

(Archives de la Haute-Garonne, G 347, f° 55, recto.)

1° Toulouse, dimanche, lendemain de la fête de Saint-Jean-Porte-Latine (7 mai) 1284.
2° Paris, mercredi après la mi-carême (22 mars) 1283 (1284 n. st.).
3° Paris, février 1279, (1280 n. s.).

1° *Presentatio Senescallo per Vicarium Tolose litterarum domini Regis.*
2° *Littere Philippi Regis super observatione arrestorum subscriptorum.*
3° *Incipiunt arresta Curie domini Regis Francorum, declarata* (*Parisius in Parlamento Purificationis B. Marie Virginis, anno Domini* M° CC° LXXIX°) *super articulis per dominum Episcopum Tholosanum propositis.*

Noverint universi presentes pariter et futuri quod, constitutis coram nobili viro domino Eustachio de Bello Marchesio, milite, Senescallo Tholosano et Albiensi : reverendo in Christo patre domino B(ertrando), Dei gratia episcopo tholosano, item et nobili viro domino Ramundo Arnaldi, milite, Vicario Tholose, idem dominus vicarius presentavit dicto domino senescallo quasdam domini Regis patentes litteras quarum tenor talis est :

Philippus, Dei gratia Francorum Rex, Senescallo Tholose aut ejus locum tenenti salutem. Mandamus vobis quatinus ex parte nostra injungatis Vicario nostro Tholose, ut arresta in curia nostra ordinata et determinata super articulis a dilecto et fideli nostro Episcopo Tholosano traditis, que vobis tradimus sub contrasigillo nostro clausa, teneat et observet, et ea prout in dictis articulis videbitis contineri a vestris subditis teneri faciatis et servari.

Actum Parisius, die mercurii post mediam quadragesimam, anno D^m M° CC° LXXX° tercio.

Item, et quosdam articulos sub contrasigillo regio clausos, quorum suprascriptio erat hec : « Articuli expediti per curiam inter Episcopum et Vicarium Tholose », quorum articulorum predictorum, ibidem apertorum, tenores tales sunt[1] :

1. *Arrestum super juramentis contractuum.*

Super eo quod dictus Episcopus Tholose dicebat sibi injuriam factam fuisse, quia Vicarius Tholose inhibuerat notariis domini Regis ne ponerent juramenta in instrumentis suis, dum tamen contractus seu negocia super quibus erant dicta instrumenta confecta possent, sine juramento, de jure subsistere :

FUIT DECLARATUM per curiam : quod non fiebat dicto Episcopo injuria.

2. *Arrestum super cognitione clericatus si vertatur in dubium.*

Item, super eo quod dictus Episcopus proponebat : quod dictus Vicarius aliquando procedebat contra aliquem, qui dicebatur aliquod crimen commisisse, quem Officialis dicti Episcopi vel gentes sue dicebant esse clericum : Non tamen aliter constabat dicto Vicario dictum criminosum esse clericum.

PER CURIAM extitit ordinatum quod Vicarius non desisteret ad procedendum contra talem criminosum, nisi dictus criminosus presentaretur coram dicto Vicario, et si ipso presentato Vicario, et invento quod esset in possessione clericatus, si vertatur in dubium an ipse sit clericus, de hoc cognoscat dictus Episcopus.

1. Ces arrêts sont les mêmes que ceux qui se trouvent page 58 du Registre 147 des Archives municipales, sous ce titre : « Arresta que « sequuntur pronunciata fuere Parisius per dominum nostrum « Regem Philippum Audacem, qui regnare cepit anno domini « M. CC° LXX°, et hoc in Parlamento Purificationis Beate Marie « Virginis, anno M° CC° LXXIX°. »

3. *Arrestum de addiscendo usu super actionibus et criminibus quando agitur pecuniariter, non ad penam corporalem clericorum se immiscentium secularibus negociis.*

Item, super eo quod dictus Episcopus conquerebatur quod dictus Vicarius exercebat juridictionem in clericis, super actionibus et super criminibus :

Extitit ordinatum per curiam quod dictus Vicarius desistat a predictis, dum tamen dicti clerici, etsi sint conjugati, non se implicent secularibus negociis; si vero se implicent secularibus, sive sint conjugati sive non, — cum extiterit propositum pro jure domini Regis quod dictus Rex et sua curia Tholose est in possessione cognoscendi, et fuit longo tempore, de actionibus personalibus et excessibus seu criminibus, cum agitur pecuniariter et non ad penam corporalem contra clericos secularibus negociis se implicantes, et ita extitit usus ut proposuit pars Vicarii, licet dictus usus negaretur per partem dicti Episcopi : — fuit dictum per curiam quod de dicto usu addiscatur veritas.

4. *Arrestum ne Vicarius cognoscat de criminibus clericorum que requirunt penam corporalem.*

Item, fuit inhibitum per curiam ne Vicarius cognosceret de criminibus clericorum conjugatorum seu non conjugatorum se implicantium secularibus negociis vel non implicantium, que requirunt penam corporalem.

5. *Arrestum de addiscenda veritate usus super exigenda pena per Vicarium Tholose a laïcis conventis in curia Episcopi.*

Item, super eo quod dictus Episcopus conquerebatur quod dictus Vicarius prohibebat laïcos et clericos secularibus negociis (se) implicantes, ne ipsi responderent in curia Episcopi Tholosani quando conveniebantur per clericos; responsum fuit ex parte vicarii quod bene prohibebat laïcos et clericos se implicantes secularibus negociis ne responderent in curia Episcopi Tholosani, et quod ipsos puniebat quando contingebat ipsos in dicta curia respondere, et quod ita de jure poterat, et extiterat diutius usitatum. Ex parte vero episcopi Tholosani fuit usus contrarius allegatus.

Ordinatum fuit per curiam quod super isto usu veritas addiscatur.

6. *Arrestum ne Vicarius cognoscat de viribus matrimonii.*

Item, super eo quod dictus Episcopus conquerebatur quod quandoque incidebat questio matrimonialis civili questioni :

Fuit declaratum per curiam quod dictus Vicarius non cognosceret de viribus matrimonii utrum esset legitimum vel illegitimum; poterat tamen cognoscere utrum aliquis tenuerit seu teneat aliquam pro uxore, et utrum vicini ita reputant vel reputaverunt; et poterit se informare utrum matrimonium fuerit contractum inter aliquos de facto. Et si agatur judicio possessorio seu in quo sufficit probare possessionem matrimonii : Juxta modum predictum Vicarius predictus procedat in dicto negocio, et deffiniat dictum negocium per quamcumque exceptionem matrimonii illegitimi. Si vero agatur judicio petitorio, et non opponatur dicta exceptio, cum agitur judicio petitorio vel aliqua alia civili questione in qua non sufficit probare possessionem matrimonii : Extitit ordinatum quod Vicarius non procedat in dicto negocio quousque de dicta exceptione fuerit cognitum per curiam dicti Episcopi, ut jus erit.

7. *Arrestum ne Vicarius capiat clericos nec molestet eorum parentes, postquam fuerint delati pro criminibus in curia domini Episcopi.*

Significavit Regie magestati procurator Episcopi tholosani quod, cum aliqui clerici super criminibus sunt delati in curia episcopi tholosani, et tandem sunt per procuratorem dicti episcopi sententialiter absoluti, dictus Vicarius interdum capit dictos clericos, interdum etiam inhibet parentibus et amicis dictorum clericorum, sub certa pena, ne dictos clericos in suis hospiciis recipiant, vel alimenta seu alia necessaria eisdem ministrant, et hoc facit ut secum transigant vel componant : Non fiat ut proponitur.

8. *Arrestum ne Vicarius deffendat clericos citatos et conventos in curia Episcopi, existentes in habitu laïcali, dum modo constet eos fuisse in possessione clericatus tempore citationis.*

Item, cum aliqui malefactores citantur et perquiruntur per officiales dicti Episcopi tholosani, dicti clerici latitant, tanquam male conscii et culpabiles; interdum dicti clerici dimittunt tonsuram et habitum clericalem, et vestes virgatas recipiunt ne possint de dictis criminibus per curiam Episcopi coherceri; et eosdem Vicarius tanquam laïcos deffendit, inhibendo gentibus dicti Episcopi ne contra tales in aliquo procedant : Non fiat, si constiterit eos esse in possessione clericatus tempore citationis.

9. *Arrestum ne Vicarius capiat clericos non fragrante delicto, nec molestet eorum parentes, quamvis nolint fidejubere pro dicto crimine coram eo.*

Item, Vicarius capit clericos pro criminibus, non fragrante delicto, et cum nolunt clerici fidejubere de parendo juri coram eo super ipsis criminibus, inhibet parentibus et amicis ne eos recipiant : Injuria fit Episcopo si ita est, et non fiat.

10. *Arrestum ne Vicarius audiat confessiones clericorum per ipsum captorum pro criminibus.*

Item, idem Vicarius audit confessiones clericorum per ipsum vicarium captorum ratione criminum, antequam ipsos velit restituere gentibus Episcopi : Injunctum est Vicario ne hoc faciat.

11. *Arrestum ne Vicarius detineat captos clericos, pro obligationibus per eos factis ad sigillum curie Regie super contractibus mercatorum.*

Item, dum clerici non conjugati vel conjugati obligant se

ad sigillum domini Regis super contractibus initis cum mercatoribus, idem Vicarius capit ipsos clericos in Castro Narbonensi, et eos captos detinet donec dicti clerici satisfecerint dictis mercatoribus : Respondetur : ne hoc fiat.

12. *Arrestum quod Vicarius clericos per eum captos restituat gentibus domini Episcopi.*

Item, clericos captos per ipsum Vicarium, non vult restituere gentibus dicti Episcopi, sed ipsos clericos restituit sibi ipsis : Injunctum est vicario ne hoc faciat.

Requirens insuper dictus dominus Vicarius me Vitalem Aycardi, publicum Tholose notarium, qui ibi presens eram, ut de premissis eidem facerem publicum instrumentum.

Hoc fuit ita factum Tholose, die dominica in crastinum festi beati Johannis ante Portam Latinam, regnante Philippo Francorum Rege, et dicto Bertrando, episcopo tholosano, anno incarnationis Domini M° CC° octuagesimo quarto.

Predictorum vero omnium sunt testes : dominus Petrus de Fontanis, illustris domini Regis thesaurarius in partibus tholosanis; dominus Garnerius de Cordua, judex domini Senescalli; magistri Hugo de Banheriis, Jacobus Picardi, et Bardinus, notarii curie dicti domini Vicarii; juris peritus dominus Hugo Mascaroni, dominus Sicardus de Bartis, canonici ecclesie Sancti Stephani Tholose; et Vitalis Aycardi, publicus Tholose notarius fuit ad omnia presens et est inde testis; et cartam istam scripsit ad postulationem domini Vicarii antedicti.

Annexe n° 7

(Archives de la Haute-Garonne, G 347, f° 56, verso.)

Paris, novembre 1282.

De arrestis Senescalliarum Tholosane et Carcassonensis expeditis in curia Francie, in Parlamento Omnium Sanctorum, anno D^m M° CC° LXXX° secundo.

Noverint universi quod quamplurimis petitionibus factis et oblatis serenissimo domino Philippo, Regi Francorum illustri, et suo Concilio a venerabilibus patribus domino Bertrando, Tholosano, domino Poncio, Biterrensi, Dei gratia episcopis, et domino B., eadem gratia electo Carcassonensi, et quamplurimis personis aliis de senescalliis Carcassonensi et Tholosana, prout inferius nominantur, in Parlamento Omnium Sanctorum, anno Domini M° CC° LXXX° secundo, magister Henricus de Verzel..., archidiaconus Bajocensis, dominus Fulco de Lauduno, archidiaconus, et magister Nicholaus de Cathalon...., thesaurarius Embroycensis, clerici domini Regis, ex parte ipsius et pro toto suo Concilio, ipsas petitiones determinaverunt, et de ipsis arresta reddiderunt in hunc modum :

1. *Arrestum quod homines feudales domini Episcopi tenentur ire ad exercitum domini Regis, nisi ostendant privilegium vel aliam immunitatem.*

Dicit Episcopus tholosanus quod Senescallus tholosanus nititur extorquere ab hominibus et feudalibus ejus pecuniam, quia ad exercitum non iverunt contra comitem Fuxensem, et eos facere ire in exercitum : unde petit senescallo mandari ut a predictis desistat, cum sint immunes ab hujusmodi exercitu et liberi, et in dicta libertate et immunitate fuerunt non eundi ad exercitum dominorum Tholose et Comitatus Tholosani, qui pro tempore fuerunt, tempore longissimo et a quo memoria non existit. RESPONDET Consilium domini Regis : quod tenentur ire ad exercitum nisi ostendant privilegium vel immunitatem.

2. *Arrestum quod mobilia clericorum delinquentium spectant ad dominum Episcopum, et etiam immobilia, si sint in sua juridictione temporali.*
Item, gentes domini Regis nituntur confiscare bona delinquentium clericorum, tam mobilia quam immobilia, cum veniunt in commissum, et impediunt ne Episcopus ea possit habere vel percipere tanquam sua. RESPONDETUR : mobilia clericorum qui gaudent privilegio clericali habebit Episcopus, immobilia non, nisi ea que sunt sub sua juridictione temporali in qua habet incurramenta.

3. *Arrestum de servando usu super cognitione quando proponitur exceptio clericatus coram gentibus domini Regis.*
Item, cum proponitur exceptio clericatus coram gentibus domini Regis, ipsi de exceptione hujusmodi nituntur cognoscere, nec ad cognoscendum super hoc remittunt clericos dicto Episcopo, ut deberent, ad quem, de jure, pertinet cognitio in premissis cum sit res spiritualis. RESPONDETUR : Servetur prout hactenus usitatum est.

4. *Arrestum quod laicus conventus in curia Officialis per clericum, si proponat exceptionem rei immobilis, remittatur ad judicem secularem.*
Item, si laïcus conveniatur a clerico coram Officiali super aliquibus rebus, et per laïcum realis exceptio proponatur, clerico contrarium asserente, nituntur impedire ne judex ecclesiasticus de dicta questione cognoscat, et examinet an sit vera, an sua sit juridictio cognoscendi, quod est contrarium rationi, maxime cum curia Episcopi sit in possessione de hiis cognoscendi. RESPONDETUR : quod si appareat, ex

conceptione libelli, quod proponatur actio in rem ad rem immobilem contra laïcum de juridictione Regis, non est expectanda cognitio, sed incontinenti debet remitti ad judicem secularem.

5. *Arrestum de inquirendo usu si clericus agit contra laïcum vel e contrario, in curia Episcopi, super rebus pignori obligatis, de quibus percipitur ultra sortem.*

Item, cum clericus vel laïcus agit contra clericum vel laïcum, in curia dicti Episcopi, super rebus pignori obligatis, de quibus perceptum est ultra sortem, nituntur impedire ne curia domini Episcopi de ipsis cognoscat, ad quem de jure et de usu longissimo, et a tempore quo memoria non existit, spectat cognitio in premissis. RESPONDETUR : Inquiratur de usu longissimo ex parte Episcopi allegato.

6. *Arrestum quod gentes Episcopi possunt capere clericos malefactores in viis et in plateis, et in hospiciis laïcorum, de voluntate tamen dominorum hospiciorum dictorum.*

Item, nituntur gentes domini Regis impedire ne officiales dicti episcopi, vel ejus nuncii, capiant clericos malefactores si se receperint in domibus laïcorum aut alibi, in districtu domini Regis, nisi cum licencia et familia eorumdem. RESPONDETUR : Permittendum est Episcopo capere clericos suos in viis et plateis; item, in domibus, dum tamen fiat de permissione dominorum ipsarum domorum.

7. *Arrestum quod permittatur Episcopo et clericis exigere decimas et primicias que de jure divino debentur, vel loci consuetudine approbata.*

Item, nituntur impedire ne decimas seu primicias clerici exigant ab illis qui hactenus, per maliciam vel potentiam, subtraxerunt eas nec solvere voluerunt, nec de illis rebus de quibus non fuerunt decime vel primicie retroactis temporibus persolute, cum de jure, et speciali constitutione domini Regis et Legatorum Sedis Apostolice, decime hujusmodi in tota provincia Narbonensi clericis et ecclesiis debeantur. RESPONDETUR : Permittatur exigere decimas que de jure divino debentur, vel loci consuetudine approbata ; aliàs, non, nec ultra quam sit a jure concessum.

8. *Arrestum quod Rex teneatur in possessione capiendi laicos in juridictione sua, etiam in claustris.*

Item, Vicarius Tholose dicit quod quidam de canonicis et clericis Ecclesie tholosane, infra claustrum ejusdem ecclesie, quemdam domicellum quem ejus nuncii ibidem ceperant et inde nitebantur captum adducere, abstulerunt; propter quod, idem Vicarius a preposito et capitulo ecclesie qui factum hujusmodi ignorabant, et qui nullam culpam inde habebant, dictum domicellum sibi reddi et emendam fieri postulavit, quanquam idem claustrum privilligiatum existat ab illustribus Regibus Francorum quod nullus nuncius seu missus curie domini temporalis aliquem ibi capiat, sine nuncio et licentia prepositi et capituli predictorum, et hoc, longissimo tempore et a quo memoria non existit, observatum fuerit ; et quia emendam hujus(modi) ad requisitionem ejus facere noluerunt, idem Vicarius bovarias et quamdam villam dictorum prepositi et capituli occupavit seu bannivit, ponendo ibidem nuncios suos qui bona predicta adhuc detinent occupata. RESPONDETUR : Inspiciatur locus captionis et recusse, et si inveniatur quod hec facta fuerint in juridictione Regis, cogantur ad emendam et delinquentes et facientes, etiamsi capitulum inveniatur ratificasse hoc delictum, et restituatur Rex ita quod non videatur saisina cecidisse, et fiat recredentia medio tempore.

Annexe n° 8

(Archives de la Haute-Garonne, G 347, f° 57, verso.)

Paris, sans date. — Après 1285.

Arrestum de violencia Senescalli Tholosani facta Episcopo in monasterio Lesatensi.

Petit dominus Episcopus violenciam removeri quam dicit Senescallum tholosanum fecisse monasterio Lesatensi, bona ejus pignorando, pro eo quia abbas dicti loci offensam a quodam monacho factam servienti domini Regis nolebat emendare, qui abbas non habebat ullam culpam. RESPONDETUR : Non audietur episcopus nisi ostendat se habere mandatum ab abbate Lesatensi.

2. *Arrestum quod permittatur Episcopo tenere furcas in illis locis in quibus constiterit ipsum habere altam et bassam juridictionem.*

Item, cum Episcopus tholosanus esset in possessione vel quasi exercendi in dicto (*sic*) castro et ejus tenemento merum et mixtum imperium et omnem juridictionem, et ipse et predecessores sui in hujusmodi possessione fuissent tempore longissimo et a quo memoria non existit, magister G. de Novilla et dominus Florencius de Varennis, sine cause cognitione, ipso Episcopo non vocato, dictas furcas dirruerunt, ipsum episcopum ipsa possessione dissaysiendo. Unde petit, remota hujusmodi violencia, in statum pristinum reduci. RESPONDETUR : Si constiterit Episcopum habere juridictionem altam et bassam in dicto loco, permittendum est ei habere ibi furcas.

3. *De recognitione Castri de Fano Jovis super homagio.*

Item, cum castrum de Fano Jovis, diocesis tholosane, sit

de feudo dicti Episcopi, et Comites Tholosani recognoverint ab eo se tenere, et eis homagium et fidelitatem prestiterint pro eodem, supplicat idem episcopus sibi super hoc provideri quod sibi et ecclesie sue jus suum conservetur. RESPONDETUR : Scietur veritas de illo tempore quo Comites Tholosani erant veri domini terre et nunciabitur Regi.

Arrestum de contributione clericorum talliis communibus.

Si clerici possidentes bona temporalia compellantur contribuere talliis communibus, quod adeant judices regales et fiet eis jus.

Annexe n° 9

(Archives de la Haute-Garonne, G 347, f° 63, recto.)

Paris. — Sans date.

Arrestum ne Senescallus tholosanus vel ejus locum tenens servientes, vel saysinam, vel manum regiam apponant in ecclesiis diocesis Tholosane.

De petitione Episcopi Tholosani, injunctum est Senescallo tholosano vel ejus locum tenenti quod servientes, vel saisinam, vel manum regiam non ponant in ecclesiis sue diocesis, nisi in casibus pertinentibus ad dominum Regem, et si quas posuit, faciat amoveri.

Ne clerici mecanicas artes exerceant; alioquin, non gaudeant privilegio clericali.

Ad petitionem procuratoris domini Regis, monitus est Episcopus tholosanus quod clericos mecanicos et artes mecanicas, sceva et vilia exercentes, moneat ut desistant a predictis infra tres menses ab amonitionis tempore computandos; alioquin, ex tunc non gaudeant privilegio clericali.

De duobus solidis qui exiguntur pro contumaciis clericorum.

Super duobus solidis qui exiguntur pro contumaciis clericorum Respondetur : quod si de clericatu constet eorum[1] tempore quo citati fuerunt, non exigentur ab eis duo solidi supradicti.

De debato Episcopi et Consulum Tholose super cognitione bigamorum.

Super debato procuratoris Episcopi tholosani et Consulum Tholose super cognitione bigamorum in prisione domini Regis detentorum : Respondetur quod ubi offertur prompta fides de bigamia predicta, pendente hujusmodi cognitione, detentatio bigami penes domini Regis curiam remanebit.

Annexe n° 10

(Archives de la Haute-Garonne, G 347, f° 59, recto.)

Toulouse, Parlement de .. 1287.

Hec sunt arresta domini Episcopi (Tholosani), expedita per dominum B. divina permissione abbatem Maysiacensem, et magistrum Laurencium Vicini, capicerium Carnotensem, et Johannem de Vaxonia, clericos domini Regis, tenentes pro eodem Rege Parlamentum Tholose, in Parlamento, sub anno Domini M° CC° octuagesimo septimo.

1. *De pedagiis et maxime de sale.*
Super petitione Episcopi Tholosani dicentis apud Carcassonam de novo levari pedagium de hiis que clerici ad usus proprios transvehi faciunt, maxime de sale, quia dicebatur ab antiquo usitatum quod pedagium ab eis non recipie-

---

1. Mss. *ejus.*

batur : ORDINATUM est quod informet se judex ordinarius Carcassone si de novo (levatur pedagium), et si ita invenerit, prohibebit ne fiat.

2. *Ne turbetur Episcopus super juridictione monasterii Lesatensis.*
Item, de petitione ejusdem dicentis se turbatum per Senescallum Carcassone (super) exercicio juridictionis spiritualis in monasterio Lesatensi : MANDATUM est ne turbetur.

3. *De pedagio Mali Consilii.*
Item, de petitione ejusdem super pedagio Mali Consilii, quod dicebat levari in loco ipsius Episcopi, cum non fuerit assuetum, ut dicit : RESPONDETUR quod si inveniatur ordinatio facta super isto, servabitur ; sin autem, inquiretur si de novo, in dicto loco, vel ab antiquo, illud levari fuerit assuetum, per magistros Guillelmum de Menilio-Alberici, Tholose, et magistrum Arnaldum de Ponte, Ville Longe, judices, et referetur proximo Parlamento et fiet jus.

4. *Ut clerici existentes in possessione clericatus, si capti fuerint per manum regiam, statim restituantur Episcopo vel ejus Officiali, non obstante dubio clericatus.*
Item, de petitione ejusdem dicentis quod, cum aliquis capitur per curiam Senescalli, et dubitetur an fuerit clericus nec ne, quod recusatur eidem reddi : MANDATUR Senescallo, Vicario et consulibus quod si appareant clerici, vel dubitetur an sint, dummodo in possessione fuerint clericatus, quod statim illos restituant dicto Officiali. Si vero, in possessione laïcatus, non appareant clerici, remanebunt penes Senescallum, Vicarium, vel consules, et inquiretur per predictos qualiter super cognitione talium fuerit usitatum, et fiet jus.

5. *De pedagio Sancte Gavelle[1], de novo.*
Item, de petitione ejusdem dicentis levari apud Sanctam

1. Cintegabelle (Haute-Garonne).

Gavellam pedagium de novo, a clericis portantibus, sive transeuntibus, transvehentibus victualia propria ad usus proprios per flumen Aregie[1] : INQUIRETUR per Senescallum si de novo, et si (ita) invenerit, prohibebit ne fiat.

6. *De salino Castri Mauronis*[2].

Item, de petitione ejusdem super salino Castri Mauronis, in cujus possessione dicit se de novo turbatum sive disaisitum per Vicarium Tholose :

Audito quod dominus Rex est super hoc in possessione, ratione salini Tholose, et ibi et per Vicariam[3] Tholose : RESPONDETUR quod agat super hoc Episcopus, si voluerit experiri, via ordinaria, et sua crediderit interesse, et nichilominus injunctum Senescallo quod si ab anno citra novitatem invenerit factam, quod illam faciat amoveri.

7. *De restitutione clericorum existentium in possessione clericatus, quamvis dubitatur an sint clerici vel non.*

Item, de petitione ejusdem dicentis : quod clericos captos et incaptos recusat Vicarius restituere Officiali, licet sepius requisitus :

MANDATUR Senescallo, Vicario et Consulibus quod si appareant clerici, vel dubitetur an sint, dum tamen in possessione fuerunt clericatus, quod statim illos restituant dicto officiali, vel ejus mandato. Si vero non sint in possessione clericatus, vel non appareant clerici, remanebunt penes senescallum, vicarium, vel consules, et inquiretur per predictos quid super cognitione talium fuerit usitatum, et fiet jus.

8. *De turbatione juridictionis de Monte Bruno*[4]

Item, de petitione ejusdem dicentis se turbatum a procuratore domini Regis super exercitio juridictionis infra certos

1. L'Ariège.
2. Castelmaurou (Haute-Garonne).
3. Mss : *Vicarium*.
4. Montbrun (Haute-Garonne).

terminos castri de Monte Bruno, quia disceptebatur de terminis et exercicio juridictionis : loco magistri Egidii Ca melini, clerici domini Regis absentis, qui ad limitationem terre episcopalis faciendam cum Senescallo tholosano fuerat deputatus, subrogatus es Vicarius Tholose, et mandatur eis quod in ea procedant secundum continenciam dicti domini Regis litterarum, et interim tenebitur res contentiosa in manu regia, et scietur indilate quis esset in possessione dicti exercicii, et fiet jus.

8 (bis). *De clerico dissaisito per Senescallum possessione cujusdam beneficii.*

Item, de petitione Petri Ramundi de Sancto Paulo, legitimi administratoris filii sui, dicentis filium dissaisitum violenter per Senescallum tholosanum possessione cujusdam beneficii, dicto filio collati per episcopum proxime deffunctum : Fiet informatio per magistrum Guillelmum, judicem Tholose, et magistrum Petrum de Cenomanis, notarium curie Vicarii Tholose, et refferent in proximo Parlamento.

9. *De hospitali Castri Sarraceni*[1].

Item, de petitione episcopi Tholosani dicentis se dessaisitum possessione instituendi ministrum seu gubernatorem in hospitali Castri Sarraceni, per Senescallum Tholosanum : Audito et intellecto quod tam dominus Rex quam ejus predecessores sunt et fuerunt in possessione instituendi gubernatorem in dicto hospitali, per se, vel per consules dicti loci : respondetur quod agat via ordinaria predictus episcopus, si super hoc voluerit et sua crediderit interesse, vocatis consulibus dicti loci.

1. Castelsarrasin (Tarn-et-Garonne).

Annexe n° 11

(Archives de la Haute-Garonne, G. 345, f° 42 v°, titre 142)

1° Toulouse, le samedi après l'octave de la Pentecôte
(29 mai) 1288.
2° Toulouse, le vendredi après l'octave de la fête des apôtres
Pierre et Paul (7 juillet) 1290.

1° *Littera super arresto facto (pro capitulo Sancti Stephani Tholose) per tenentes Parlamentum Tholose.*
2° *Vidimus illius littere ex parte Vicarii Tholose.*

Noverint universi quod nos Raimundus Arnaldi, miles, vicarius Tholose, vidimus et diligenter perlegimus quoddam arrestum tribus sigillis sigillatum, videlicet dominorum B. miseratione divina abbatis Moysiacensis, Laurencii Vicini, Petri de Capella, domini Regis Francorum clericorum, tenentium Parlamentum Tholose pro eodem, non viciatum, non cancellatum, nec in aliqua sui parte abolitum, ut prima facie apparebat, cujus tenor talis est :

B., miseratione divina abbas Moysiacensis, Laurencius Vicini, capicerius Carnotensis, Petrus de Capella, canonicus Parisiensis, clerici domini Regis Francorum, tenentes Parlamentum Tholose pro eodem domino Rege, Vicario Tholose salutem. Mittimus vobis quoddam arrestum quod per nos extitit ordinatum in hunc modum :

« Vobis, venerabilibus viris pro domino nostro Rege Francorum tenentibus Parlamentum Tholose, significat supplicando capitulum Sancti Stephani quod, cum quidam homo aufugisset ad ecclesiam de Nazareno[1], et postmodum, per vim quidam nuncii consulum Tholose predictum hominem extraxissent, et ad domum communem adduxissent, et eum-

1. Église de Nazareth, à Toulouse.

dem tenendo, predicti consules, in injuriam et magnum predicte ecclesie prejudicium, questionarunt seu torquerunt in questionibus taliter quod predictus homo ire minime potest; cumque etiam predicti capituli dictum hominem reddidissent seu reddi fecissent ad dictam ecclesiam, ipsum ibi a quibusdam eorum nunciis fecerunt infra dictam ecclesiam custodire. Quare supplicat predictum capitulum a dictis injuriis et violenciis illesam dictam ecclesiam custodiri, et inhiberi predictis consulibus et aliis juridictionem exercentibus ut de cetero talia facere non presumant.

Super quibus petit dictum Capitulum et supplicat sibi fieri justicie complementum ».

RESPONDETUR quod servabitur immunitas ecclesie, corruptela contraria non obstante, et removebuntur custodes de intra ecclesiam; et quod permittatur malefactori libere in ecclesia ad quam confugit quiescere, comedere et dormire, nec cuiquam permittatur eidem subtrahere alimenta, secundum canonicas libertates, et ad exequendum predicta deputatur Vicarius Tholose. Unde vobis mandamus quatinus compleatis que in dicto arresto superius continentur.

Datum Tholose, die sabbati post octabas Penthecostes, anno Domini M° CC° LXXX° octavo.

In cujus visionis testimonium, nos Vicarius supradictus sigillum curie Vicarii Tholose presenti transcripto duximus apponendum.

Datum Tholose, die veneris post octabas apostolorum Petri et Pauli, anno Domini M° CC° nonagesimo.

Annexe n° 12

(Archives de la Haute-Garonne, G. 347, f° 59 v°.)

Toulouse, Parlement de... 1288.

Hæc sunt arresta domini Episcopi, expedita in Parlamento Tholose per dominos B. miseratione divina, abbatem Moysiacensem, magistrum Laurencium Vicini, capicerium Carnotensem, Petrum de Capella, canonicum Parisiensem, domini Regis clericos, sub anno Domini M°CC°LXXXVIII°.

1. De appellatione episcopi ad Regem sine intermedio, vel ad episcopum, et de aliis articulis.

De petitione Episcopi Tholosani : quod a judice episcopi ad ipsum episcopum, et ab ipso episcopo, ad Regem sine medio appelletur, sive judex ex officio procedat, sive moveat causam privatus contra privatum, sive procurator episcopi contra privatum : RESPONDETUR quod a judice episcopi appellabitur ad episcopum, in causis etiam in quibus potest provenire commodum ad episcopum, ex sequela seu ex pene consequtione, ut est videre in causis criminalibus, in quibus sententiam super crimine, sequitur, ex lege vel consuetudine, pena bonorum vel simile.

2. Super articulo vero : an in causa que principaliter intentatur ad episcopi commodum pecunie vel bonorum, coram judice Episcopi ?

Licet omnes consenserint quod posset excipi quod non esset judex competens in causa episcopi, — duobus exceptis dicentibus : « de jure canonico, non esse causam episcopi sed ecclesie, » — tamen, si sponte processum fuerit et judex episcopi sententiam tulerit : nobis tenentibus Parlamentum, cum major pars de concilio nobis assistenti[1] dicebant contrarium, videlicet quod appellandum esset in causis hujusmodi ad dominum Regem : PROVIDIMUS Curiam consulendam.

3. *Super articulo vero : an a senescallo episcopi sit appellandum ad episcopum ?*

Nobis tenentibus Parlamentum videbatur, propter verba Compositonis[2], quod ab ipso senescallo appellandum esset ad episcopum, sed, quibusdam de consilio nobis assistentibus videbatur quod appellandum esset ab ipso senescallo episcopi ad dominum Regem, quia universaliter locum tenet episcopi. — PROPTER parem numerum discordantium, providimus ut supra, etc. (*sic.*)

4. *Super articulo vero : an ab ipso (episcopo) appellandum sit ad dominum Regem solum, exclusis quibuscumque aliis ipsius judicibus tholosanis ?*

Visum fuit omnibus nobis et assistentibus nobis quod sic, vi verborum Compositionis. Tamen, quamplures de assistentibus asserebant aliam esse intentionem concedentis, et rem publicam ledi, et maxime personas miserabiles que de facili non possunt ad dominum Regem habere aditum et accessum; item, quia procurator domini Regis dicebat « a tempore Compositionis citra judices domini Regis super hiis esse in possessione vel quasi, et sic usum fuisse »; parte Episcopi dicente : « quod ipso invito et reclamante, et continue querimonias defferente » :

PROVIDIMUS nt supra, etc. (*sic.*)

5. *De inquirendo usu.*

Item, de petitione Episcopi super cognitione clericatus illorum qui per curiales domini Regis sunt in laïcatus ha-

---

[1]. Mss. *cum majori parte de concilio nobis assistentibus dicebant.*
[2]. *La Philippine*, traité conclu entre le roi Philippe le Hardi et l'évêque de Toulouse, Bertrand de L'Isle.

bitu super criminibus deprehensi : Respondetur, quia Curia per arrestum ordinavit inquiri de usu, prout in quadam cedula ibidem exhibita videtur contineri, quod fiet, si placet domino Episcopo, aliter, adeat Curiam; licet diceretur a quibusdam quod aliter, per dominum Episcopum Ebroycensem et magistrum Henricum de Verdalli fuerat postmodum de mandato Curie ordinatum : cujus ordinationis nulla extitit facta fides.

6. *De restitutione clericorum ut supra.*

Item, de petitione Episcopi quod clerici capti per curiales domini Regis statim restituantur eidem : Respondetur quod arrestum factum super hoc tenebitur; de attemptatis vero in contrarium inquiretur, vocatis evocandis, et punientur attemptantes.

7. *De fractione carceris Episcopi, (restitutione clericorum, confessionibus clericorum per curiam secularem non audiendis).*

De fractione vero carceris episcopi, et extractione Ramundi Pictavini qui clericus asseritur; vocatis procuratore regio et aliis evocandis, inquiretur; et si ita constiterit, emendabitur factum.

Ad excusationem vero illorum qui dicunt : se non reddituros clericos captos, sine mandato speciali Senescalli : Respondetur quod nulla est excusatio, et precipitur eis quod illos clericos reddant indilate cum requisiti fuerint, si appareant clerici, vel in possessione fuerint clericatus.

Item, de petitione Episcopi, respondetur quod servabitur arrestum super non audiendis confessionibus clericorum captorum per curiam secularem.

8. *De servando arresto superius ordinato de clericis statim restituendis.*

Item, ad petitionem ipsius Episcopi, injunctum est Senescallo, Vicario et consulibus Tholose, judicibus et aliis officialibus domini Regis, quod arrestum super restitutione clericorum ordinatum (observent), forma cujus sequitur in hunc modum :

De clericis existentibus in possessione clericatus, etiamsi fuerit dubium, statim restituendis,

De petitione Episcopi dicentis quod clericos captos in castro Narbonensi recusat Vicarius restituere Officiali, licet pluries requisitus : MANDATUR Senescallo, Vicario, et Consulibus quod si appareant clerici, vel si dubitetur an sint, dummodo in possessione fuerint clericatus, quod statim restituant dicto Officiali, vel ejus mandato, et hoc faciant inviolabiliter observari. — Fiet.

9. *De inquirendo usu super trahendis laïcis per clericos in curia Officialis.*

De petitione Episcopi super eo quod clerici trahunt et usi sunt trahere in personalibus (actionibus) laïcos in curia (sua), super quorum antiqua possessione dicit se impeditum : quia pro parte domini Regis (extitit assertum quod Senescallus) est et fuit in possessione prohibendi et puniendi predicta : RESPONDETUR quod inquiretur de usu hinc inde, prout in arresto in quadam cedula et ibidem exhibita continetur.

10 *De inquirendo usu super exactione leude a clericis.*

De petitione Episcopi dicentis se esse in possessione deffendendi clericos a prestatione leude sive pedagii : INQUIRETUR de usu episcopi, et juribus et deffensionibus domini Regis.

11. *Ne pedagia a clericis exigantur.*

Item, ad petitionem ejusdem, PROHIBETUR ne pedagia, contra libertates ecclesie, a clericis et personis ecclesiasticis exigantur.

12. *De limitatione terre episcopalis.*

Super limitatione terre episcopalis, MANDAMUS eidem (Senescallo scilicet) super hoc observet quod injunctum est, et refferet ad proximum Parlamentum.

Annexe n° 13

(Archives de la Haute-Garonne, G 347, f° 58.)

Toulouse, vendredi après la Saint-Hilaire (16 janvier) 1288.
(1289, n. st.)

Arresta ordinata in Parlamento Tholose.

B., miseratione divina abbas Moysiacensis, Laurencius Vicini, capicerius Carnotensis, P. de Capella, canonicus Pariensis, clerici domini Regis Francorum, tenentes Parlamentum Tholose pro eodem domino Rege, senescallo Tholosano vel ejus locum tenenti salutem. Noveritis nos quoddam arrestum ordinasse, forma cujus sequitur in hunc modum :

De amotione banni appositi per manum regiam super castro Belli Podii[1] *et pertinentiis.*

De petitione Episcopi tholosani quod amoveretur manus regia apposita per locum tenentem Senescalli tholosani in castro Belli Podii et locis petinentibus ad dictum castrum, cum ab episcopo teneatur, ut dicitur, immediate in feudum, et avoetur ab eo per dominos ejusdem castri :

ORDINATUM est quod de castro Belli Podii et locis pertinentibus ad ipsum, prout ad manum regiam posita per tenentem locum senescalli tholosani fuerant, manus regia amoveatur, et deliberentur episcopo tholosano, a quo avoentur teneri in feudum per Ramundum Fortis et Sicardum de Bello Podio, militem, fratres, et Ramundum Fortis filium Ramundi Fortis, domicelli quondam, ea conditione quod teneatur episcopus Regi de indempnitate que eidem Regi de fortalicio ipsius castri, ipsius episcopi negligentia vel suorum, posset contingere. Volumus tamen quod per predicta

1. Belpech de Garnagois (Aude).

nullum prejudicium generetur episcopo seu ejus successoribus vel ecclesie tholosane, quantum ad proprietatem et possessionem subjectionis dicti castri et pertinenciarum suarum, nec persone episcopi et successorum ejusdem quominus sint in eadem libertate et statu in quibus erant ante manus regie appositionem predictam.

Dictus vero episcopus ipsius manus regie amotionem castri et pertinentiarum ejusdem seu locorum ad ipsum castrum pertinentium, et deliberationem eorumdum sibi factam, necnon illam clausulam « Volumus, etc. ». usque ad finem superius positam approbavit et recepit ; modum autem seu conditionem in ipsa deliberatione castri seu pertinentiarum ejusdem per dominos magistros appositam non admisit, ymo, expresse contradixit eidem, et protestatus fuit quod dictum locum seu loca et pertinentias predicta recipiebat sine omni conditione, pure et libere, ut suum, tanquam ille a quo tenetur immediate in feudum.

Unde vobis mandamus quatinus compleatis et etiam observetis que in dicto arresto superius continentur.

Datum Tholose, die veneris post festum beati Ylarii, anno Domini M° CC° LXXXVIII°.

Annexe n° 14

(Archives de la Haute-Garonne, G 347, f° 58, v°.)

1° Toulouse, lundi avant la Saint-Vincent (17 janvier) 1288 (1289 n. st.)
2° Toulouse, 1288.

1° *Littere clericorum Regis tenentium Parlamentum Tholose super observatione quorumdam arrestorum;*

2° *Arresta ordinata in Parlamento Tholose ne episcopus impediatur exercere justiciam canonicam in clericos et monachos sibi subjectos.*

B. miseratione divina abbas Moysiacensis, Laurencius Vicini, capicerius Carnotensis, Petrus de Capella, canonicus

Parisiensis, illustris Regis Francorum clerici, tenentesque pro eodem domino Rege Parlamentum Tholose, salutem. Noveritis nos in Parlamento quedam ordinasse, forma quorum sequitur in hunc modum :

De petitione Episcopi tholosani dicentis se impediri per senescallum et vicarium Tholose, et senescallum Carcassonensem et eorum gentes, in clericos sibi subjectos et monachos justiciam exercere canonicam : INJUNCTUM EST dictis senescallis et vicario, et officialibus sub eis, ne super premissis ipsum impediant.

2 *De clericis qui sunt in servicio Regis.*

Item, de petitione ejusdem dicentis quod curia senescalli Tholosani, et senescalli Carcassone, et vicarii Tholose, impedit officiales episcopi trahere ad judicium coram se clericos, et prohibet clericos respondere in curia Officialis, quando dicunt dicti clerici se esse in servicio domini Regis : INJUNCTUM est senescallo et vicario quod in clericos predictos permittant dicto episcopo absque obstaculo juridictionem suam exercere.

Mandantes vobis quatinus predicta arresta et contenta in eis observetis et a vestris faciatis subditis observari.

Datum Tholose, die lune ante festum beati Vincentii, anno Domini M° CC° LXXXVIII°. — Reddite litteras.

Annexe n° 15

(Archives de la Haute-Garonne G 347, f° 58.).

Toulouse, vendredi avant la Saint-Vincent (21 janvier) 1288, (1289, n. st.)

Arresta ordinata seu expedita in Parlamento Tholose per magistros domini Regis.

B. miseratione divina abbas Moysiacensis, Laurencius Vicini, capicerius Carnotensis, P. de Capella, canonicus

Parisiensis, illustris Regis Francorum clerici, tenentesque pro eodem domino Rege Parlamentum Tholose, senescallo et vicario Tholose vel eorum loca tenentibus salutem.

Noveritis nos in Parlamento quedam arresta ordinasse, forma quorum sequitur in hunc modum :

1. *De sportulis non solvendis.*

Item (a clericis), captis per Senescallum et Vicarium Tholose vel eorum gentes, qui postmodum Episcopo Tholosano restituuntur, nihil sportularum executores seu apparitores, custodie vel carceris nomine aut occasione, exigant, extorquant, exigi au extorqueri permittant.

2. *Quod Senescallus bona Episcopi non capiat etiamsi gentes Regis excommunicaverit.*

Item, si episcopus quemque de gentibus domini Regis sua auctoritate excommunicet, aut, sicut decet cognitionem de facto, ipso canone excommunicatum denunciet, si senescallus vel vicarius ex hoc gravatos se sentiant, utantur juris remediis, non autem, ea occasione, dictum episcopum uti sua juridictione per bonorum captionem compescant, nec capellanorum, qui ad mandatum sui episcopi tales evitant, bona capiant, ea ratione seu causa.

3. *Quod clericos, ratione contractus, Vicarius Tholose non capiat.*

Injunctum est Vicario Tholose quod clericos aut qui in statu seu possessione clericatus existunt, ratione contractus non capiat, et captos, monitus, statim restituat, non obstante quod sub sigillo domini Regis ad tenendum hostagia fuerint obligati, non obstante etiam quod contraxerint in habitu laïcali.

Mandantes vobis quatinus predicta arresta et que continentur in eisdem observetis et a vestris subditis observari inviolabiliter faciatis. Datum Tholose, die veneris ante festum beati Vincentii, anno Domini M° CC° LXXXVIII°.

Annexe n° 16

(Arch. de la Haute Garonne, G 347, f° 60, v°.)

Toulouse, 1289.

Hec sunt arresta expedita in Parlamento Tholose per venerabiles viros et dominos, dominum Bernardum, miseratione divina abbatem Moysiacensem, Laurencium Vicini, capicerium Carnotensem, Petrum de Capella, canonicum Parisiensem, Egidium Camelini, canonicum Meldensem, Petrum de Blanosto, militem, clericos Regis Francorum illustris, anno videlicet Domini M° CC° LXXX° *nono.*

1. *Ne turbentur gentes domini Episcopi eo quia exigunt leudam a Judeis transeuntibus per terram temporalitatis domini Episcopi.*

Significavit nobis procurator domini Episcopi tholosani quod, cum idem dominus episcopus et ejus predecessores sint et fuerint in possessione et saisina, etiam ab antiquo, percipiendi et levandi leudam seu pedagium a Judeis transeuntibus per terram temporalitatis dicti Episcopi, Vicarius et Judex Tholose et gentes domini Regis marcant et pignorant homines terre temporalitatis Episcopi supradicti, pro eo quia gentes dicti domini episcopi a Judeis commorantibus Tholose exigunt, et compellunt eosdem solvere, dictam leudam ; unde supplicat dictus procurator dictis Vicario et judici et gentibus domini Regis per vos, dominos predictos, precipi et mandari, ut a predictis desistant, et dictum dominum episcopum et gentes suas permittant pacifice possidere vel quasi jus levandi pedagium sive leudam a Judeis transeuntibus per loca temporalitatis dicti domini episcopi, prout hactenus extitit usitatum : INJUNCTUM est Vicario Tholose et ejus judici quod, si vera sunt que a domino Episcopo proponuntur, attemptata revocent et talia non faciant in futurum ; et in eorum deffectu, injunctum est senescallo Tholose locum tenentique quod de premissis attemptatis, prout noviter attemptata proponentur coram eo, se informet de novitate, et si eam invenerit in prejudicium juris et quasi possessionis dicti domini Episcopi, illam faciat amoveri.

2. *Ne grangie recipiantur a clericis contumacibus.*

Item, significavit idem procurator quod, in curia Vicarii Tholose et consulum contingit interdum clericos et quosdam qui sunt in possessione clericatus citari seu conveniri, et imponitur eis quod sunt contumaces in non veniendo vel respondendo super personalibus causis, curiaque secularis nititur extorquere ab eisdem grangias pro qualibet contumacia, seu sportulas et expensas, sicut a laïcis in casibus consimilibus fieri consuevit. Quare supplicat per vos dominos precipi et mandari eisdem Vicario et consulibus et gentibus domini Regis ut a predictis exactionibus et similibus desistant, et de cetero talia facere non attemptent : Alias ordinatum est et servabitur ordinatio.

3. *Ne impediatur curia Episcopi procedere contra clericos preventos in ea curia in qua preventi sunt, quamvis dimiserint habitum clericalem.*

Item, significat idem procurator quod sepe contingit quod aliquis clericus existens in possessione clericatus convenitur, vel ex officio proceditur contra eum per curiam domini Episcopi antedicti, et sic preventus, et cepto judicio sive causa in foro Ecclesie, facit sibi tondi coronam et induit vestes virgatas, et transformat se in habitum laïcalem. Et curia dicti domini Episcopi contra istum sic preventum, quamvis habitum mutaverit, procedit; Vicarius (autem) Tholose et curia secularis deffendit istum talem clericum transformatum et ejus bona, et non paciuntur quod curia dicti episcopi procedat contra eumdem et ejus bona.

Quare supplicat dictis Vicario et gentibus domini Regis

precipi et mandari, ut dictum Episcopum et ejus curiam libere permittant pacifice et quiete suam juridictionem eccle siasticam exercere contra tales clericos et preventos, ut superius est expressum : INJUNCTUM est judicibus domini Regis quod contra clericos qui preventi sunt quoquo modo, mutato statu vel habitu, non impediant episcopum procedere et jus reddere.

4. *Ne impediatur Episcopus quin compellat laïcos per censuram ecclesiasticam ad observationem juramenti.*

Item, significat idem procurator quod Vicarius Tholose et procurator domini Regis, et de facto capit clericos et arrestari facit, sive sint in sacris, sive non, cum contingit ipsos clericos in foro seculari seu dicti Vicarii nolle jurare, nec testimonium perhibere, sed dicunt se paratos in curia domini Episcopi vel ejus officialis facere quod debebunt; et quando tales clerici possident (tantum) bona mobilia, nichilominus ea capit et ponit ad manum domini Regis Vicarius antedictus.

Quare supplicat eidem prohiberi ne de cetero talia faciat nec fieri permittat, et omnino desistat a predictis, cum curia dicti domini Episcopi sit parata in predictis facere quod de jure fuerit faciendum : FIAT quod petitur.

Annexe n° 17

(Archiv. municip. de Toulouse AA... reg. coté provis. 147, p. 59.)

Paris, en Parlement, le jour des saints Gervais et Protais,
(19 juin) 1290.

Arrestum contra Arnaldum de Cossaco qui se asserebat clericum; et contra similes personas delinquentes est conclusum similiter.

Injunctum est vicario Tholose quod sententie consulum Tholose late contra Arnaldum de Cossaco qui nunc se asserit clericum, adeant quantum ad bona, donec vocato procuratore domini Regis, et plene auditis et intellectis ejus rationibus contra clericatum seu tonsuram dicti Arnaldi, pronunciatum fuerit super clericatu. Et tunc etiam, si, a pronunciatione tanquam injusta procurator domini Regis crediderit appellandum, hoc sibi liceat, et, appelatione pendente, nihil innovetur.

Omnino conclusum est quod aliquo delinquente, si deprehendatur in presenti forefacto extra habitum clericalem, licitum est potestati deprehendenti in ipsum secularem justitiam exercere. Si vero fuerit deprehensus, et refertur questio de clericatu, relinquatur episcopo cognitio seu accusatio; nec in questione criminis, habebit necesse vocare gentes domini Regis, licet ejus interesse possit, propter immobilia que possunt cadere. In casu vero quo de collusione teneatur, gentes Regis possunt adesse si velint, non tamen ut pars, sed tanquam illi quorum interest ne fiat collusio; et potest appellare procurator regius ab illa sententia que prima facie presumitur ex premissis per collusionem lata, et hoc, nedum propter interesse bonorum, imo etiam propter interesse publice vindicte, et maxime, cum delictum est perpetratum in personam regie jurisdictioni subjectam.

Si vero de clericatu sit questio, et non sit persona de qua contendatur in possessione clericatus, remanebit penes curiam secularem quousque de ipso vero clericatu fuerit plene cognitum et pronuntiatum.

Si vero in possessione clericatus sit, penes episcopum erit, donec questio laycatus, quam poterit movere procurator regius, coram episcopo vel ejus officiali fuerit terminata.

Et semper intelligimus quod in possessione clericatus, in omni parte processus procurator regius vocetur, alioqui, sententia lata super clericatu non valet.

Actum Parisius in parlamento domini Regis, et recitatum per dominum Petrum de Capella et magistrum Egidium Camelini, clericos domini Regis, in festo beatorum Gervasii et Protasii, anno Domini M° CC° XC°, in presentia domini

Ramundi Arnaldi, militis, vicarii Tholose, et magistri Arnaldi, de Vauro, procuratoris domini Episcopi Tholosani, et domini Bernardi de Turre, abbatis Sancti Papuli, et magistri Ramundi Davin de Appamia, et Petri Bertrandi de Fontibus, et plurium aliorum.

Annexe n° 18

(Archives de la Haute-Garonne, G 347, f° 63 r°.)

Toulouse, 1291.

Arrestum latum in Parlamento Tholose ut clerici desistant exercere artes mechanicas, alioquin, non gaudeant privilegio clericali.

Noverint (universi) quod anno Domini M° CC° XCI°, domini tunc Parlamentum Tholose tenentes pro domino Rege Francorum arrestum quod sequitur ordinarunt in hunc modum :
Ad petitionem procuratoris domini Regis, monitus est Episcopus Tholosanus quod clericos mechanicos et artes mechanicas, seva et vilia exercentes moneat, ut desistant a predictis, infra tres menses a monitionis tempore computandos; alioquin, ex tunc nen gaudeant privilegio clericali.

Annexe n° 19

(Archives de la Haute-Garonne, G 347, f° 63, r°.)

Toulouse, le mercredi avant la Chaire de Saint-Pierre (13 janvier) 1293 (1294 (n. st.).

Ordinatio facta per dominum Radulphum de Nigella conestabularium Francie, missum per illustrissimum Regem Francorum ad partes Tholosanas, que fuit facta Tholose anno Domini MCCLXXXXIII, *die mercurii ante festum cathedre sancti Petri, et deinde tradita nobili viro Arnaldo Ramundi, militi, vicario Tholose, per nobilem virum Petrum Flote, militem domini Regis*[1].

1. Episcopus Tholosanus cavebit ne teneat homines armatos, clericos vel laïcos, qui armati incedant publice per vicos civitatis aut loca diocesis pro investigandis clericis malefactoribus, ne hoc pretextu, aliquid dampnosum domino Regi et rei publice sue contingat.

2. Item, Episcopus investigabit aut faciet investigari vel perquiri malefactores si velit, in villa, caute et sine armis; et cum denunciatum fuerit ei vel ejus mandato, in quo loco sunt, poterit mittere de suis, sufficienter munitis de armis, si opus est, ad capiendos eosdem, et « sufficienter munitos » dicimus secundum rebellionem quam in dictis malefactoribus verisimiliter crediderint invenire, et si magna fuerit violencia, subsidium regalis curie requiratur.

3. Item, videtur honestum quod propter scandalum evi-

---

1. Ce titre est emprunté au registre AA... (coté provisoirement 147) des archives de la ville de Toulouse, f° 66.

tandum, violentam captionem (non) faciat dictus episcopus seu gentes sue in domibus honestorum virorum aut honestarum matronarum, cum abunde sufficiat ipsi episcopo quod eos capere possit in vicis vel plateis publicis, tabernis et aliis inhonestis locis.

4. Item, si pro crimine coram gentibus domini Regis citetur aliquis sub nomine proprio, nichil de clericatu adjecto, et tempore citationis erat in statu laïci, nichil de habitu clericali ostendens, et, post citationem, assumat vel resumat habitum clericalem, summarie cognito quod esset in statu laïci cum eum citatio apprehendit aut facta fuit, transfferetur persona hujus in possessione curie secularis, tenenda ibidem quousque per judicium curie Episcopi, de jure clericatus possessorio, curie seculari, et petitorio, episcopo, fuerit judicatum.

5. Item, si gentes Episcopi fuerint requisite ut mittant aliquos clericos ad defferendum testimonium in causis civilibus, consilium est quod eos mittant ad deponendum in dictis causis, ne, ob deffectum testium, cause valeant deperire.

Annexe n° 20

(Archives de la Haute-Garonne G 345, f° 21, r°, titre 443.)

Captieux-en-Bazadais, 21 mai 1297.

Quod cum clericus remittitur ad curiam Episcopi per Regales ipsi non retineant pecuniam vel vestes, sed armaturas solum.

Robertus, comes Atrebatensis, in partibus Tholosanis, Carcassonensi, Petragoricensi, Ruthenensi et Xantonensi senescalliis, in Vasconia et toto ducatu Acquitanie domini nostri Regis Francorum locum tenens, nobilibus viris

Senescallo, Vicario, et discretis viris consulibus civitatis et suburbii Tholose, vel eorum loca tenentibus, salutem et dilectionem. Mandamus vobis quatinus cum contingat aliquem clericum in vestris curiis detineri, et remitti ad examen curie venerabilis Episcopi tholosani, non detineatis nec detineri permittatis, ut plerumque fieri intelleximus, vestes, pecunias vel alias res hujusmodi clerici, exceptis armaturis, de quibus armaturis observetis ut fieri consuevit.

Datum apud Capseus in Vasatesio, die XXI^a mensis maii, anno Domini M^o C^o nonagesimo septimo.

Annexe n° 21

(Archives de la Haute-Garonne G 345, f° 29, r°, titre 144, ancien LXV.)

Captieux-en-Bazadais, 21 mai 1297.

Quod Senescallus in temporalitate Episcopi non citet nec capiat subditos ipsius, nisi in ipsius deffectum.

Robertus, comes Atrebatensis, in partibus Tholosanis, Carcassonensi, Petragoricensi, Ruthenensi et Xanctonensi Senescalliis, in Vasconia et toto ducatu Aquitanie domini nostri Regis Francorum locum tenens, nobilibus viris Senescallo Tholose et Vicario, vel ejus locum tenenti, salutem et dilectionem. Mandamus vobis quatinus in temporalitate venerabilis in Christo patris Episcopi tholosani non permittatis nec faciatis citari, capi, nec etiam detineri, nec etiam justiciari suos subditos et justiciabiles nisi demum in deffectum curie episcopi supradicti; et licet subditi ejusdem episcopi se obligaverint ad sigillum domini nostri Regis eandem observantiam observetis, nisi consuetudo vel usus approbatus, vel fisci privilegium aut domini nostri Regis, contrarium exposcat. Si vero sit dubium, ad curiam domini nostri Regis remittatis questionem hujusmodi decidendam.

Datum apud Capseus in Vasatesio, die XXI^a mensis madii, anno Domini M^o CC^o nonagesimo septimo.

Annexe n° 22

(Archives de la Haute-Garonne, G 347, f° 58, recto.)

Paris, sans date. — Après 1304 ?

Arresta super petitionibus consulum Tholose.

Petunt consules Tholose dominum Episcopum tholosanum (circa) petitiones quas eis et aliis nititur facere super decimis et primiciis, ultra modum solitum et antiquum, prohiberi : Respondetur ut supra (?)

Item, petunt clericos Tholose in talliis et collectis communibus compelli contribuere pro possessionibus quas ibi habent, prout est consuetum : respondetur ut supra (?) quod cogentur nisi ostendant privilegium vel aliam immunitatem.

Item, petunt dicti consules quod possint libere uti possessione, quam longissimis temporibus habuerunt, ut cives tholosani, pro possessionibus quas tenent a domino episcopo, contribuant in talliis et collectis eorum communibus, sicut est longissimis temporibus consuetum, cum ita etiam fieret antequam dicte possessiones ad tholosanam ecclesiam pervenissent, cum dominus episcopus hoc nunc inhibeat et inhibuerit quibusdam de ipsis : Respondetur : Non relinquant consules jus suum propter inhibitionem episcopi, et si feudatarii episcopi credunt sua interesse, adeant judicem Tholose et fiat eis jus.

Item, dicti consules petunt quod dominus Rex faciat quod officialis Tholose absolvat consules, eorum predecessores, ab excommunicatione quam tulit in eos pro eo quia perceperunt collectam communem a quibusdam clericis pro possessionibus quas Tholose habent, sicut est consuetum longissimis temporibus retroactis, et de quo sunt in possessione :

RESPONDETUR : inspiciantur littere et processus habiti contra capitulares[1] Tholosanos, et si inveniatur quod sint tracti ad judicium ecclesiasticum super hiis quorum spectat cognitio ad Regem, deffendat Rex suam juridictionem.

Conqueruntur super decimis et primiciis dicti consules de novitatibus quas dicunt sibi fieri a clericis super eis, ultra modum et de rebus non consuetis exigendo : RESPONDETUR ut supra ad XIIII (?)

Item, dicunt quod cum bona debitorum, ratione criminis alicujus fuerunt confiscata vel commissa, Vicarius Tholose non vult satisfacere creditoribus, quibus res vel dicta bona generaliter vel specialiter fuerunt obligata, de dictis bonis, licet sufficiant ad ipsa debita persolvenda : RESPONDETUR : Serventur jura scripta quibus non est derogatum per consuetudinem legitime prescriptam.

---

1. On pourrait inférer du mot *capitulares* que la présente ordonnance est postérieure à 1304 ; ce fût en cette année que Philippe le Bel octroya aux consuls de Toulouse le privilège de juger les nobles, qu'il n'avait aucune raison de ménager, la plupart lui étant hostiles. Or, les chartes municipales témoignent que peu de temps après un changement s'opéra dans la constitution des pouvoirs dirigeants de la commune. Il paraît que les nobles, afin sans doute d'être jugés par leurs pairs, demandèrent pour quelques-uns d'entre eux l'accès du consulat. Mais ce titre de consul, qui avait si longtemps désigné des hommes du commun, ne flattait pas leur amour-propre. Il les blessait encore en ce qu'il semblait les assimiler à leurs collègues de la bourgeoisie. Ils obtinrent qu'un nom nouveau fût imposé à une organisation nouvelle : l'assemblée des représentants des divers quartiers composée de nobles, de gens de justice, de docteurs, de changeurs, de gros marchands s'appela le chapitre, Capitol, capitulum, nom qui n'impliquait pas que ces représentants fussent égaux. Et dès lors les chefs de la cité qui ne voulaient plus être des consuls, devinrent les *senors del Capitol,* puis longtemps après, les capitouls.

Annexe n° 23.

(Archives de la Haute-Garonne, A 7, f° 334, recto.)

« *Évaluation de l'appanage de Louis, comte d'Évreux, frère de Philippe le Bel. (Octobre 1288.)* »

Ex eodem libro rubro (Camere Compotorum), f° XLI, transposita sunt que sequuntur :

Philippes, par la grâce de Dieu, roy de France, nous faisons à sçavoir à tous ceux qui sont et à venir sont comme Jehan Choisel et Jean Le Veneur, nos amés et féaux chevaliers, auxquiex nous adjoustons foy, feussent espécialement à ce fère jurez et envoyez pour priser et asseoir en la conté et en ville d'Évreux, de Biaumont-le-Rogier, de Meulant, d'Estampes, de Dourdan, de la Ferté-Aletz, de Gien-sur-Loir, de Aubigny-sur-Mer et les appartenances d'ices lieux, tant en domaines, fiefs, arrière-fiefs, chasteaux, manoirs, bois, comme en haute justice, unze mil livres tournois de annuelle rente que nous avons donnés et assignés à nostre très chier et féal frère, Louis, comte d'Évreux, à prendre et de recevoir de luy et de ses hoirs de son propre corps de Nous en hommage lige, retenu à Nous la souveraineté et le ressort, et l'hommage lige à nos successeurs Roys de France : Lesquiex chevaliers devant dictz nous ont rapporté par leurs sermentz eux avoir faict le prix et l'assiette des susdits biens, bien et loyaument, par le conseil et le tesmoignage de bonnes gens jurez sur ce esleuz, et sur les lieux dessusdicts, en la manière que s'ensuit :

C'est assçavoir la prévosté d'Aubigny, etc., etc.

(*La date n'est pas rapportée.*)

TABLE CHRONOLOGIQUE

DES LETTRES DE PHILIPPE LE BEL

1285	18 octobre.	*Carcassonne.* Quod senescallus clericos punitos per episcopum non defendat....................	5
—	26 —	*Nîmes.* Confirmatio donationis jurium in Appamiis comiti Fuxi facte........................	125
1287	13 janvier.	*Paris.* Ut manus regia amoveatur a terra episcopi.	115
—	16 —	— De jurisdictione consulum Tholose........	151
—	19 —	— De pedagio piscium venientium de mari apud Tholosam..................... 152,	161
—	.. février.	— Quod episcopus exemptus est ad vitam juramento fidelitatis....................	6
1288	18 juillet.	— Quod ab episcopo appelletur ad Regem.....	7
1289	.. août.	— De monetis (traduction romane).........	209
—	25 —	— De correctione clericorum ab episcopo non impedienda.............. 116, 49, 58,	71
—	14 septemb.	*Montargis.* Ne garnisiones ponantur in domibus debitorum................:......	154
—	16 —	*Ferrières en Gâtinais.* De propriis negociis Regis. 207,	211
1290	29 juin.	*Paris.* Quod episcopus jurisdictionem suam libere exerceat.................... 8, 64,	107
—	— —	— Quod bona episcopi non saisiantur nisi in causa inobedientie...................	9
—	1 décemb.	*Longchamp.* Quod notarii in litteris juramenta apponant...................... 10, 12,	109
—	2 —	— Ut limitatio diocesis Tholose perficiatur........,...................	117

1290	4 décemb.	*Paris.* De jure episcopi instituendi et destituendi clericos....................	11, 70
—	— —	— De bonis et jurisdictione episcopi restituendis................	12
1291	15 novemb.	— Quod judices de suis sigillis emolumenta sibi non applicent..............	118
—	— —	— Quod tabelliones a solo Rege debent institui.	119
1292	11 mars.	— Quod episcopus possit capere preventos clericos in habitu laicali..........	13, 26, 43
—	22 —	— Quod instrumenta notariorum valeant etiam sine sigillo................	155
—	5 mai.	*Sainte-Marie-lès-Melun.* Ut consules Tholose reddant episcopo clericos incarceratos...............	14
—	— —	— Ut consules Tholose clericos non questionent nec submergant...............	15, 73
—	— —	— Quod clericus non compellatur in curia seculari testimonium perhibere....	16, 31, 42, 108
1293	15 mars.	*Paris.* Concessio salvegardie episcopo Tholose.....	120
—	21 —	— Quod arresta curie Regis pro episcopo integrentur. 19, 28, 29, 32, 59, 60, 78, 83,	121
—	— —	— Quod episcopus possit cognoscere de clerico qui tonsuram dimisit................	17
—	18 mai.	*Pont-Ste-Maxence.* Quod servetur compositio facta cum Bertrando episcopo Tholose...............	18, 44, 67
—	14 —	— Quod ecclesie parrochiales non saisiantur absque voluntate episcopi...........	19
1294	30 janvier.	— Ut abbas Appamiensis cum comite Fuxi pacem reformet...	131
—	13 juin.	*Senlis.* Quod nullum jus Regi acquiritur ex eo quod exercitus Tholose ivit ad Aquitaniam...	187
—	17 —	*Paris.* Ut abbas Appamiensis adjornetur ad futurum Parlamentum.................	133
—	27 juillet.	*Pontoise.* Ut Senescalli restituant clericos captos..	20
—	— —	— Ne laïci defendantur contra episcopum in perceptione decimarum............	21
—	20 décemb.	*Paris.* Quod novo statuto de sumptibus Tholosani non sunt astricti....................	156
1295	14 février.	— Ut Senescallus faciat gaudere Comitem Fuxi juribus eidem Appamie concessis........	135

1295	4 juillet.	Ste-*Marie-lès-Pontoise*. Ne Vicarius occupet bona clerici capti per episcopum............	22, 45, 82
—	5 —	— Ne Vicarius preconizari faciat clericum captum in curia episcopi...	23, 74, 104
—	27 septemb.	*Paris*. De clericis conjugatis et mecanicis captis per episcopum.......................	24
—	— —	— Quod consules Tholose restituant clericos episcopo........................	25
—	21 novemb.	— Quod gentes episcopi clericos murtrerios possint capere in locis publicis et domibus non clausis...................	27, 77
—	29 —	— Ne Vicarius usurpet jurisdictionem consulum Tholose in gentes Regis...............	157
—	— —	— Ne consules Tholose condempnent clericum in curia episcopi detentum...........	30
—	18 décemb.	— De obligationibus factis in curia vicarii aut consulum Tholose ad sigillum..........	158
—	20 —	— De jure consulum Tholose in mecanica officia, mensuras et pondera.....	159, 178, 181
1296	11 janvier.	— Quod clerici cum armis possint capi et bona eorum mobilia...............	32
—	23 —	— Quod salvagardia non impediat jurisdictionem episcopi in religiosos.....	33, 49, 51, 71
—	— —	— Contra subvicarium Tholose qui fregit carcerem et cepit officiales episcopi........	34
—	2 mai.	— Ut episcopus Tholose a senescallo custodiatur et defendatur	37
—	18 —	— Quod gentes Regis clericos captos restituant absque superiorum mandato.	38, 81
—	— —	— Ne bona clericorum absolutorum per episcopum detineantur	39
—	28 juillet.	— Ne senescallus compellat clericos super actionibus personalibus coram se respondere.	39, 41
—	23 août.	— Quod, pretextu cujusdam littere Regis, gratie facte episcopo non revocentur.......	40
—	1 septemb.	— Quod senescallus mandata sibi factà pro episcopo compleat...................	41
—	16 —	— Quod littere concesse Hugoni quondam episcopo observentur....................	45
1298	23 janvier.	*Vendeuil*. De civibus Tholose quibus falso imponitur quod sunt homines de corpore et casalagio........................	188

1298	24 janvier.	*Vendeuil.* Contra nobiles transferentes potentioribus cives Tholose qui non sunt homines de corpore et casalagio.........	189
—	25 —	— Quod cives Tholose que acquisierunt a nobilibus ad ponendum extra manum suam non compellantur............	160
—	26 —	*Pouilly.* Quod queste non exigantur a maritis mulierum quibus servitus imponitur.....	190
—	23 avril.	*Paris.* Pro clericis qui laycos ad forum ecclesiasticum trahunt super actionibus personalibus.	48
—	— —	— Quod homines episcopi non contribuant collectis de Monte Guiscardo et Castaneto.	46, 47
—	7 mai.	— Quod cause ordinarie civium Tholose in curiis ordinariis judicentur............	191
—	— —	— Quod regales non recipiant cessionem civium Tholose qui in possessione libertatis esse dicuntur.......................	191
—	10 —	*Fontainebleau.* Quod corpora quorumdam civium Tholose non capiantur nisi de eorum servili conditione constiterit.......................	192
—	7 juillet.	*Paris.* Quod clericus laycum in foro ecclesie trahat super observatione juramenti.........	50
—	— —	— Quod episcopus possit revocare ad mensam redditus alienatos....................	51
1299	5 avril.	*Saint-Germain-en-Laye.* Quod ordinationes pro civitate Tholose observentur.............	193
1300	16 mars.	*Paris.* De blado et vino de terra non extrahendis, sine mandato Regis.................	52
—	20 septemb.	*Becoiseau.* Contra Guill. Isarni, Vicarium Tholose, qui vim fecerat episcopo et ejus gentibus........................	53
—	21 —	*Villeneuve-le-Comte.* Ne servientes ponantur in terra episcopi, nisi de mandato senescalli	57
—	2 novemb.	*Paris.* Littera concessa prelatis provincie Narbonensis.........................	58, 66
1301	17 juin.	*Neaufle.* De usagiis civium Tholose in foresta de Beccona.........	162, 172
1303	26 mars.	*Paris.* Quod Rex negocium consulum Appamie faciet in tractatu suo cum Papa contineri.....	143

1303	10 juillet.	*Vincennes.* Quod Rex excepit receptam senescallie Tholose de recepta reddituum suorum Visitatori Templi commissa....	163
—	25 —	— De cursu monete ob guerrarum necessitatem facte....................	164
—	— —	— Ut Tholosani stipendia procurent pro certo numero servientium in exercitu Flandrie......................	193
—	31 —	*Paris.* Si quis aliquem denunciaverit calumpniose.	165
—	12 août.	— Quod illi quos consules Tholose cognoverunt recredendos non capiantur..............	166
—	17 —	— Quod Tholosani non molestentur ratione submonitionis pro exercitu flandrensi........	194
1304	21 janvier.	*Toulouse.* Quod cives Tholose contribuant Tholose tantum et non alibi	167
—	— —	— Quod gratie civibus Tholose facte pro litibus cohartandis serventur........	214
—	22 —	— Quod inquiratur de leudis quas Rex percipit Tholose....................	215
—	.. —	— Quod executio in bonis mariti pro clamoribus uxoris, vel e contra, non fiat.	213
—	4 août.	*Paris.* Ne impediatur episcopus Tholose quod levet decimas......	61
—	12 —	*Au camp près d'Orchies.* Quod ordinationes facte prelatis in concilio Biterrensi observentur.	62, 60
1305	1 février.	*Paris.* Quod officiales regii contribuant talliis Tholose dummodo possint eligi in consules..	168
—	15 juin.	*Athies.* Quod consules Tholose possint compellere officiales regios ad contribuendum talliis	169
—	23 —	— Super facto fratris A. Freyssi de falsa moneta inculpati......................	62
1306	9 mai.	*Poitiers.* Quod cause, in quibus vadium duelli incidere debet, curie Parisius remittantur.	203
1307	2 mars.	*Paris.* Quod debitores episcopi per captionem et distractionem bonorum compellantur.. 65, 88,	108
—	— —	— Quod juste possessiones episcopi per speciales servientes defendantur...............	65
—	11 —	— Ut inquiratur de judeis quos Comes Fuxi ad se pertinere contendit...............	146
—	24 mai.	*Poitiers.* Quod Consules Tholose restituant clericos, non obstante appellatione procuratoris regii...........................	67

1307	25 mai.	*Poitiers.* Quod subventio levata Tholose ratione Flandrie non noceat in futurum......	68
—	27 —	— Quod clerici in possessione clericatus capti episcopo reddantur............	69, 104
—	— —	— Quod Rex posuit episcopum in sua gardia speciali.......................	72
—	— —	— Quod clerici detenti per consules Tholose restituantur sine expensis..........	75
—	— —	— Quod homines commorantes in terra episcopi non solvant leudam seu clamores.	76
—	29 —	— Quod executores episcopi ubi necesse erit possint arma portare...............	79
—	— —	— Quod episcopus Tholose in parte sibi restituta de episcopatu Appamiensi defendatur........................	80
—	7 juin.	*Loches.* Quod Rex concedit gardiatorem specialem episcopo tholosano................	82
—	— —	*Lorris.* Quod justicie débite antequam ordinaretur bonam monetam currere debere, in forti moneta non exhigantur....	170, 195
1308	23 janvier.	*Paris.* Quod inquesta de Roquavilla et de Serra de Malo Consilio compleatur..............	84
—	— —	— De furchis de Castaneto................	85
—	— —	— Quod castra episcopatus tholosani limitentur.	86
—	6 mars.	*Cléry.* Quod sufferentia de prestando sacramento conceditur episcopo Tholose..........	87
—	— —	— Cum episcopus positus sit in sufferentia de sacramento, ejus temporalitas non saisiatur...........................	87
—	18 mai.	*Tours.* Ut inquiratur an ullus qui fuerit consul Tholose questionari non debeat........	196
—	8 août.	*Poitiers.* Quod occasione juramenti non prestiti episcopus tholosanus non perturbetur.	89
1309	26 février.	*Paris.* Quod suspenditur gratia facta Petro de Columpna Cardinali ut a XII personis regni male acquisita exigere posset..........	197
—	20 mars.	— Quod Senescalli jurent in plenis assisiis quod ordinationes Regis observabunt.........	89
—	26 avril.	*Cachant.* Ordinationes pro consulibus Tholose : quod poterunt cognoscere de nobilibus delinquentibus, etc..................	172
—	14 mai.	*Paris.* De extorsionibus geolarii Castri Narbonensis Tholose.......................	175, 180

1309	2 décemb.	*Paris.* Quod officiales regii in curia consulum Tholose officia sua diligenter exequi compellantur.....................	176
1310	15 février.	— Quod procurator Regis in curia consulum Tholose examinationi testium non adsit..	177
—	2 juin.	*Monceau près Pont-Sainte-Maxence.* De locis in pariagio cum episcopo Appamiensi facto declaratis, que Comes Fuxi ad se pertinere dicebat.................	147
—	9 octobre.	*Saint-Denis en France.* Quod Rex ponit episcopum Tholose in sufferentia fidelitatis.....	90
1311	5 mai.	*Paris.* Quod non obstante preconizatione ne laycus eat ad curiam ecclesie, episcopus Tholose cognoscat de causis suis..............	91
—	7 juillet.	— Super decima levanda de redditibus quos episcopus ad mensam revocavit........	92
1312	30 janvier.	*Montargis.* De executione Ordinationum super facto usurarum.....................	199
—	14 mars.	*Lyon.* Quod Tholosani contribuant expensis illorum quos civitas Tholose pro negocio fidei seu Templariorum misit Turonis, Pictavis, et modo, apud Lugdunum et Viennam........................	179
—	22 avril.	— De portatione armorum in terra episcopi...	93
—	— —	— Contra Vicarium Tholose super venditione salis in terra episcopi..............	94, 98
—	— —	— Quod judex episcopi non impediatur tenere assisias in villa de Rocovilla..........	95
—	— —	— Quod feudum de Rocovilla limitetur.......	96
—	— —	— Quod bona cujusdam falsi monetarii dimittantur episcopo in cujus terra consistunt.	96
—	— —	— Quod carcer episcopi ressaysiatur effigie P. Rogerii per judicem Rivorum suspensi.	97
—	4 novemb.	*Compiègne.* Quod saisine in bonis episcopi non ponantur nisi per senescallum.....	99
1313	25 avril.	*Poissy.* Quod non molestetur episcopus pretextu fidelitatis non prestite...............	100
—	26 —	— Quod pretextu summe Camere Apostolice debite per episcopum quondam Appamiensem, episcopus Tholose non molestetur........................	100
—	10 mai.	*Paris.* Quod regales non molestent parentes clericorum per eos captorum etiamsi eos censurari procurent.....................	102

1343	10 mai.	*Paris.* Quod regales non compellant coram se respondere super actionibus personalibus clericos clericaliter viventes............	103
—	11 —	— De carceragio non solvendo in Castro Narbonensi a justiciabilibus consulum Tholose.	181
—	26 —	— Quod manus regia non apponatur in bonis spiritualibus episcopi................	105
—	— —	— Quod non impediatur episcopus in cognitione legatorum....................	106
—	31 —	— Quod arrendatores decimarum ad forum ecclesie possint trahere laycos...........	110
—	— —	— Quod statuta pro libertatibus ecclesie observentur........................	111
—	26 juin.	*Pontoise.* Quod homines episcopi de S. Martino non compellantur litigare coram judice Rivorum.......................	111
—	24 novemb.	*Paris.* Quod propter nimias inundationes pedagium conceditur civibus Tholose pro refectione pontium.......................	182
1314	28 octobre.	*Paris.* Quod financie non leventur in terra episcopi ratione exercitus Flandrensis..........	112

TABLE

Introduction ....
Avertissement.. 1
Cartulaire G 345 des arch. de la Haute-Garonne (lettres 1-121) 5
Cartulaire G 347 — (lettres 122 128) 115
Chartes de l'évêché de Pamiers (lettres 129-136) 125
Layette 83 des arch. municip. de Toulouse (lettres 137-166) 151
Cartulaire AA 3 — (lettres 167-180) 187
Registre 147 — (lettre 181) 203
Cartulaire AA 4 — (lettres 182-187) 207

ANNEXES

1. Traité d'Alphonse de Poitiers avec l'évêque de Toulouse touchant le château de Fanjeaux............................... 219
2. Excommunication contre ceux qui porteraient atteinte à la juridiction de l'évêque de Toulouse........................ 221
3. Arrêts du Parlement de Toulouse 1278....................... 222
4.   Idem. 225
5. Arrêts du Parlem. de Paris sur req. de l'év. de Toulouse 1279.... 226
6. — — 1280....... 228
7. — — 1282....... 234
8. — — (après 1285). 238
9. — — (sans date).. 239

10. Arrêts du Parlem. de Toulouse sur req. de l'év. de Toulouse 1287. 240
11. — — 1288. 244
12. — — 1289. 246
13. — — 1289. 250
14. — — 1289. 251
15. — — 1289. 252
16. Arrêt contre un clerc arrêté en habit laïque (1290).............. 254
17. Arrêt relatif au droit d'asile (1290)......................... 256
18. Arrêt contre les clercs-artisans (1294)....................... 258
19. Ordonnances du connétable Raoul de Nesle contre l'évêque de Toulouse (1294).. 259
20-21. Ordonnances de Robert d'Artois en faveur du clergé (1297). 260, 264
22. Arrêt du Parlement de Paris sur requêtes des consuls de Toulouse (après 1304?).. 262
23. Évaluation de l'apanage du comté d'Évreux (1288)............. 264

Table chronologique des lettres de ce Recueil.................... 265

Toulouse, imprimerie Douladoure-Privat, rue Saint-Rome, 39 — 2073

www.ingramcontent.com/pod-product-compliance
Lightning Source LLC
Chambersburg PA
CBHW070624160426
43194CB00009B/1364